非物质文化遗产丛书

Intangible Cultural Heritage Series

延庆旱船

张义 编著

北京出版集团公司
北京美术摄影出版社

图书在版编目（CIP）数据

延庆旱船 / 张义编著. — 北京 ：北京美术摄影出版社，2015.1
（非物质文化遗产丛书）
ISBN 978-7-80501-710-5

Ⅰ. ①延… Ⅱ. ①张… Ⅲ. ①风俗习惯—介绍—延庆县 Ⅳ. ①K892.414

中国版本图书馆CIP数据核字(2014)第233379号

非物质文化遗产丛书

延庆旱船

YANQING HANCHUAN

张　义　编著

出　版　北京出版集团公司
　　　　北京美术摄影出版社
地　址　北京北三环中路6号
邮　编　100120
网　址　www.bph.com.cn
总发行　北京出版集团公司
发　行　京版北美（北京）文化艺术传媒有限公司
经　销　新华书店
印　刷　北京国彩印刷有限公司
版　次　2015年1月第1版第1次印刷
开　本　190毫米×245毫米　1/16
印　张　15.75
字　数　252千字
书　号　ISBN 978-7-80501-710-5
定　价　68.00元
质量监督电话　010-58572393

编委会

组织编写

北京市文学艺术界联合会

北京民间文艺家协会

序

PREFACE

赵　书

2005 年，国务院向各省、自治区、直辖市人民政府，国务院各部委、各直属机构发出了《关于加强文化遗产保护的通知》，第一次提出“文化遗产包括物质文化遗产和非物质文化遗产”的概念，明确指出：“非物质文化遗产是指各种以非物质形态存在的与群众生活密切相关、世代相承的传统文化表现形式，包括口头传统、传统表演艺术、民俗活动和礼仪与节庆、有关自然界和宇宙的民间传统知识和实践、传统手工艺技能等，以及与上述传统文化表现形式相关的文化空间。”在北京市“保护为主、抢救第一、合理利用、传承发展”方针的指导下，在市委、市政府的领导下，非物质文化遗产保护工作得到健康、有序的发展，名录体系逐步完善，传承人保护逐步加强，宣传展示不断强化，保护手段丰富多样，取得了显著成绩。

2011 年，第十一届全国人民代表大会常务委员会第十九次会议通过《中华人民共和国非物质文化遗产法》。第三条中规定“国家对非物质文化遗产采取认定、记录、建档等措施予以保存，对体现中华民族优秀传统文化，具有历史、文学、艺术、科学价值的非物质文化遗产采取传承、传播等措施予以保护”。第八条中规定“县级以上人民政府应当加强对非物质文化遗产保护工作的宣传，提高全社会保护非物质文化遗产的意识”。为了达到上述要求，在市委宣传部、组织部的大力支持下，北京市于2010年开始组织编辑出版“非物质文化遗产丛书”。丛书的作者为非物质文化遗产项目传承人以及各文化单位、科研机构、大专院校对本专业有深厚造诣的著名专家、学者。这套丛书的出版赢得了良好的社会反响，其编写具有三个特点：

第一，内容真实可靠。非物质文化遗产代表作的第一要素就是项目内容的原真性。非物质文化遗产具有历史价值、文化价值、精神价值、科学价值、审美价值、和谐价值、教育价值、经济价值等多方面的价值。之所以有这么高、这么多方面的价值，都源于项目内容的真实。这些项目蕴含着我们中华民族传统文化的最深根源，保留着形成民族文化身份的原生状态以及思维方式、心理结构与审美观念等。非遗项目是从事非物质文化遗产保护事业的基层工作者，通过走乡串户实地考察获得第一手材料，并对这些田野调查来的资料进行登记造册，为全市非物质文化遗产分布情况建立档案。在此基础上，各区、县非物质文化遗产保护部门进行代表作资格的初步审定，首先由申报单位填写申报表并提供音像和相关实物佐证资料，然后经专家团科学认定，鉴别真伪，充分论证，以无记名投票方式确定向各级政府推荐的名单。各级政府召开由各相关部门组成的联席会议对推荐名单进行审批，然后进行网上公示，无不同意见后方能列入县、区、市以至国家级保护名录的非物质文化遗产代表作。丛书中各本专著所记述的内容真实可靠，较完整地反映了这些项目的产生、发展、当前生存情况，因此有极高历史认识价值。

第二，论证有理有据。非物质文化遗产代表作要有一定的学术价值，主要有三大标准：一是历史认识价值。非物质文化遗产是一定历史时期人类社会活动的产物，列入市级保护名录的项目基本上要有百年传承历史，通过这些项目我们可以具体而生动地感受到历史真实情况，是历史文化的真实存在。二是文化艺术价值。非物质文化遗产中所表现出来的审美意识和艺术创造性，反映着国家和民族的文化艺术传统和历史，体现了北京市历代人民独特的创造力，是各族人民的智慧结晶和宝贵的精神财富。三是科学技术价值。任何非物质文化遗产都是人们在当时所掌握的技术条件下创造出来的，直接反映着文物创造者认识自然、利用自然的程度，反映着当时的科学技术与生产力的发展水平。丛书通过作者有一定学术高度的论述，使读者深刻感受到非物质文化遗产所体现出来的价值更多的是一种现存性，对体现本民族、群体的文化特征具有真实的、承续的意义。

第三，图文并茂，通俗易懂，知识性与艺术性并重。丛书的作者均是非物质文化遗产传承人或某一领域中的权威、知名专家及一线工作者，他们撰写的书第一是要让本专业的人有收获；第二是要让非本专业的人看得懂，因为非物质文化遗产保护工作是国民经济和社会发展的重要组成内容，是公众事业。文艺是民族精神的火烛，非物质文化遗产保护工作是文化大发展、大繁荣的基础工程，越是在大发展、大变动的时代，越要坚守我们共同的精神家园，维护我们的民族文化基因，不能忘了回家的路。为了提高广大群众对非物质文化遗产保护工作重要性的认识，这套丛书对各个非遗项目在文化上的独特性、技能上的高超性、发展中的传承性、传播中的流变性、功能上的实用性、形式上的综合性、心理上的民族性、审美上的地域性进行了学术方面的分析，也注重艺术描写。这套丛书既保证了在理论上的高度、学术分析上的深度，同时也充分考虑到广大读者的愉悦性。丛书对非遗项目代表人物的传奇人生，各位传承人在继承先辈遗产时所做出的努力进行了记述，增加了丛书的艺术欣赏价值。非物质文化遗产保护人民性很强，专业性也很强，要达到在发展中保护，在保护中发展的目的，还要取决于全社会文化觉悟的提高，取决于广大人民群众对非物质文化遗产保护重要性的认识。

编写“非物质文化遗产丛书”的目的，就是为了让广大人民了解中华民族的非物质文化遗产，热爱中华民族的非物质文化遗产，增强全社会的文化遗产保护、传承意识，激发我们的文化创新精神。同时，对于把中华文明推向世界，向全世界展示中华优秀文化和促进中外文化交流均具有积极的推动作用。希望本套图书能得到广大读者的喜爱。

2012 年 2 月 27 日

序

PREFACE

郭延辉

延庆古称夏阳川，亦谓妫川，其历史久远、民风淳朴、名山胜水、钟灵毓秀。这片古老而神奇的土地，很早就有人类活动的足迹，曾为多民族聚居融合之所。由于地处京都西北，又当五朝畿辅屏障，“南挹居庸列翠，北距龙门天险”，向为军事要冲。炎黄阪泉之战遗址、千古之谜古崖居、山戎族文物陈列馆，足以印证此方文化底蕴之丰富。

明代前，延庆的历史资料多已失佚，据明以后各时期延庆旧志记载，元明以来，民间文化异彩纷呈，旱船即是其中最有特色、最重要的文化艺术品类，在我国北方地区极具代表性。明代《隆庆志》记载：“元宵节用席为巨棚，张灯置会，供神之物极奢丽，放焰火必三夜而始罢”。其中“灯”为灯场，“会”为花会，因此延庆旱船作为花会的重要品种在明代就已经流传开来，其起始时间最少可以追溯至400多年前。近年来，许多能够熟练掌握旱船技艺的老艺人已经相继离世，他们留下的只言片语只能作为对旱船历史发展的回顾。

随着延庆非物质文化遗产保护工作的不断开展，文化工作者对旱船的挖掘、整理、保护工作日益加深，使之更加系统化，对推动其走向公众的视野具有重要作用。

延庆旱船深受人民群众喜爱，数百年传承不息，而且在传承中不断得到发展和提高，这是由它自身的艺术价值决定的。它的产生和发展对于研究民风民俗、民间舞蹈、民间音乐、民间绘画、民间手工技艺，以及建筑和宗教等都具有较高的参考价值。旱船之所以流传数百年至今，缘于其坚实的群众基础，有了老百姓对旱船深深的喜爱，才会有人忘我地投入到自发的学习和表演中去。

另外延庆旱船在国内、国际各类大型活动中享有盛誉，是不可多得的艺术奇葩。1979 年，延庆的九只船代表我国民间艺术参加了中日青年联欢会交流演出，赢得了日本朋友的赞赏；1982 年，延庆旱船参加了在北京劳动人民文化宫举办的“中日邦交正常化十周年纪念联欢会”；1987 年延庆旱船参加了北京市“龙潭杯”花会大奖赛，摘取了大赛的桂冠；1988 年，延庆旱船受邀参加了全国首届农民运动会开幕式的演出；1984 年、1989 年、1994 年，延庆旱船分别参加了中华人民共和国成立 35 周年、40 周年、45 周年的群众游行，备受瞩目。1993 年，以“八仙过海”为主题的延庆旱船在沈阳国际民间舞蹈邀请赛中获得银玫瑰奖，为北京的民族民间文化增光添彩。

旱船历时 400 余载在延庆传承不息，其根本原因在于它自身的艺术和审美价值，它的魅力已经深深植根于人民群众的心灵。因此，延庆旱船不仅在延庆历史文化中产生了很大影响，受到延庆和北京人民群众的喜爱，在国内国际也产生了广泛的影响。

近十年来，延庆县文化馆被命名为“北京市民族民间文化保护项目（旱船）承传单位”。延庆旱船成功入选北京市级非物质文化遗产项目名录，先后有延庆镇胜利街村丁石锁、井庄镇房老营村房存相、沈家营镇北老君堂村王元清，成为北京市级非物质文化遗产项目代表性传承人。延庆百只旱船队的组建、旱船道具的改造、井庄镇旱船之乡的建立，把延庆旱船的保护工作落到了实处。《延庆旱船》一书，是迄今为止首部系统介绍旱船艺术的专著，它的出版，必将推动我国旱船艺术的进一步发展。

本书作者张义是中国长城学会会员、北京作家协会会员，曾获得文化部“非物质文化遗产保护工作先进个人”荣誉称号，多年负责延庆地区非物质文化遗产保护工作。他出版过诗集《倾听月色》《道德的补丁》，主持编纂了延庆历史文化系列丛书《八达岭长城传说》《延庆民间花会》，为延庆的文化遗产保护工作做出了突出的贡献。《延庆旱船》是张义的崭新成果，希望能够为延庆非物质文化遗产保护工作起到更大的引领作用。

是为序！

前言

FOREWORD

旱船从艺术角度来说，属于民间传统舞蹈所涵盖的范围，是我国重要的民间艺术品类。它不仅在北方地区流行，在大江南北甚至更广阔的地域内，都有极其深厚的群众基础，只是在形式上由于地理、民俗信仰的不同有所区别，因而显示出异彩纷呈、绚丽多姿的景象，延庆旱船即是其中的典型代表。

延庆旱船历史悠久。其音乐曲牌、动作套路、人物谱系等，具有浓郁的地域性、独特性、多样性和艺术性。延庆旱船之所以传承不息，与民间习俗、百姓心理、社会审美、相关禁忌等息息相关，揭示了丰富的文化内涵及文化属性。

编写《延庆旱船》，离不开各种素材的长期积累，这些素材积少成多，直至最终连缀成文，是很多人辛勤采访、踏查、总结的成果。书中编选的内容，有些是 20 世纪 80 年代那一代文化工作者的搜集整理，有些是笔者在 21 世纪初点点滴滴的罗列铺排，这些素材的搜集整理时间跨度达 30 多年。也正因为如此，该书具有了历史性、文化性、连续性、艺术性等多种特征，通过对延庆旱船近年来成长脉络的总结，以期唤醒人们对旱船的关注。

延庆旱船之所以能够入选北京市级非物质文化遗产项目名录，是因为其生存发展的文化空间、历史空间已经十分狭小，其精湛技艺的继承人和传播者已经力不从心，其社会影响力和百姓的艺术审美已经脱节，这更加凸显出《延庆旱船》一书的重要性。另外，延庆旱船只是中国旱船当中的一个品类，并不能完全代表中国旱船的所有艺术特征和民俗信仰，因此笔者希望，能够以《延庆旱船》一书的出版为发端，更进一步地研究和了解中国各地旱船，并能够在不远的将来出版《中国旱船》。以中国旱船全景的形式，立体地展示这一民间艺术的无穷魅力。

目录

CONTENTS

第一章 延庆旱船概说

第一节　延庆旱船的历史渊源
第二节　延庆旱船的传承谱系
第三节　延庆旱船的分类
第四节　延庆旱船的风格特点
第五节　延庆旱船的社会价值

旱船，是延庆民间花会的艺术形式之一，表演者在陆地上模拟水上行船的细节，并以脍炙人口的民间传说作为故事情节。旱船道具是按照船的外观形状制成的木架子，在这种船形木架周围围缀上绘有水纹的布裙。在船的上部，绷糊绘有吉祥图案的细白纱，四角装饰红绸。延庆旱船驾船者有时是一个人，有时也双人共同乘驾一只大船。

旱船亦称划旱船、跑旱船、采莲船、旱划船，是广泛流传于我国的汉族民间舞蹈，其发源时间较早。旱船是汉族民间艺术的重要形式，宋代李昉等编著的《太平广记》中记载："唐玄宗在东路，大宴于五凤楼下，命三百里内县令刺史，率其声乐来赴阙者，或谓令较其胜负而赏罚焉……山车、旱船、戏马、斗鸡……夜阑，即遣宫女于楼前歌舞以娱之。"可见旱船早在唐代就已流行。

旱船又叫"采莲船"，它是由渔船脱胎而成。据宋代《儒林公议》和《宋史·乐志》中说："五代时前蜀王衍曾作蓬莱山，以绿罗画水纹为地衣，上置莲花，舞者乘船在地衣上转动。""宋代仿其事，宫廷队舞女弟子队中有'采莲队'，舞者乘彩船，手执莲花而舞。"说明"采莲船"由唐宋宫廷采莲队舞演变而来。与此同时，民间划旱船也很盛行，不少记叙宋代风俗的著作，都写到节日街头有旱船演出。所以，旱船是雅俗共赏，集艺术性、欣赏性、娱乐性于一体的艺术形式。

尤其到了明清时期，正月十五元宵节期间表演旱船十分普遍。《清嘉录》描写到："看残火烛闹元宵，划出旱船忙打招。不放月华侵下

◎ 百只旱船组成"CHINA"字样 ◎

界，烟竿火塔又星桥。”清代《燕京岁时记·灯节》“跑旱船”条载：“跑旱船者，乃村童扮成女子，手驾布船，口唱俚歌，意在学游湖而采莲者，抑何不自愧也！凡诸杂技皆京南人为之，正月最多。至农忙时则舍艺而归耕矣。”这是清代农民灯节时跑旱船的情景。清代《北京走会图》所绘的旱船走会，画一女子“坐”在“布船”中，戏装打扮，右手执扇。另一花脸艄公，手执竹竿作撑船状，这与当今民间流行的跑旱船差不多。女角用平稳的舞步表现船在水上划行，有时两人相对，边歌边舞。用一起一落的对称动作，表现船在浪中颠簸的情形。

旱船作为中国古老的民间传统艺术，很久以来就结合着以美好、浪漫为主题的历史传说进行演绎。跑旱船的起源与祭祀有关，据说2000多年前，爱国诗人屈原投汨罗江，屈原投水死后，人们都争着划船去打捞他的尸体。每到端午节，人们在江中赛龙船以示纪念。据《湖广志》记载，云梦县因河浅不能竞舟，便用竹和纸做成龙船，鸣锣击鼓，游行于市。这种活动流传下来，形成了跑旱船。据《明皇杂录》载，唐代已有“山车旱船”之说。

也有民间传说认为，旱船是为了纪念治水有功的大禹。据说，大禹的时候洪水横流国中，尧命禹一面治水，一面大力制造船筏拯救灾民。洪水退后，船筏便搁在陆地上。农民每于耕作之暇，在空场上推船玩耍，叫作跑旱船。逐渐的在农村，每逢春节、元宵节等传统节日，人们便会自发地组织起来跑旱船。

◎ 元宵节花会展演 ◎

在中国舞蹈的发展历史上，五代时期和宋代都部分地继承了唐代舞蹈。五代时期有表演划船采莲的大型舞蹈，宋代有“乘彩舟，执莲花”而舞的采莲舞队，虽皆属于宫廷舞，但这些舞蹈的根源却在民间。《武林旧事》等书记载了宋代时跑旱船的盛大场面，表演诙谐，人见人爱。南宋诗人范成大就曾写下“旱船逻似泛，水儡近如生”的诗句。其自注云：“夹道陆行，为竞舟之乐，谓之旱船。”清人李声振的《百戏竹枝词》中也有旱船诗曰：“罔水行舟古所难，居然一叶下银滩。无边陆海吾何惧，稳坐鳌鱼背上看。”该诗的题解为：“陆地行舟，以锡片铺地作水形，亦水银江海之意也。”

第一节

延庆旱船的历史渊源

旱船在延庆地区世代相传，多以一、三、五、七、九只船进行表演。延庆旱船套路丰富，船体造型美观，伴以高亢嘹亮的唢呐，再加上表演中“快、稳、漂、转”风格的展现，使其成为延庆民间文化艺术精品，表现了人们对真善美的向往，以及对未来美好生活的憧憬。延庆旱船历史悠久，但由于过去地方志书对旱船没有具体的文字记述，我们很难断定其确切产生的年代，但我们仍可以从历史典籍的相关记述中找到它的痕迹。

延庆旱船在其形成发展过程中，呈现出如下基本特征：一是旱船在周边地区都有流传，是在南北文化的交流中产生发展和定型的，具有文化的多源性特征。这一点，我们从延庆旱船多样的造型可以看出；二是旱船源于生活，贴近生活，它是伴随民俗活动发展而形成的，具有对民间习俗的依存性特征。

关于延庆旱船的产生，延庆地区流传有自己的传说：据说隋炀帝在

◎ 中国音乐学院陈树林、张天彤调研延庆镇胜利街三只船 ◎

统治期间荒淫无道，经常乘着大龙舟离京南巡，到了不通舟船的地方往往要下船乘马继续前行。一次，隋炀帝突发奇想，他命老百姓在陆地上铺满金黄的黍米，把大龙舟弄上岸来，要在旱地的黍米上行舟。于是老百姓在沿途就用糜黍拌香油铺路，用童男童女拉纤，把大龙舟从上面拖过，旱船由此得名，并流传开来直至今日。

旱船在延庆地区世代相传，历史悠久。据明代《隆庆志》记载："元宵节用席为巨棚，张灯置会，供神之物极奢丽，放焰火必三夜而始罢。"其中"灯"为灯场，"会"为花会，因此延庆旱船作为花会的重要品种，在明代就已经流传开来。在延庆多种地方志记述元宵节活动的文字中，灯场和社火是一并出现的。经过对延庆县东北部香营乡的白河堡村调研得知，该村的九曲黄河灯灯会起于明代中期，至今已经有500余年的历史。旱船作为灯会的重要内容，其起始时间最早可以追溯至500余年前。

另外，张山营镇西五里营村戏楼的屋顶分为前后两个部分，前低后高、前圆后尖。这种硬山勾连搭卷棚顶建筑样式流行于明代。此外，延庆被毁的明代建筑如上阪泉老龙庙、火神庙等，都是前低后高、前圆后尖的建筑样式。这种样式出现并流行于明代，是当时社会的建筑审美标准。而延庆旱船的船顶构造和该戏楼屋顶样式完全一致，是民间艺人在制作旱船时，借鉴吸收了民间的建筑样式，对旱船进行了发展与创新。作为道具的旱船，在清代就已经很精致了，不仅用料考究，而且做工十分精细。据延庆县井庄镇房老营村的老艺人房存相介绍，清朝光绪二十六年（1900年），邻村的旱船被烧毁了，后来房老营村重新做旱船时，木匠先用高粱秆照戏楼的房顶插出样子，老人们说就是这样，木匠才照样加工做了船架子。由此可见，延庆旱船的造型和古代建筑密切相关。

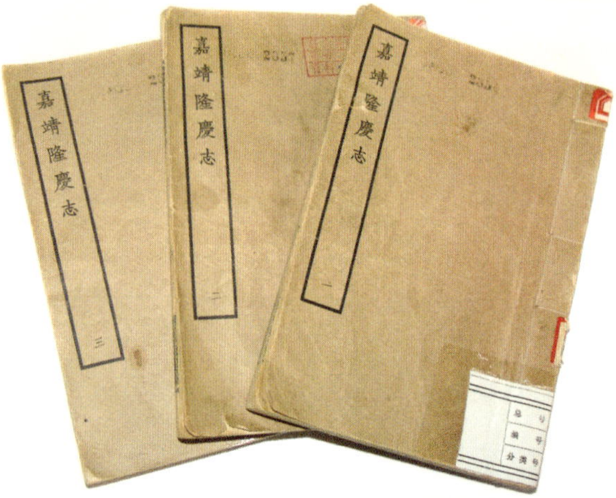

◎ 明嘉靖《隆庆志》最早记述了延庆民间花会的活动情况 ◎

旱船在延庆地区流传广泛，在各乡镇都曾经有会档存在。延庆旱船起源于两个人一同乘驾的大船（一只船）。一只船的特点是船体大、船身重，由一前一后两人乘驾，另有艄公一人做即兴表演。

2005年，县文化馆非遗工作人员为搜集旱船资料走访了延庆镇自由街、胜利街的老艺人，走访了井庄镇房老营村老艺人，他们对旱船的发展表述很一致。据说，1937年以前，延庆地区流传的只有一只船。有一年，自由街的一只船与东屯村的一只船比赛失利了，自由街的艺人不服气，就开始琢磨如何改变旱船的形式，研究玩船的新套路，以待来年能够以新取胜。

◎ 西五里营村戏楼顶部与延庆旱船顶部相似 ◎

就在1937年，村里有人看见驻扎在

延庆的国民党第二十九军也在玩旱船。他们的旱船除了造型与延庆旱船不同，旱船的体积也格外小，乘驾起来十分轻快，一个人就可以乘驾，在表演时无论是跑动还是旋转都很灵活，相互追逐穿插变化的套路多种多样，十分新颖。自由街的艺人受其启发，随即就将大船改成了小船，依然保持着原有的造型。村里的艺人把三只小船构成一组互相追逐表演，取得了十分好的效果。以后，各村纷纷效仿，并在三只船的基础上发展到九只船。九只船的表演也是以三只为一组，以三只船的表演套路为基础。

沈家营镇北老君堂村的老艺人王泉林说，新中国成立前本村流行玩三只船，但是村里爱玩旱船的人很多，往往会因为表演时许多人没有机会上场而造成纠纷，村里人商议之后重新制作了六只船，从此村里有了三支旱船队。最初，该村的三支队伍各玩各的，相互之间也容易产生矛盾，于是村里人将这九只船合并起来，重新编排了套路和场记，表演“八仙献寿”的故事，使得北老君堂村的旱船表演更加红火热烈，船队的规模大了，表演的场面更加壮观。又据该村老艺人王玉林介绍说，他曾经见到天津地区玩旱船时带有鱼、虾、蟹、蚌、乌龟、鲶鱼等水中的

◎ 延庆旱船最早的照片 ◎

"八大怪"，于是也在本村九只船的表演内容中融入了"八大怪"造型。当九只船流传到永宁镇利民街时，利民街村民又把表演内容改为《梁红玉抗金兵》，人物造型也改成古代武士模样。

近年来，许多能够熟练掌握旱船技艺的老艺人相继离世，他们留下的只言片语只能作为对旱船历史发展的回顾。北老君堂村的老艺人刘富汉16岁就开始旱船表演，据回顾，旱船在本村已有150年的历史。他驾船时，在船舷上放一碗水，表演过程中能够不洒一滴，如今已经没有人具有这样高超的技艺了。目前，他的两个儿子继承着玩旱船的技艺，至今还活跃在乡间。井庄镇房老营村的老艺人房存相18岁开始扮演一只船拨船者的角色，并逐渐在原有的基础上加入了自己所学的毯子功技巧，对继承和发展延庆旱船做出了突出贡献。

第二节

延庆旱船的传承谱系

《中国民族民间舞蹈集成·北京卷》记载：延庆镇东屯村赵元支（1900—1986）、永宁镇盛世营村钱万泽（1906—1998），从祖辈玩船到他们已是第四代了。据永宁镇老艺人杜泉德（1905—1986）说，他听曾祖父介绍，该地区从开始玩一只船至他已有五六辈传人。延庆镇胜利街的丁自强说，该村玩旱船至今已经有八九代传人。旱船在延庆经久不衰，离不开无数老艺人世世代代、祖祖辈辈的口传心授。而最重要的原因在于旱船本身所具有的艺术魅力和审美价值。在旱船这一民间艺术形式中，延庆老百姓也有自己的明星，如西白庙村的一只船就有“前头栾豁牙，后头麻套麻”两位著名演员。

延庆旱船的传承方式多种多样，有的是在家族内相传，有的是在村落范围内相传，有的是因人口流动带到了本地，综合各种因素，可以归结为家传、拜师、办班、请师、流动五类传承方式。

旅游者乘驾旱船

家传是指父子传承。这种方式以家庭为单位进行传授，一般不串角色，父亲扮什么角色，儿子就演什么角色。据井庄镇房老营村的房存相说，他的爷爷和父亲都是玩旱船的，后来传给了他。延庆镇胜利街村的丁泰传其子丁自强。沈家营镇北老君堂村的刘元起说，他爷爷刘进元是跟师傅学的，后来爷爷传给父亲刘延汉，父亲又传给了自己。

拜师是指师徒传承。延庆旱船在长期发展过程中师徒传承的占大多数，尤其是延庆旱船伴奏技艺的传承方式，最早可以追溯到200多年前。延庆镇东关村的民间唢呐艺人支树林（已故）在延庆地区较为著名，他30多岁时跟大榆树村70多岁的根红学艺，根红家祖辈吹唢呐，到根红已是第五辈了。根红不仅传授给支树林唢呐吹奏技巧，还教会他包括旱船伴奏在内的100多套曲牌。根红是1878年生人，上溯五代，唢呐在延庆的传承最少可以上溯到1778年，即至今有200多年。

办班民间俗称“安锅”。一般由会头出面筹办，请师傅招徒弟之后，进行为期一个月的专业训练，至来年正月外出演出，直至元宵节结束。

请师是以村为单位进行整体传授。由于新春佳节办“玩意儿”具有广泛的社会影响，并形成了风气，没有“玩意儿”的村庄热闹不起来，

◎ 延庆旱船传承人丁自强（左二）收徒 ◎

于是就激发起全村办“玩意儿”的欲望。届时，大伙儿集资请老师传授，直到整个花会的套路和技巧都学会为止。

流动传播是指因战争、自然灾害或贫困而导致的人口流动，流动人口中有不少民间艺人，艺人流落到什么地方，民间艺术就传播到什么地方。或是某人到外地生活期间学会了某种民间艺术，回乡之后，把掌握的技艺在本村传播开来，最终形成传统。

附1：井庄镇房老营村一只船、延庆镇胜利街三只船、沈家营镇北老君堂村九只船、永宁镇利民街九只船传承谱系。

1.延庆县北老君堂村旱船传承谱系							
（1）会首王元清							
据该村老人讲：本村旱船历史悠久，已经有200多年的历史。这项老百姓喜爱的玩意儿究竟有多少代，现在无法追溯根源。因为一代代老艺人的相继辞世，没有人可以详细回忆起来了，只有健在的几位老人能回忆起他们自己当时的情况。							
（2）传承谱系							
代别	姓名	性别	出生年月	文化	传承方式	学艺时间	居住地址
第一代	刘进元	男	1862年	不详	师传	不详	沈家营镇北老君堂村
	刘明德	男	1885年	不详	师传	不详	沈家营镇北老君堂村
	詹来成	男	1885年	不详	师传	不详	沈家营镇北老君堂村
第二代	李廷茂	男	1912年	不详	师传	1932年	沈家营镇北老君堂村
	刘延汉	男	1921年	不详	家传	1937年	沈家营镇北老君堂村
	姜善义	男	1921年	不详	师传	1940年	沈家营镇北老君堂村
	刘富汉	男	1915年	不详	家传	不详	沈家营镇北老君堂村
	蒲君臣	男	不详	不详	师传	不详	沈家营镇北老君堂村
	李尚先	男	1913年	不详	师传	不详	沈家营镇北老君堂村
	辛老疙瘩	男	1900年	不详	师传	不详	沈家营镇北老君堂村
第三代	王元清	男	1945年	小学	家传	1962年	沈家营镇北君堂村
	刘元起	男	1937年	初中	家传	1958年	沈家营镇北老君堂村
	刘三留	男	1965年	初中	家传	1983年	沈家营镇北老君堂村
第四代	王秋伶	女	1970年	初中	家传	1995年	沈家营镇北老君堂村
	王秋艳	女	1967年	初中	师传	1991年	沈家营镇北老君堂村
	王惠芬	女	1955年	初中	师传	1982年	沈家营镇北老君堂村
	李双柱	男	1959年	初中	师传	1986年	沈家营镇北老君堂村

续表

2.延庆县井庄镇房老营村一只船传承谱系							
（1）会首房存相							
（2）传承谱系							
房存相，男，1923年生于延庆县井庄镇房老营村。年轻时，在荣春社京戏班做过饭，本人很喜爱文艺，跟着学了一些毯子功。回村后学习了一只船拨船者的动作，并在原来的基础上加入了自己所掌握的毯子功技巧，对继承和发展一只船的表演艺术做出了一定贡献。房存相老人在70多岁的时候依然坚持玩旱船，乐此不疲。他的徒弟赵久清已经很长时间不再玩旱船了，现在的房老营一只船表演技艺由韩增才等继承下来。							
代别	姓名	性别	出生年月	文化	传承方式	学艺时间	居住地址
第一代	房富全	男	不详	不详	师徒传承	不详	井庄镇房老营村
第二代	房进元	男	1890年	不详	家族传承	不详	井庄镇房老营村
第三代	房存相	男	1923年	初中	家族传承	1940年	井庄镇房老营村
第四代	韩增才	男	1972年	初中	师徒传承	2009年	井庄镇房老营村
3.延庆县永宁镇利民街九只船传承谱系							
（1）会首吴兴荣							
（2）传承谱系							
代别	姓名	性别	出生年月	文化	传承方式	学艺时间	居住地址
第一代	王九州	男	1903年	不详	师传	1924年	永宁镇利民街
	盛满林	男	1936年	不详	师传	1954年	永宁镇利民街
	于彩文	男	1899年	私塾	师传	1918年	永宁镇利民街
	于跃潭	男	1914年	不详	师传	1933年	永宁镇利民街
	陈学亮	男	1933年	不详	师传	1955年	永宁镇利民街
	杜庆云	男	1942年	小学	师传	1962年	永宁镇利民街
	赵　平	男	1937年	小学	师传	1959年	永宁镇利民街
	万　红	男	1938年	不详	师传	1960年	永宁镇利民街
	聂祥森	男	1941年	初中	师传	1964年	永宁镇利民街
第二代	韩少成	男	1945年	小学	师传	1965年	永宁镇利民街
	宋海印	男	1940年	小学	师传	1965年	永宁镇利民街
	赵成德	男	1943年	小学	师传	1963年	永宁镇利民街
	段永林	男	1937年	小学	师传	1964年	永宁镇利民街
	丁立星	男	1946年	初中	师传	1963年	永宁镇利民街
	徐　永	男	1936年	不详	师传	1965年	永宁镇利民街
	赵国真	男	1947年	文盲	师传	1977年	永宁镇利民街
	于富民	男	1954年	小学	师传	1978年	永宁镇利民街
	耿万库	男	1950年	初中	师传	1979年	永宁镇利民街
第三代	唐长春	男	1952年	初中	师传	1977年	永宁镇利民街
	聂祥林	男	1947年	高小	师传	1980年	永宁镇利民街
	耿万金	男	1953年	高小	师传	1979年	永宁镇利民街
	铁　根	男	1955年	初中	师传	1981年	永宁镇利民街

续表

	彦铁祥	男	1958年	初中	师传	1983年	永宁镇利民街
	孙志海	男	1954年	初中	师传	1981年	永宁镇利民街
	杜铁柱	男	1954年	小学	师传	1979年	永宁镇利民街
	张定宇	男	1956年	初中	师传	1982年	永宁镇利民街
	于春民	男	1963年	初中	师传	1984年	永宁镇利民街
	盛富栓	男	1961年	小学	师传	1983年	永宁镇利民街
第四代	盛富锁	男	1964年	初中	师传	1986年	永宁镇利民街
	蒋利民	男	1957年	初中	师传	1981年	永宁镇利民街
	杜二柱	男	1957年	小学	师传	1981年	永宁镇利民街
	杜三柱	男	1963年	小学	师传	1985年	永宁镇利民街
	李冬梅	女	1963年	初中	师传	1986年	永宁镇利民街
第五代	郑淑华	女	1960年	初中	师传	1985年	永宁镇利民街
	时之凤	女	1964年	初中	师传	1988年	永宁镇利民街
4.延庆县延庆镇胜利街三只船传承谱系							
（1）会首丁自强							
（2）传承谱系							
代别	姓名	性别	出生年月	文化	传承方式	学艺时间	居住地址
第一代	张富山	男	不祥	不详	师传	不详	延庆镇胜利街
	丁　泰	男	1913年	不详	师传	不详	延庆镇胜利街
第二代	段福堂	男	1932年	不详	师传	不详	延庆镇胜利街
	周世成	男	1935年	小学	师传	1954年	延庆镇胜利街
第三代	鲁玉全	男	1933年	小学	师传	1956年	延庆镇胜利街
	周恩永	男	1937年	小学	师传	1956年	延庆镇胜利街
第四代	张　印	男	1940年	小学	师传	1962年	延庆镇胜利街
	丁自强	男	1948年	初中	家传	1965年	延庆镇胜利街
第五代	邢　瑛	女	1946年	初中	师传	1964年	延庆镇胜利街
	段永斌	男	1954年	初中	师传	1978年	延庆镇胜利街
第六代	段玉锁	男	1955年	初中	师传	1976年	延庆镇胜利街
	杨建民	男	1960年	初中	师传	1982年	延庆镇胜利街
第七代	王兴宽	男	1958年	初中	师传	1981年	延庆镇胜利街
	郭来存	男	1956年	初中	师传	1979年	延庆镇胜利街
第八代	郭长虹	女	1962年	初中	师传	1984年	延庆镇胜利街
	丁　礼	男	1972年	高中	师传	1995年	延庆镇胜利街
第九代	丁自力	男	1964年	初中	师传	1988年	延庆镇胜利街
	邢　瑛	女	1946年	初中	师传	1968年	延庆镇胜利街
代表性传承人		丁石锁，首批北京市级非物质文化遗产项目延庆旱船代表性传承人。					
		王元清，第二批北京市级非物质文化遗产项目延庆旱船代表性传承人。					
		房存相，第二批北京市级非物质文化遗产项目延庆旱船代表性传承人。					

第三节 延庆旱船的分类

旱船之所以在延庆民间花会中能够占有举足轻重的位置，得益于它杰出的观赏性、艺术性。它融文学、绘画、音乐、舞蹈等多种艺术形式于一体。在它的船体制作、图案彩绘、故事情节、人物造型以及表演套路等元素中，无不渗透着一代代艺人的智慧和汗水，积淀着深厚的艺术情感，具有坚实的群众基础。

根据旱船船队的规模，人们习惯把旱船分为一只船、三只船、九只船，延庆的多只船表演一般均以三只船作为基础单位。

◎ 自由街三只船 ◎

一只船又名大独船，是延庆旱船当中最重要也最原始的种类，新中国成立前在县域内曾经广泛流传，所演绎故事来源于《白蛇传》。大榆树镇高庙屯村、大庄科乡景而沟村、永宁镇盛世营村等许多村镇，历史上都有大独船表演。延庆一只船的故事情节是：白素贞和许仙夫妻二人来到一条江边，他们想乘船过江。这时，恰巧有一条大船靠岸，白素贞和许仙就登上了这只大船。没有想到，这只船的船夫由妖精幻化而成，并且十分好色。他看到白素贞年轻漂亮，就想方设法进行调戏。白素贞看出了其中的端倪，而许仙因为是凡夫俗子被蒙在了鼓里，于是白素贞就带着许仙戏耍这个妖精。此故事情节只在延庆单独流传，各种版本的《白蛇传》故事均无此情节。

◎ 20世纪80年代初井庄镇房老营村一只船表演 ◎

一只船的演员为三人，一名船夫（水怪）拨船，另外两个人即白娘子和许仙乘坐在大独船内。白娘子驾船头，许仙驾船尾。表演时，船夫在大独船前面、后面及左右做出各种拨船的动作，同时有多种挑逗白娘子的动作，包括眼神。白娘子和许仙晃动大船，左右抵挡，与船夫配合表演。表演到高潮时，船夫要扑倒在大独船当中与白娘子调情，整场表演诙谐幽默。

三只船演绎的也是《白蛇传》，其情节与九只船《白蛇传》的故事一致。但延庆的九只船在历史上曾表演过《八仙过海》的故事，有时也加进鱼、虾、蟹、蚌等水族动物的造型，名为“八大怪”。永宁镇利民街曾经表演过《梁红玉抗金兵》的故事。

在三只船和九只船当中，《白蛇传》的情节是游西湖：清明时节，西湖岸边花红柳绿，断桥上面游人如梭，构成一幅春光明媚的美丽画面。突然，从西湖底悄悄升上来两个如花似玉的姑娘，她们是两条修炼成人形的蛇精。她们并无害人之心，只因羡慕人世间的多彩繁华，才化名白素贞和小青到西湖边游玩。这一天偏偏下起了倾盆大雨，正在白素贞和小青被淋得无处藏身之际，一位温文尔雅、白净秀气的年轻书生撑着伞为她们遮雨。白素贞和这个书生四目相交，都不约而同地红了脸，相互产生了爱慕之情。从此他们三人常常见面，白素贞和许仙的感情越来越好，过了不久，他们就结为夫妻。《白蛇传》当中的人物有许仙、

◎ 沈家营镇北老君堂村九只船 ◎

白素贞、小青。九只船中许仙、白素贞、小青的人物装扮与三只船中的人物装扮相同，只是多了艄公这一角色。艄公的扮相有老年拨船者和青年拨船者的不同。

《八仙过海》的情节是：蓬莱是东海之中的仙岛，一次八仙要到仙岛赴宴赏牡丹。吕洞宾建议，这次渡海大家既不能腾云驾雾，也不能乘船，要显示出自己的神通从海面上漂过去。于是，八仙就各自拿出自己的宝贝。铁拐李用葫芦，吕洞宾用宝剑，汉钟离用芭蕉扇，韩湘子用笛子，蓝采和用花篮，何仙姑用莲花，曹国舅用笏板，张果老就直接骑他的毛驴行进在海上。八个神仙过海，宝贝将海水弄得天翻地覆，惊动了东海龙王。龙王派出两个太子率领虾兵蟹将出龙宫探看，结果蓝采和被拖入水中绑走，曹国舅的笏板也被抢走，八仙只剩下七仙和龙太子以及虾兵蟹将大战，两个龙太子也一死一伤。东海龙王请来南海、北海、西海龙王助战，结果仍打不赢，他们又请来天地水三官相助。八仙也得到齐天、通天、搅海、翻江、移山五个大圣的帮助，大闹了龙宫救出蓝采和大获全胜。后来，如来佛出面调解，一场风波才得以平息。因受八仙过海故事的影响，过去的渔民出海，总是忌讳一只船上坐七男一女。生怕海龙王会误会，以为八仙又来争斗。有的还禁止妇女出海，怕龙王误

◎《八仙过海》旱船表演◎

把其当作何仙姑，拖入水晶宫去成亲。

《梁红玉抗金兵》的情节是：南宋时，金兀术领兵南侵，直抵长江北岸，先攻扬州再攻润州。润州守将韩世忠与夫人梁红玉闻讯，邀邻镇守将张俊等共谋破敌之策，遂联合三镇兵力，布阵于金山之下。梁红玉调兵遣将，命二子尚德、彦直奋勇杀敌，又与韩世忠巡视各营，鼓舞士气。次日，双方在金山江面大战，韩世忠率二子身先士卒冲锋陷阵，梁红玉擂鼓助阵指挥全军，又亲率女兵杀敌。在各路大军齐攻之下，金兀术大败。宋兵王达诈充向导，引金兀术至黄天荡。韩世忠夫妇水陆并进，将金兵围困于绝境，金兀术落荒而逃，宋军大获全胜。以梁红玉抗金兵为主题的旱船流传在永宁镇利民街，据该村村民介绍，20世纪60年代中苏关系破裂，中国正赶上困难时期，利民街村民由此将旱船的表演主题改为“梁红玉抗金兵”，反映了当时社会中存在的“独立自主，抵御外辱”的思想意识。

根据旱船的造型，人们把延庆旱船分为彩船和花船。

彩船即延庆传统旱船。它由船身、船顶、立柱、船底、绣球、花灯及其他装饰物构成。可以说，延庆的每只传统旱船都是一件艺术品，具有很强的观赏性和艺术性，在我国的旱船品类中独树一帜、别具一格，个性十分突出。

◎ 中年时期的房存相 ◎

灯，不仅是夜间走会必须使用的，也是旱船的重要装饰。船身靠立柱外侧各摆一盏粉红荷花灯，船顶内部前后有两排蜡座，最多的可以插24支蜡烛。夜晚走会时，所有的蜡烛全部点燃，烛光透过“粉红色花瓣”辉映得整个旱船剔透玲珑，格外精美。随着旱船的游动，画面中的人物、山水以及各种图案，都处在清晰和朦胧、静止和跃动之间，生动鲜活而引人注目。这种夜间的演出，颇具观赏性。

延庆旱船的骨架用白松木制成，结构合理紧凑。各个木撑之间都用母铆和公铆连接，公铆粘木胶，安装后用木楔子钉紧，船底木撑都是由边长为4.5厘米的木料制作而成的，非常结实，完全有别于我国其他地区用竹竿扎制的简单旱船道具。

正是因为延庆旱船底盘重不易被风吹倒，在风中跑起来异常平稳，正好符合了延庆人讲究“四平八稳”的社会心理，是延庆人希望得到稳定社会生活的理想体现。其中，旱船的彩绘内容表现了延庆人的精神崇拜和内心向往，崇拜龙希望龙能够带来一年的风调雨顺，绘制金鱼荷花，则是对美好生活的期盼。

◎ 外来引进的旱船样式——花船 ◎

花船是近年来引入延庆的外来类型，个体偏小，制作简单。花船一般用竹或秫秸扎成船形，饰以彩绸、纸花，船形下面用布围住，遮住表演者的腿脚，中间留有表演者站立活动的空间，用布带系在表演者的肩上或腰间。花船制作简单，颜色鲜艳，但道具不便于保存，难以重复使用。另外，花船一般只突出了喜庆的节日气氛，而且人物化妆只注重滑稽幽默，与延庆的传统旱船有着较大的差距。

第四节

延庆旱船的风格特点

延庆旱船具有很强的观赏性和艺术性，在我国的旱船品类中独树一帜、别具一格，个性十分突出，主要表现为以下几个方面：

一、旱船道具造型典雅、制作讲究且严谨规范

延庆旱船的道具是一件精美的艺术品，制作非常精细。船体糊纱之后，在表面彩绘细瓦高脊，后部屋脊木雕“二龙戏珠”，其下飞檐翘拱下垂红绸绣球。檐下四周糊细白纱，前后彩绘“二龙戏球”“沧海日出”图案，其余部分彩绘《白蛇传》故事各个情节中的人物或山水和花鸟虫鱼等。下部用白布做船围，彩绘与水相关的如“金鱼荷花”“腾龙巨浪”等题材图案。所有彩绘部分均细腻逼真，色彩艳丽对比鲜明，整体色调具有浓郁的民间特点，喜庆而热烈。在1987年全国农民运动会开幕式上，延庆旱船得到了与会者的称赞，他们说：“这么多花会，只有延庆旱船最漂亮。”

延庆旱船的船顶类似古建筑，剖面前为半圆形，后呈正三角形，飞檐翘拱，彩绘细瓦高脊，尖顶脊头雕刻龙头，四角的拱头各挂一个彩绸绣球，檐下四周绷糊细白纱，上绘“二龙戏珠”“麒麟送子”“狮子滚绣球”、《白蛇传》当中“游西湖”等各种民间传统图案。延庆旱船融文学、绘画、音乐、舞蹈、建筑等艺术形式于一体，作为道具的旱船，不仅用料考究，做工也十分精细。

二、旱船所演绎的故事主题鲜明，具有较强的艺术感染力

旱船表演的内容以古代历史人物及神话传说为主，充分表现出人们对爱情以及未来幸福生活的美好憧憬。旱船以生动的故事情节把人物表演和道具自然地结合在一起，其故事选自《白蛇传》，表演者装扮

成白娘子、小青、许仙模样，表演过程中眉目传情，富有感染力。延庆的民间花会讲究扮演各色故事，游西湖的故事情节本身就非常具有群众基础。白娘子对爱情的忠贞和无怨无悔的追求，一直为人们所同情和

◎ 旱船拨船者 ◎

赞扬，尤其在旧时代，对青年男女无疑具有很大的吸引力。爱情是永恒的，《白蛇传》的故事在今天仍广为流传。

其他情节如《梁红玉抗金兵》，还有《红楼梦》当中金陵十二钗的故事情节，以及“八仙过海”“八大怪”的情节，都是不断发展、创新、演变的结果，在增加旱船艺术表现力的同时，这些在民间广为流传的故事传说与相应的船体彩绘情景交融，使得旱船的艺术内涵更为丰富。

三、旱船的表演具有兼南带北、刚柔并济的艺术风格

旱船在我国分布区域较广，地区不同显示出的艺术效果、表演风格和艺术魅力也不尽相同。但是，延庆特殊的地理位置，造就了延庆旱船独特的艺术魅力。延庆传统旱船尤以一只船、三只船、九只船最具代表性。三者之间共性与个性相结合，演绎出各自不同的特点。

旱船虽然有一只、三只和多只的区别，但对表演者的要求都很高，总的风格也是一致的，那就是具有“兼南带北”的特点。即旱船表演既具有北方的粗犷豪放，又具有南方水乡的细腻柔和。如表现细腻柔和特色的时候，表演者驾船则显示出水平如镜、船行如划的样子；表现粗犷豪放特性的时候，表演者驾船则显示出船遇到风浪时涌舟、转舟的惊险情形。在表现水平如镜时，脚尖抓地这一功夫至关重要，因为用脚后跟着地走不平稳。技艺高的艺人为把旱船玩好，苦练脚尖抓地的基本功，几年下来，大脚趾的趾甲会抠进肉里，更卖力的趾甲会由于受力过大被磨掉脱落。涌舟要表现出浪拍船头、船顶风破浪的情形，旱船要在疾行中骤停同时船头翘起又快速低落，紧接再疾行。转舟是旱船在原地顺时针和逆时针快速转动，表现船进入旋涡时的情景，充分表现了北方人的豪壮气势。

◎ 大庄科乡沙门村九只船 ◎

四、旱船的音乐伴奏粗犷豪放，地方特点突出

◎ 延庆旱船参加“龙潭杯”大赛 ◎

音乐伴奏是旱船表演的半台戏，旱船的吹打乐伴奏热烈而激动人心，常用的伴奏曲牌有《将军令》《得胜令》《娃娃》《寿星花》《三盛意》《小磨房》《小钉缸》《小番召》《句句双》《老八板》等百余首，同时还吸收了一些地方民歌小调，如《二月二龙抬头》《要嫁妆》《送情郎》《打骨牌》等。每个唢呐艺人根据自己的喜好熟练掌握十几首到几十首，即兴变换吹奏。欢快的韵律代表着人们对幸福生活的渴望，热烈的节奏代表着人们节日里的欢欣，流畅自然、变化自如的伴奏音乐粗犷豪放而又连贯优美。

旱船的伴奏乐器有唢呐两把、大鼓两面、大小钹各一副。开场、收场及变换曲牌均由大鼓指挥，一般在每个唢呐曲牌吹奏之后，由大鼓刹鼓借机换场。在表演中，唢呐演奏者即兴吹奏，打击乐与之配合默契，具有浓郁的延庆地方特色。如有时唢呐是2/4拍，大鼓却出现了3/4拍、4/4拍、5/4拍的伴奏，使得曲调的轻重缓急变化更加丰富，也更容易调动演员的情绪，非常适于旱船的表演。北京市艺术研究所研究员陈树林对延庆旱船这样的配乐形式十分推崇。

五、旱船的服饰装扮个性突出，是戏曲人物造型的简化

清代《延庆州志》中有“上元节张灯三日……用优人衣冠、器具，扮演各色故事……”的记载，说的就是延庆花会。在延庆，用优人衣冠、器具，扮演各色故事的花会品种包括旱船，因为旱船每个角色的服饰装扮严格按照角色需要配置，以突出人物的个性，充分展示所演绎的故事情节。

白娘子外着纯白色长袖帔，两鬓悬挂白色绣球，头戴纸扎的纯白色花冠。小青外着青色长袖帔，两鬓悬挂青色绣球，头戴纸扎青色花冠。许仙外着素色长袍，头戴公子帽，两侧悬挂长穗，这些都是旱船人物

的传统装束经典造型。白娘子一身白衣，清雅脱俗，飘逸灵动，显得清爽明快，这个以白为主色调的装束新颖大方，恰好突出了白娘子的天生丽质。小青一身青色，凝重端庄个性突出，显得俊逸超脱。仔细比较起来，这与我国传统戏剧当中白娘子等人物造型的装束十分相似。延庆旱船属于民间艺术形式，在讲求精致的同时简约不落俗套，是简化了的戏曲人物装扮。

六、旱船的场记和套路多样，不同的套路和场记蕴含着老百姓对社会生活的美好寄托

历史上，战争和自然灾害曾经给延庆带来无穷的灾难，和平幸福、圆满和谐一直是延庆人祖祖辈辈的追求和向往目标。延庆旱船的套路多以跑圆场、转圆周、跑葫芦为主，众多的圆场和转圆周表现了老百姓希望生活安康、日子幸福、万事圆满的精神寄托。在延庆地区，葫芦是福禄的谐音，因此众多的葫芦套路也是百姓对安乐日子梦寐以求的心理向往。

《中国民族民间舞蹈集成·北京卷》编辑部主任董敏芝回忆，20世

◎ 延庆旱船的宣传作用 ◎

纪80年代，她们一行在延庆搜集素材，对延庆旱船的套路产生了兴趣，但是民间艺人对这些套路的由来都说不清楚。一次她无意中看到延庆县城民宅上的砖雕，竟然发现旱船的套路形式与这些砖雕的图案非常一致。进入21世纪之后她再次寻访，那些民宅都已经荡然无存，董敏芝老师对于当时没有留下历史资料深表惋惜。

众所周知，旧时的民宅盛行在院中影壁、房檐、山墙、屋脊，或是房屋的门窗等处，将寓意深刻的吉祥图案以雕刻的形式予以呈现。这些雕刻一方面起到了装饰作用，增强了民宅建筑的艺术美，但更主要的是反映了百姓的生活情趣和精神境界，是一种财势的象征。旱船的套路形式与砖雕图案的吻合绝非偶然，把传统文化的深远内涵融入到民间花会是民间百姓对民俗信仰不断的创新与发展。如各种圆场、三角转、单双转、三船并转、自转，都是老百姓祈福的精神追求。如整齐一致干净利索的拜四方，是全体演员对所有观众的一种礼拜仪式，不可或缺。

第五节

延庆旱船的社会价值

延庆旱船深受人民群众喜爱，数百年传承不息，而且在传承中不断得到发展和提高，这是由它自身的艺术价值决定的。它的产生和发展对于研究民风民俗、民间舞蹈、民间音乐、民间绘画、民间手工技艺，以及建筑和宗教等都具有较高的参考价值。

一、坚实的群众基础，突出了旱船的审美价值

旱船之所以流传数百年至今，缘于其坚实的群众基础。花会是旧时人们在春节期间喜闻乐见的主要娱乐活动，劳苦一年的人们唯有通过它来放松身心。据艺人们讲，以往每到正月十五，花会在村与村之间表演，花会串到哪里人们就跟到哪里。那时，健壮的小伙子农闲时会自发地聚在一起，向前辈学习跑船的技艺。肩扛几十斤的道具跑上一阵子，就会累得气喘吁吁，但他们乐此不疲。胜利街三只船艺人段福堂说："跑船时全凭腿和脚上的功夫，最主要的就是脚尖抓地，这样才可以保证跑船的平稳。"有了对旱船深深的喜爱，才会有人忘我地投入到自发的学习和表演中去。

二、延庆旱船的历史功绩，彰显了其艺术价值

延庆旱船在国内、国际各类大型活动中享有盛誉，是不可多得的艺术精品。1979年，延庆自由街、胜利街、西关村组成了九只船，代表我国民间艺术赴北京参加中日青年联欢会交流演出，赢得了日本朋友的赞赏，他们说："棒，这才是中国的民间艺术！"1982年，延庆旱船参加了在北京市劳动人民文化宫举办的"中日邦交正常化十周年纪念联欢会"；1987年延庆旱船参加了北京市"龙潭杯"花会大奖赛，延庆旱船摘取了大赛的桂冠；1988年，延庆旱船受邀参加了全国首届农民运动

会开幕式的演出；1984年、1989年、1994年，延庆旱船分别参加了中华人民共和国成立35周年、40周年、45周年、60周年的群众游行，备受瞩目。尤其是1984年，78只的庞大阵容，让延庆旱船声名远扬。2009年，延庆183名队员圆满完成了“新农村建设”方阵“妩媚旱船”和“跑驴”表演；1993年，以“八仙过海”为主题的延庆旱船在沈阳国际民间舞蹈邀请赛中获得银玫瑰奖，为北京的民族民间文化增光添彩。

旱船历时400余载在延庆传承不息，其根本原因在于它自身的艺术和审美价值，它的魅力已经深深植根于人民群众的心灵。因此，延庆旱船不仅在延庆历史文化中产生了很大影响，受到延庆和北京人民群众的喜爱，同时也在国内国际产生了很好的影响。

三、浓郁的地方风格，决定了旱船的文化价值

延庆地理位置重要，历代统治者都极其重视延庆在军事防御、文化交流方面的特殊作用。延庆地区自古备受战乱，养成了延庆人执着、达观，乐于在勤苦

◎ 延庆旱船参加中日邦交正常化十周年庆祝活动 ◎

◎ 中华人民共和国成立35周年——延庆旱船表演 ◎

◎ 1993年第三届国际秧歌节 ◎

◎ 早期的旱船走街 ◎

中创业的思想特性。这一民间舞蹈形式在不断的发展中，其艺术特征融入了地方风俗习惯，同时地方风俗习惯也赋予了旱船深厚的文化内涵和文化传统。旱船作为群众自娱自乐的文化活动，在发展中不可避免地存在着松散状态，音乐伴奏、舞蹈动作、场记变化等相关内容既在发展中创新，又在创新中流失。但其张扬的个性，百姓挚爱生活的态度却在发展和创新中不断得到加强，促使其旱地行舟驾船起舞、知难而进的粗犷剽悍的个性得以张扬，使其处于“诗、画、舞、乐”一体的美好意境中。在此基础上，亮丽的人物造型，优美的音乐伴奏，更加灵活的场记变化，共同演绎出美好动人的故事。

四、综合的艺术魅力使得旱船有了充分的发展空间，具有无限的研究价值

延庆旱船在参加1987年北京市农民运动会表演后，被观众评为“色彩最好看”的民间艺术形式，这是有原因的。旱船在湍急中乘风破浪，在汹涌中激流勇进，在急切中循环往复，把各种水上行船的场景在地面上进行了夸张的艺术处理，形成了一种虚实结合、情景交融的民间文化艺术，并且综合了建筑、美术、音乐、舞蹈等多种艺术形式。旱船的综合艺术个性特征赢得了社会的广泛赞誉，但其最主要的艺术魅力依附于当地的文化特征，同人们的生产、生活习惯紧密相关，同长久沿袭的历史风俗习惯紧紧相连。它诞生于民间，积聚于民间，作用于民间，具有广泛的群众性，深深地影响着延庆人，展示着延庆人独特的灵魂和性格。同时我们也应该看到，目前

◎ 中铁庆手工绘制的旱船 ◎

◎ 北京专家程黔玲（右二）、董敏芝（右三）、陈树林（左一）、涂达远（右一）等考察房老营村一只船 ◎

延庆旱船的上述各类艺术特征在逐步退化。所以，各门类的艺术工作者之间要不断地交流切磋，只有这样，延庆旱船在道具制作、人物形象塑造、音乐制作、服饰搭配、舞美设计、绘画工艺等方面，才能提高艺术档次和品位，从而扩展其发展的空间。

五、精湛的艺术表演，决定了旱船的舞蹈研究价值

作为民间花会的旱船，经过长时间的演出实践，表演技艺和套路不断提高和丰富。从道具的制作、彩绘以及表演形式，都寄托了群众的精神需求和向往，具有深刻的文化内涵。因此，延庆旱船为民间舞蹈的艺术价值、民间舞蹈发展史等方面的研究，提供了生动的范例和宝贵的实物资料。

六、丰富的套路曲牌，使得旱船具有了民间音乐的研究价值

旱船音乐伴奏曲牌很多，其曲调高亢嘹亮、节奏热烈，配器演奏形式很特殊。延庆是个多民族的移民地区，旱船的音乐伴奏受多地区、多民族，尤其是我国北方地区和民族影响，具有浓烈的北方地域特色。其中，有的曲牌还来自宗教音乐，这对研究我国北方民间传统音乐和宗教音乐具有重要的参考价值。

第二章

延庆旱船的技艺特征

延庆旱船是一项综合了多门类艺术特点的传统舞蹈。其主要特点包括：人物的戏剧性、动作的细腻性、套路的多样性、音乐的传统性和道具的古典性。

延庆在历史上曾是少数民族游牧地区，延庆和永宁曾是屯兵之要地。由于历代战争频繁，移民甚多，各民族集聚，长期的民族文化交融形成了延庆地区民间艺术的地方特色，“旱船”就是其中较典型的形式之一。据清乾隆刻本《延庆州志》载：“上元节张灯三日……用优人衣冠、器具扮演各色故事，名为社火，先谒长官，呈技领赏，后遍游街巷，且歌且舞，男女聚观，至十六夜灯火歇后乃罢。”这种习俗一直流传至今。旧时每年正月十四至十六日，延庆县城就会张灯结彩，白天走会，晚上玩灯会，旱船也会与其他民间会档一起活动。如今免掉了过去走会前先拜喜神等封建迷信活动，保留了为各家各户拜年庆贺的习俗，深受当地群众喜爱。

表演时，一只船是两人驾一船，有一人拨船；三只船和九只船是三人和九人每人各驾一船表演。三种形式各有特色：一只船以小巧灵活、富于变化、行动迅捷见长；九只船则以场面宏大、队形多样取胜。几种形式虽各有特色，但在表演上又有其共同的要求，可归纳为快、稳、漂、转四个特色。

延庆旱船的风格特点也表现在旱船道具上，船体造型别致，色彩鲜艳，既是道具，又是精美的工艺品。据永宁镇阜民街吴金海等老艺人介绍，旱船的顶部是按照永宁镇吕祖庙顶部（新中国成立后已拆除）的建筑形式制作的，船顶沿边的花纹与延庆现存庙宇屋顶花纹一样。船顶以四根立柱支撑，镶有木窗，裱以白纱，并画上各种戏曲人物故事；船围有各种金鱼、荷花图案；前面绘有龙头；船上再装饰各种彩绸、彩灯，整体像一只色彩斑斓、古色古香的游艇。据说这种船当年要请专为庙里雕塑菩萨的能工巧匠精心制作。延庆旱船多用打击乐和唢呐伴奏，音乐粗犷豪放，欢快热烈。其中打击乐起指挥作用：演出开始时，打击乐奏刹鼓；待跑船者出场后，击鼓者则紧密配合，随舞蹈场面的变化而变换鼓点。唢呐根据击鼓者的提示及跑船者的表演变换曲牌。当表演快结束时，跑船者速度放慢，并拜四方谢场，这时打鼓者作结束准备，等演员下场时，乐队奏刹鼓结束。

第一节

延庆旱船的人物

延庆旱船所演绎的内容以历史人物故事及神话传说为主，表现出了延庆人对爱情生活的美好憧憬，以及延庆人的审美意识和追求。延庆旱船把生动的故事情节与人物的表演自然结合在一起，达到了娱人娱己的艺术效果。

《白蛇传》的表演者装扮成白娘子、小青、许仙模样，表演富有很强的感染力，在老百姓当中是喜闻乐见和脍炙人口的。

在《梁红玉抗金兵》的表演中，有一名表演者装扮为女将梁红玉，其他人装扮为兵丁模样。在表演过程中以梁红玉（领头的船）为核心，进行各种套路的穿插和组合。另有一人为拨船者，为戏曲中的武生打扮，在表演过程中除负责各种场记调度之外，还需要加入各种翻滚、腾跃等动作，以突出人物的灵活、英武、机智等气质。

在《红楼梦》的故事情节中，表演者分为两种装扮。其一为贾宝玉装扮，头戴束发嵌宝紫金冠，勒二龙抢珠金抹额，穿一件黄色对襟上衣，束着五彩丝攒花结长穗宫绦，外罩红色斗篷。其他人为侍女装扮，象征《红楼梦》当中的各色女角。

◎ 延庆旱船的人物造型 ◎

在《八仙过海》的表演中，驾船者分别扮演铁拐李、汉钟离、何仙姑、蓝

◎《八仙过海》参加第三届沈阳国际秧歌节国际民间舞蹈邀请赛◎

采和、韩湘子、张果老、曹国舅、吕洞宾，拨船者为渔童装扮。

“八大怪”的演员装扮都是在不断发展、创新、演变的过程中变化，在增加旱船艺术表现力的同时，这些在民间广为流传的故事传说与相应的船体彩绘情景交融，使得旱船的艺术内涵更为丰富。其主要装扮造型为：乌龟、河蚌、金鱼（鲶鱼）、虾兵、蟹将、荷花等。

在延庆旱船所演绎的众多人物中，《白蛇传》故事中的人物扮演延续的历史最长、编演的会档最多，在群众心目中占据的地位也最高。有些旱船会档所扮演的人物以仕女和公子为主，但却没有具体的故事情节，随着社会的发展，主题特色不那么明显了，是以服饰装扮的统一为主。

在延庆旱船中还有一个重要的角色，那就是拨船的艄公。船的行进路线全由拨船者指挥，驾船头者眼盯拨船者，驾船尾者紧跟驾船头者。老艺人说：“船头的人费眼，船尾的人累腿。”整个团队的默契配合非常重要。

由于各个会档所演绎的故事不同，其拨船者便具有了不同的身份。如一只船的拨船者是丑角打扮，所演绎的是个水怪，故事的情节是，白娘子和许仙来到一条江边，想乘船过江。这时恰巧有一条大船靠岸，白娘子和许仙就登上了这只大船。不想船夫是个妖怪，而且很好色，就与白娘子和许仙兜圈子，白娘子和许仙觉得这个妖怪好笑，就戏耍这个船夫。《八仙过海》的拨船者是个童子打扮，代表的是一个仙童。《梁红玉抗金兵》的拨船者是个武生打扮，代表的是一名军士。其他的大多数则为老艄公和年轻艄公，没有特殊的身份含义，其职能是单一的。

第二节

延庆旱船的音乐曲牌

熟悉旱船表演的人们常说，“动作要靠鼓来催，半台锣鼓半台戏”，其意义不需刻意解释，人们很容易透过字面意思理解其深刻内涵。因此说，好的乐手不仅能奏出好的乐曲激发演员的热情，而且本身也时常能够随着表演情绪的起伏而陶醉其中。也就是说，表演者是靠手眼身法舞步，比较直观，而乐手是靠气息和音乐而舞蹈，比较内敛。二者缺一不可。

◎ 中日民间友好联欢会上的旱船乐队 ◎

在一些民间旱船会档的组织中有这样的现象，有的会档常年用固定的乐队来伴奏，不会轻易换人。据说，有个村的花会请师傅（唢呐手），尽管师傅已经80多岁了，村里还是非他莫属。师傅岁数大了怎么办？村里就派专人伺候，有给师傅牵驴的，有给师傅喂水的，有给师傅点烟的，最后还给师傅最优厚的待遇。师傅能混到这个份儿上，算是挣下了天大的面子。用老百姓的话说：“我们村的花会还就得他吹，别人吹就是不行。换了别人，要不就是舞的跟不上吹的，要不就是吹的跟不上舞的。”可见，舞者和乐手默契结合的必要性，只有二者完美组合，才能使民间艺术之花绽放出最好的花朵。

音乐曲牌的伴奏能鼓舞情绪。在旱船的演出中，一般是表演者根据伴奏的节奏而表演，而表演者的情绪则需要通过节奏的轻、重、缓、急决定。节奏越快，情绪就越激昂，只有表演者与伴奏默契的配合，才能达到快而不乱的效果，若有任何一方节奏掌握不准，就会影响表演的效果。另外，比较讲究的会档，其音乐伴奏会细致到每个角色，甚至会细致到某一角色的具体动作。

众所周知，民间花会的伴奏在遵守一定程式的情况下，其演奏过程也具有广泛的随意性，因此民间花会的节奏是变化多端的。伴奏平缓时，舞者的情绪和动作相对文雅平稳，伴奏激越时，舞者情绪和动作则相对轻快并且跳跃性强。在节奏上张弛有度也是伴奏的特点，在鼓点上“蹦锤”和“滚锤”技法的运用，使得鼓点节奏形成鲜明的对比。“滚锤”紧凑，形成一种紧锣密鼓粗犷有力的气势，其节奏跳动幅度大，显示出气势磅礴的氛围。因此，旱船的曲牌伴奏具有烘托现场气氛、鼓舞表演者情绪的重要作用。

延庆旱船的演出以吹打乐为伴奏。乐器有唢呐两把，大鼓两面，大、小钹各一副。开场、收场及变换曲牌均由大鼓指挥。一般在一个曲牌奏三五分钟之后，便可借换场之机，由大鼓领奏“刹鼓”，长短可视场上舞蹈的需要，灵活选用。表演时，唢呐演奏者即兴吹奏，打击乐同唢呐配合默契，节奏变化自如，如在《娃娃》《将军令》等曲牌中，唢呐奏2/4节拍，而打击乐却在3/4、4/4甚至5/4的节拍间任意变化；演奏到每曲后半部“5 6 5 6 1 2 1 2”“6 7 6 5 6 7 6 5”之处，唢呐作加奏或减奏，以达到节奏的统一，从而表现了独特的演奏风格。

刹鼓

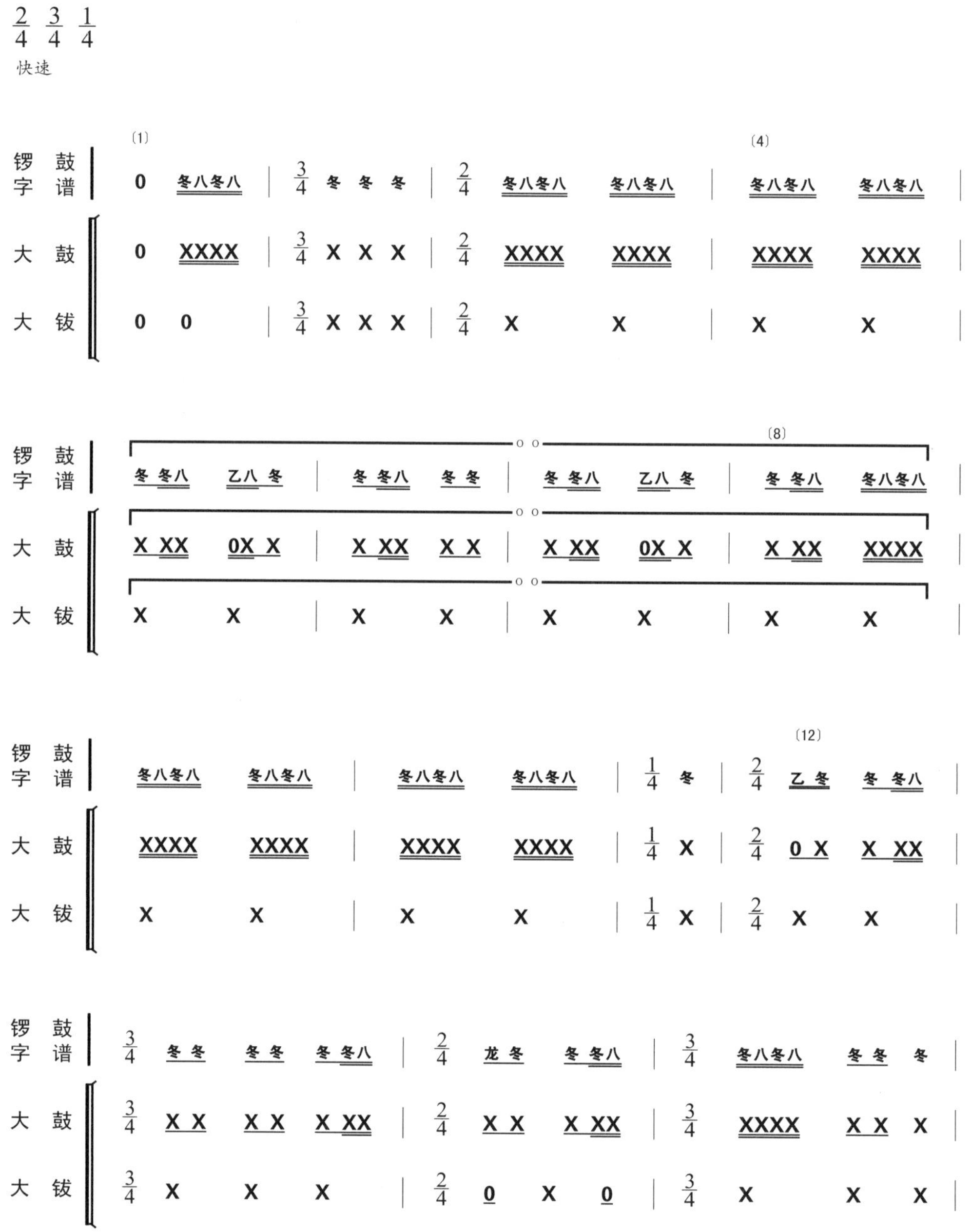

传　授　李金堂
记　谱　陈树林

八板

（唢呐曲）

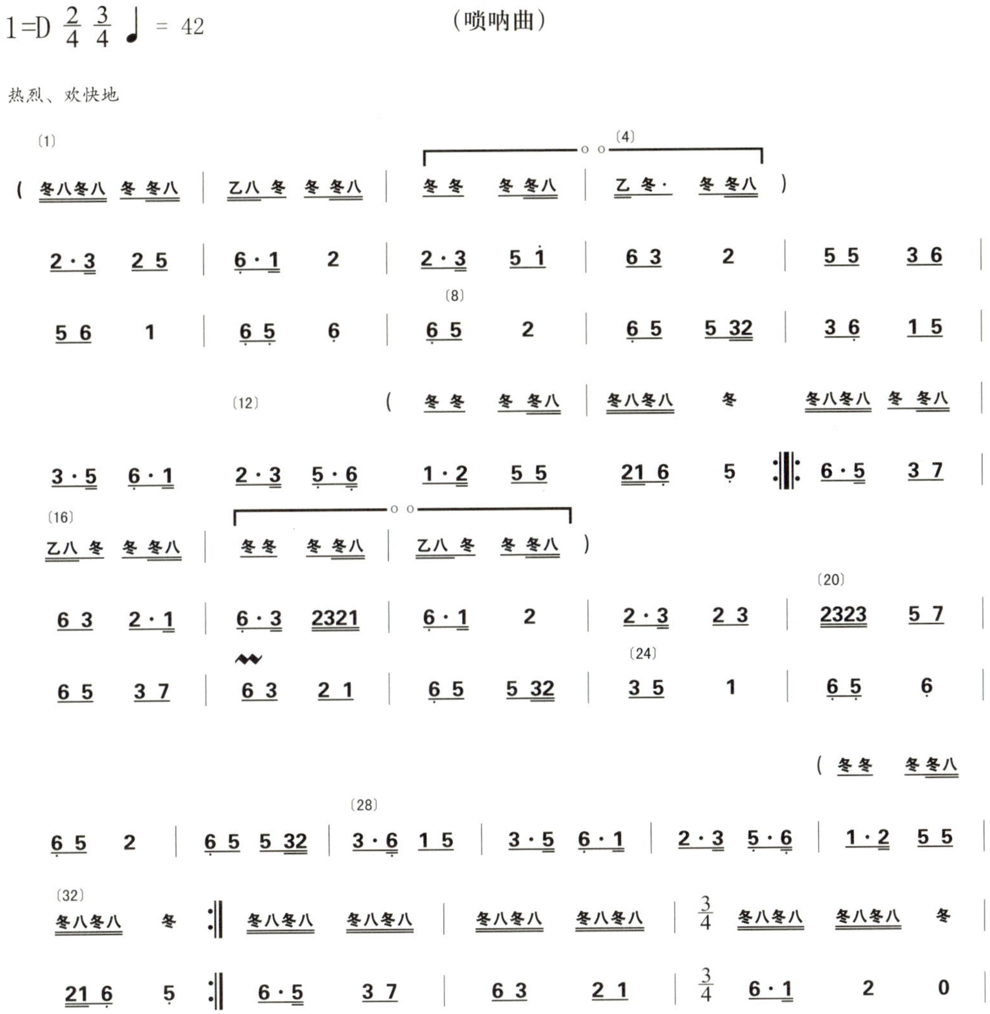

［附］打击乐合奏谱（用在［1］～［14］、［15］～［32］处）

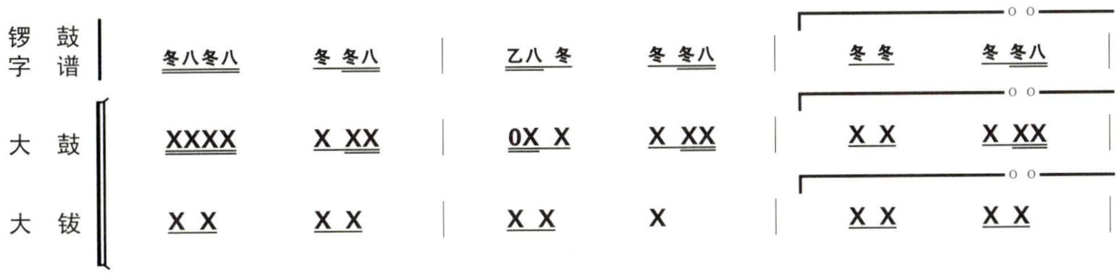

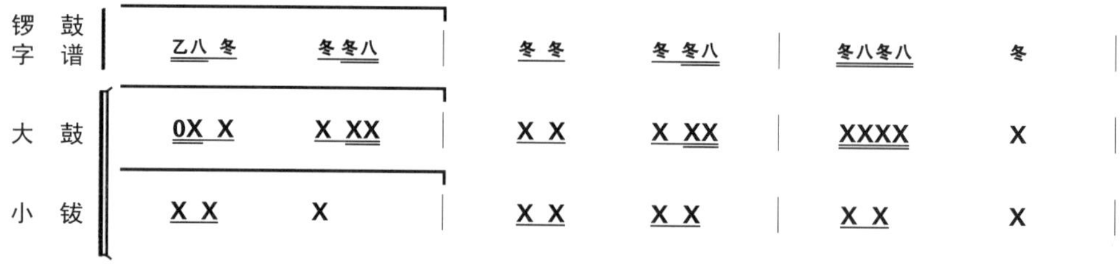

[附]打击乐合奏谱（用在[33]～[35]处）

小钉缸

（唢呐曲）

1 =D $\frac{2}{4}$ ♩ = 42

热烈、欢快地

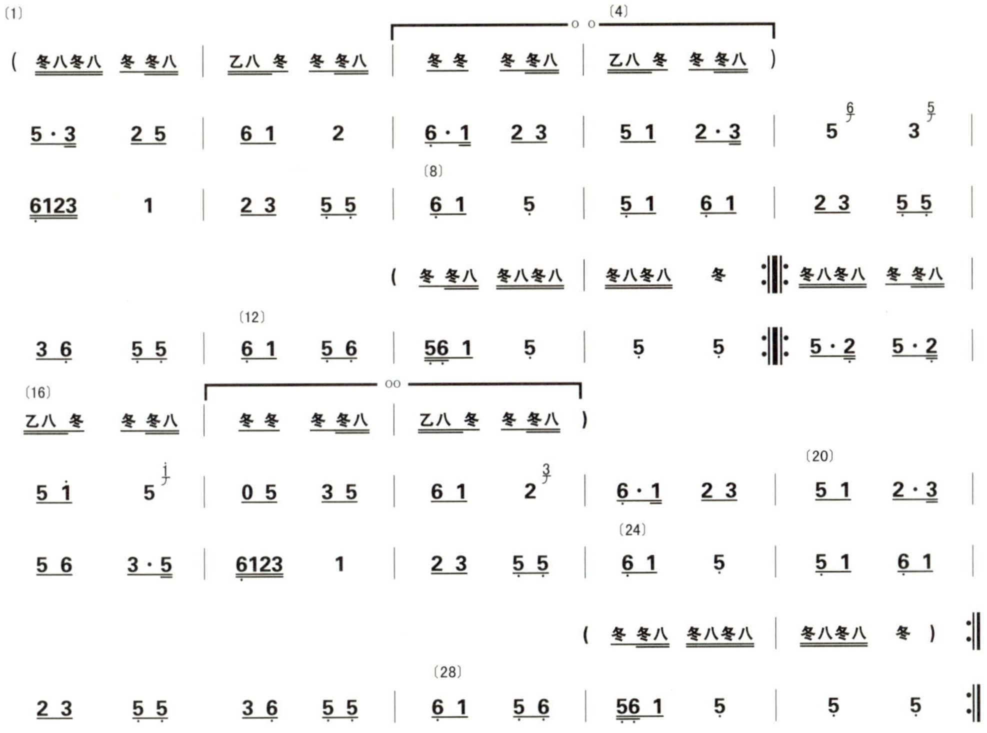

［附］打击乐合奏谱（用在［1］～［14］、［15］～［30］处）

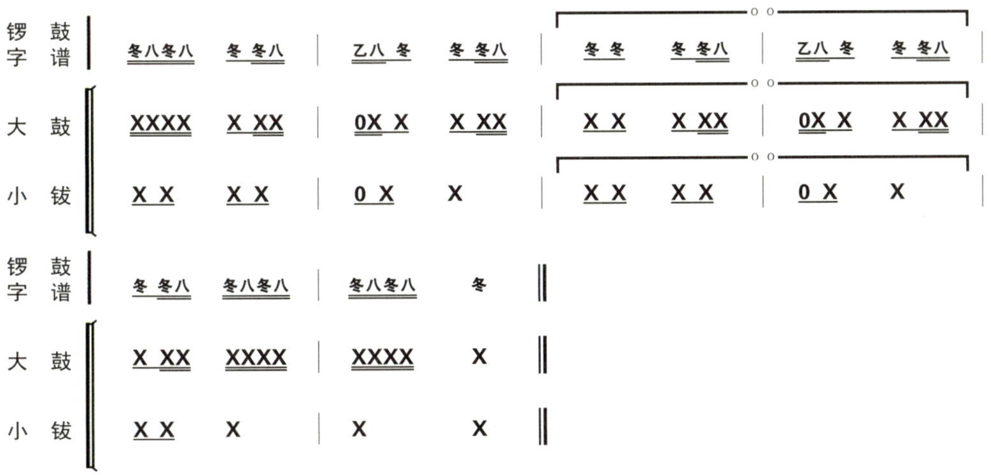

小番召

（唢呐曲）

1=D $\frac{2}{4}$ $\frac{3}{4}$ ♩=136

热烈、欢快地

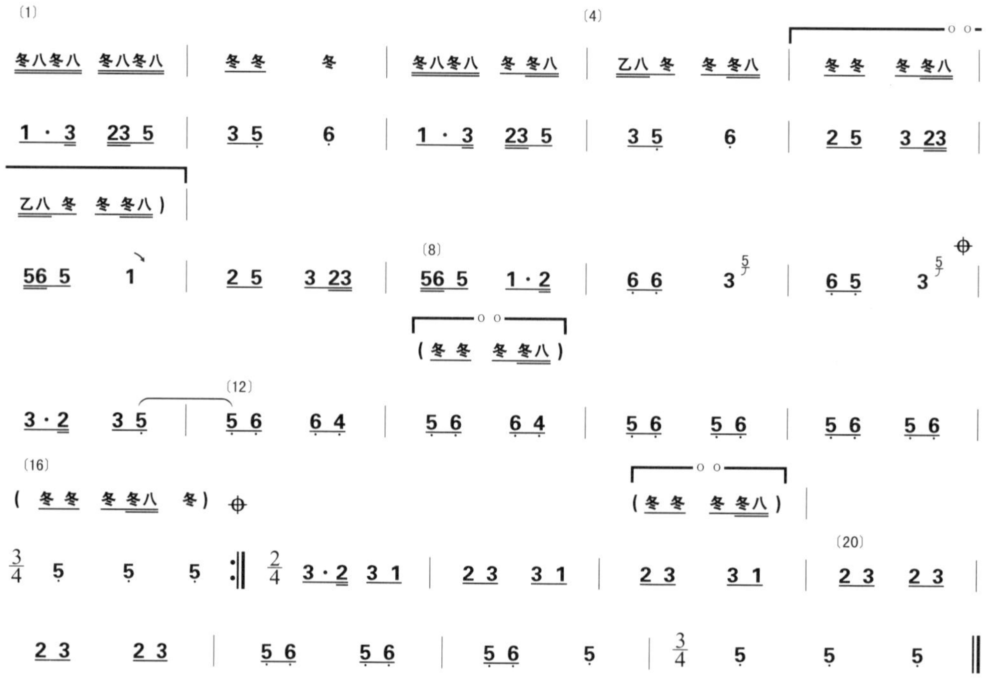

[附] 打击乐合奏谱（用在 [1] ～ [16] 处）

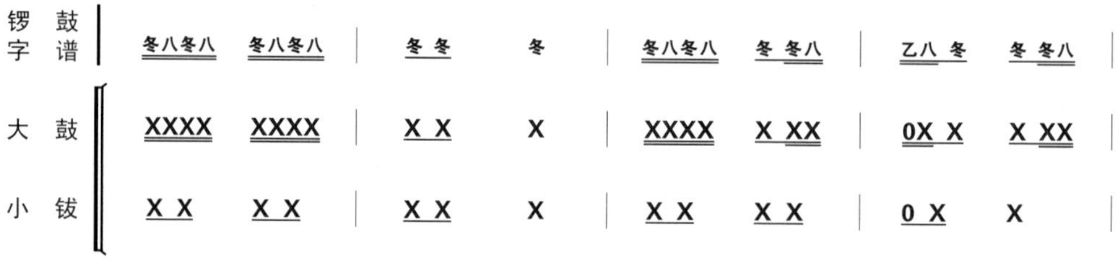

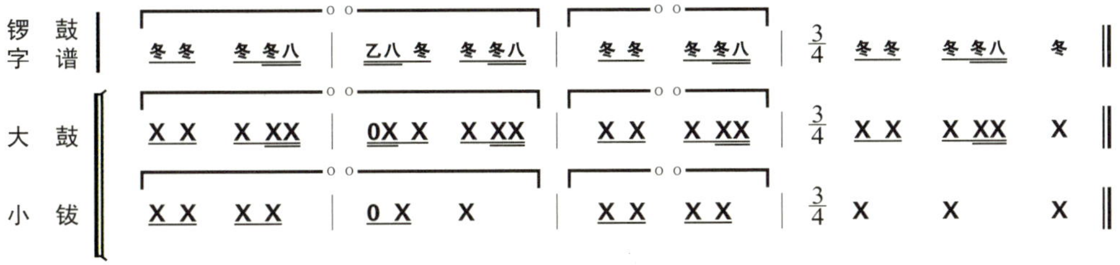

［附］打击乐合奏谱（用在［1］～［24］处）

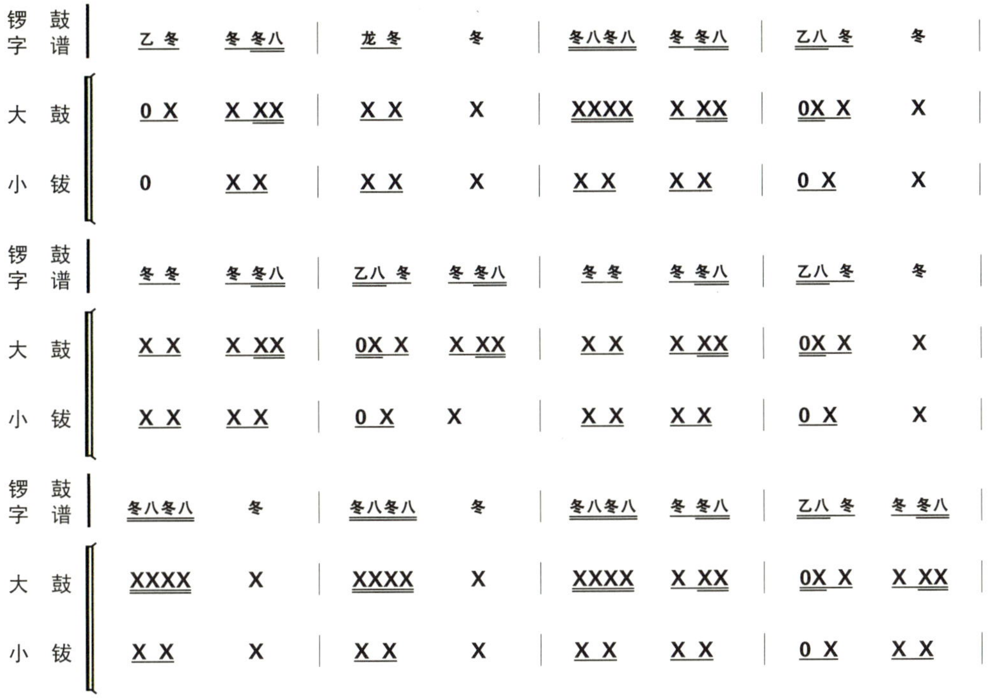

糊涂调

（唢呐曲）

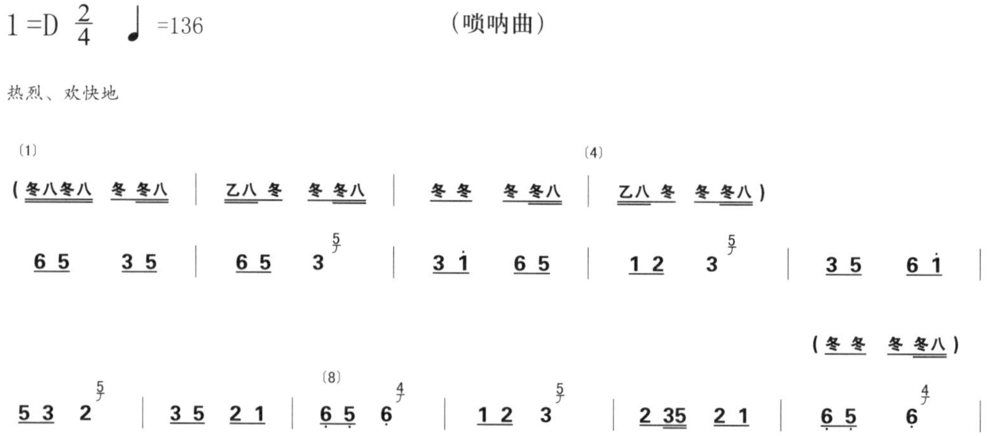

［附］打击乐合奏谱（用在［1］～［11］处）

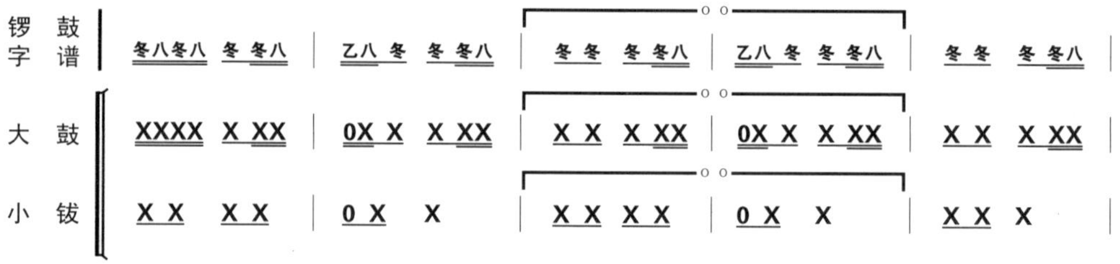

将军令

（吹打乐）

1=D $\frac{2}{4}$ $\frac{3}{4}$ ♩ = 144

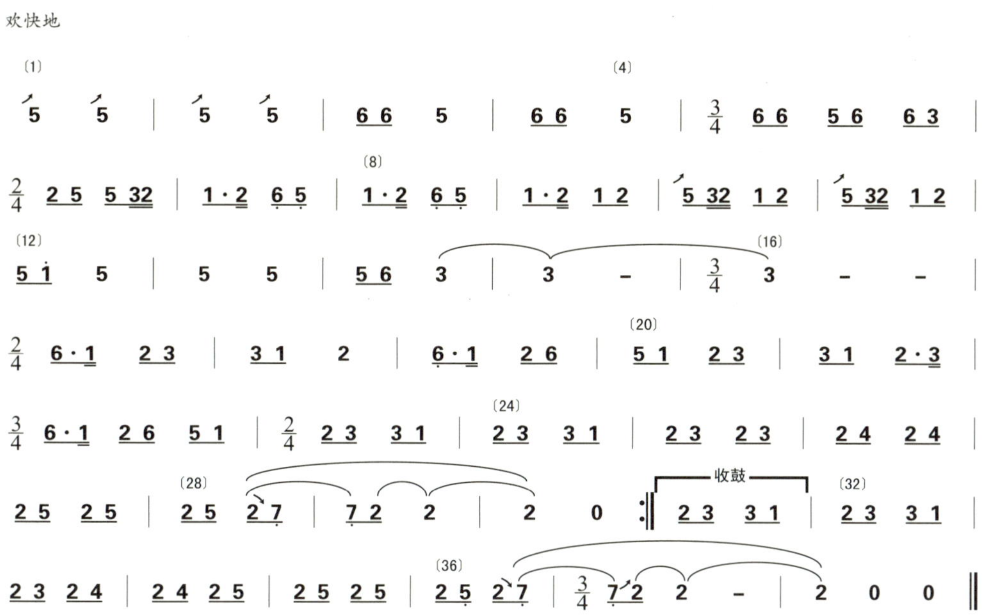

［附］打击乐合奏谱（用于［将军令］全曲）

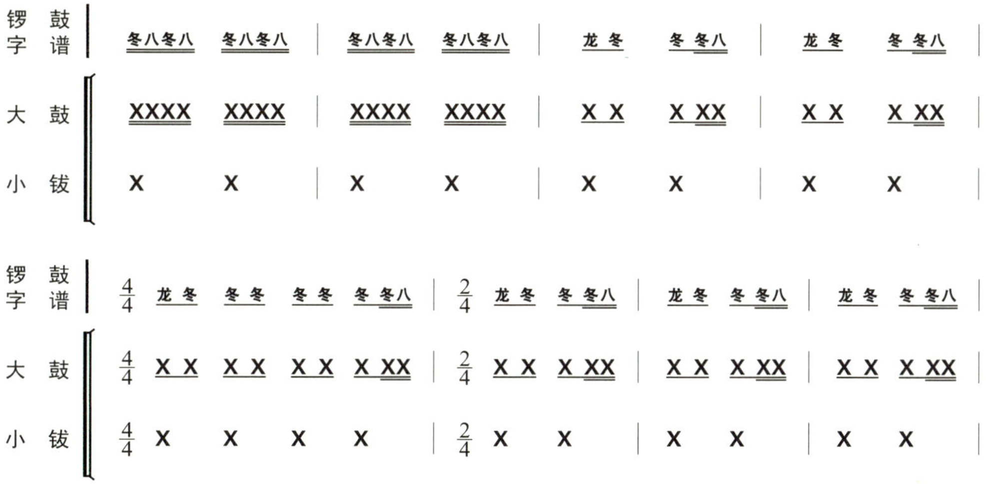

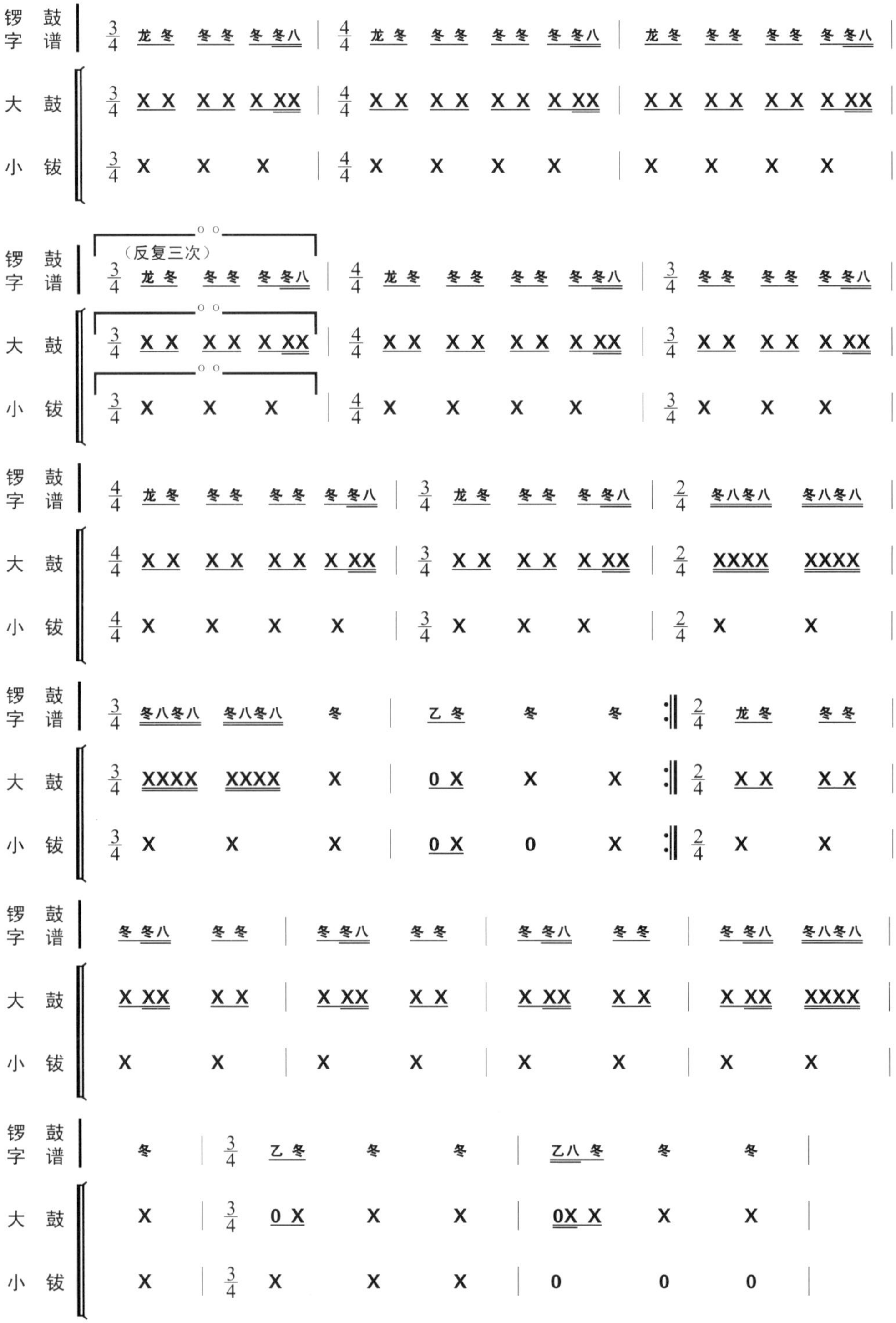
锣鼓字谱
大鼓
小钹
（反复三次）
龙冬 冬冬 冬冬八 | 龙冬 冬冬 冬冬 冬冬八 | 龙冬 冬冬 冬冬 冬冬八
龙冬 冬冬 冬冬八 | 龙冬 冬冬 冬冬 冬冬八 | 冬冬 冬冬 冬冬八
龙冬 冬冬 冬冬 冬冬八 | 龙冬 冬冬 冬冬八 | 冬八冬八 冬八冬八
冬八冬八 冬八冬八 冬 | 乙冬 冬 冬 | 龙冬 冬冬
冬冬八 冬冬 | 冬冬八 冬冬 | 冬冬八 冬冬 | 冬冬八 冬八冬八
冬 | 乙冬 冬 冬 | 乙八冬 冬 冬

娃 娃

（唢呐曲）

1=D 2/4 3/4 ♩ = 136

欢快地

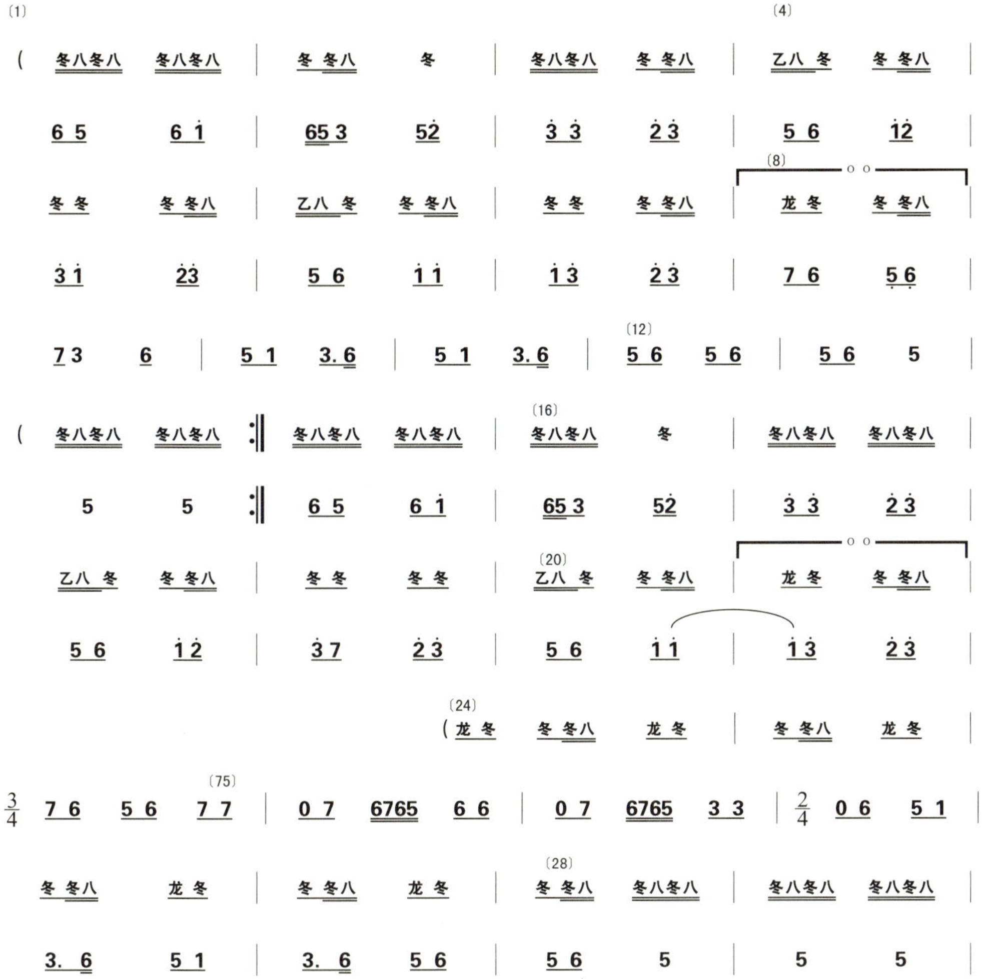

［附］打击乐合奏谱（用于［娃娃］全曲）

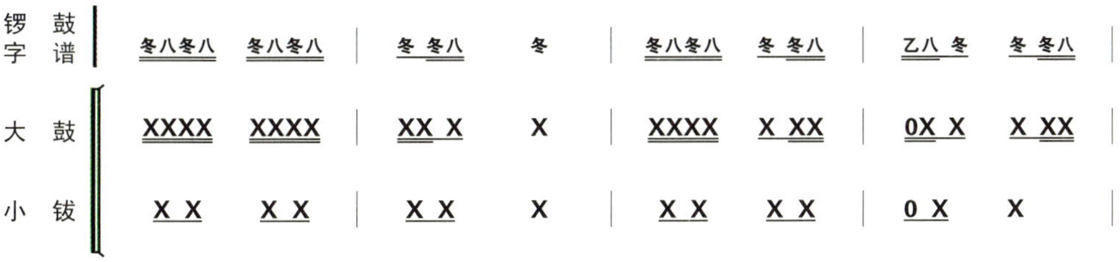

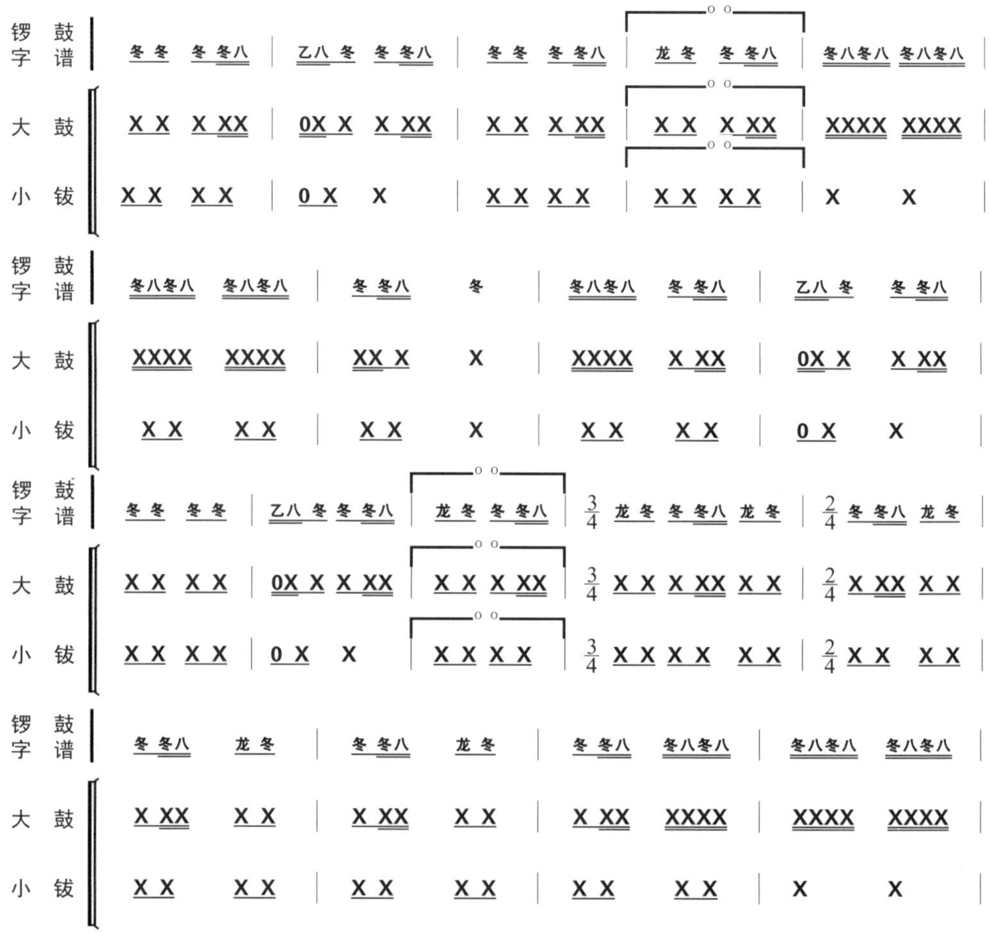
锣鼓字谱 | 冬冬 冬冬八 | 乙八冬 冬冬八 | 冬冬 冬冬八 | 龙冬 冬冬八 | 冬八冬八 冬八冬八 |
大鼓 | X X X XX | 0X X X XX | X X X XX | X X X XX | XXXX XXXX |
小钹 | X X X X | 0 X X | X X X X | X X X X | X X |
锣鼓字谱 | 冬八冬八 冬八冬八 | 冬冬八 冬 | 冬八冬八 冬冬八 | 乙八冬 冬冬八 |
大鼓 | XXXX XXXX | XX X X | XXXX X XX | 0X X X XX |
小钹 | X X X X | X X X | X X X X | 0 X X |
锣鼓字谱 | 冬冬 冬冬 | 乙八冬 冬冬八 | 龙冬 冬冬八 | 3/4 龙冬 冬冬八 龙冬 | 2/4 冬冬八 龙冬 |
大鼓 | X X X X | 0X X X XX | X X X XX | 3/4 X X X XX X X | 2/4 X XX X X |
小钹 | X X X X | 0 X X | X X X X | 3/4 X X X X X X | 2/4 X X X X |
锣鼓字谱 | 冬冬八 龙冬 | 冬冬八 龙冬 | 冬冬八 冬八冬八 | 冬八冬八 冬八冬八 |
大鼓 | X XX X X | X XX X X | X XX XXXX | XXXX XXXX |
小钹 | X X X X | X X X X | X X X X | X X |

句句奴

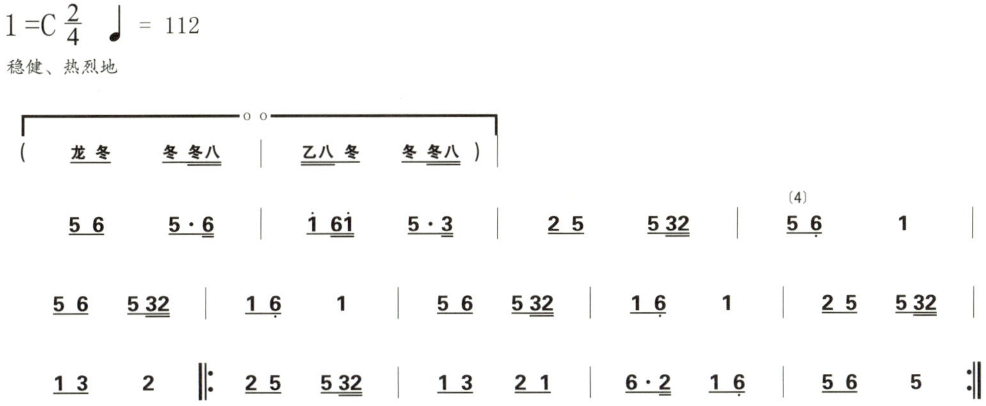

［附］打击乐合奏谱（用在［1］～［14］处）

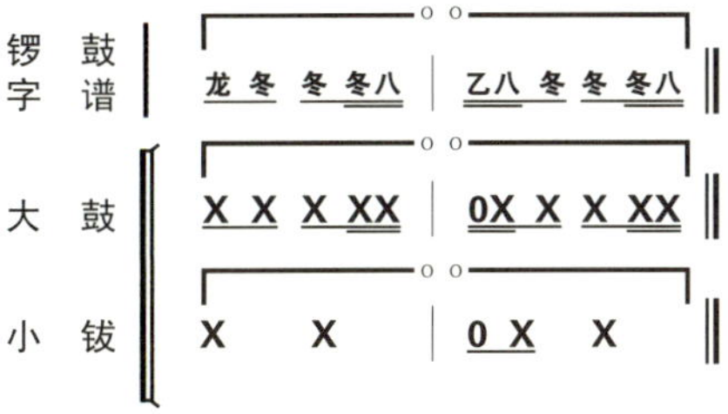

传　授　刘元格　李思泉
记　谱　陈树林

花布衫

（唢呐曲）

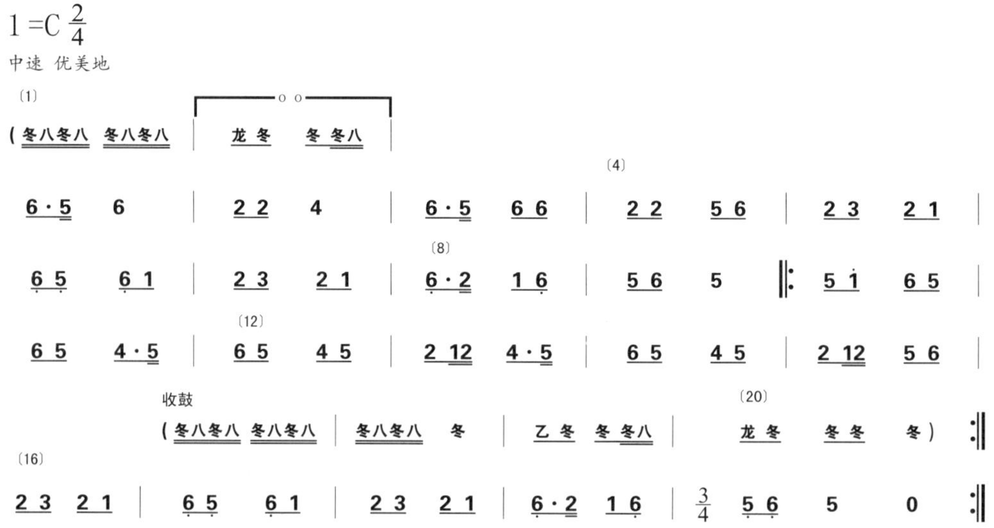

［附］打击乐合奏谱（用在[1]～[24]处）

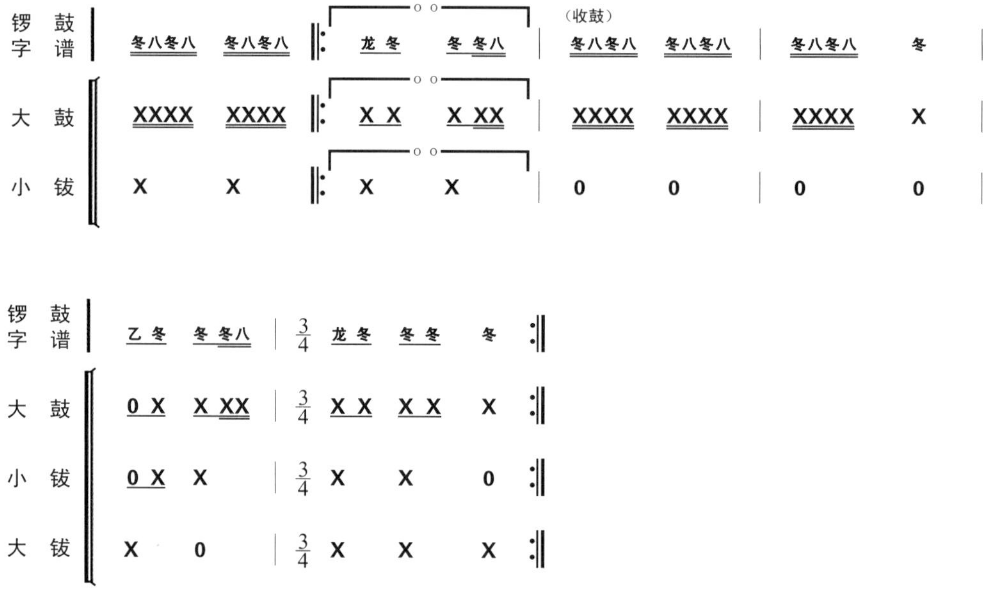

传　授　刘之君　李思泉
记　谱　陈树林

鬼拉腿

（唢呐曲）

1 =C $\frac{2}{4}$ ♩ =168

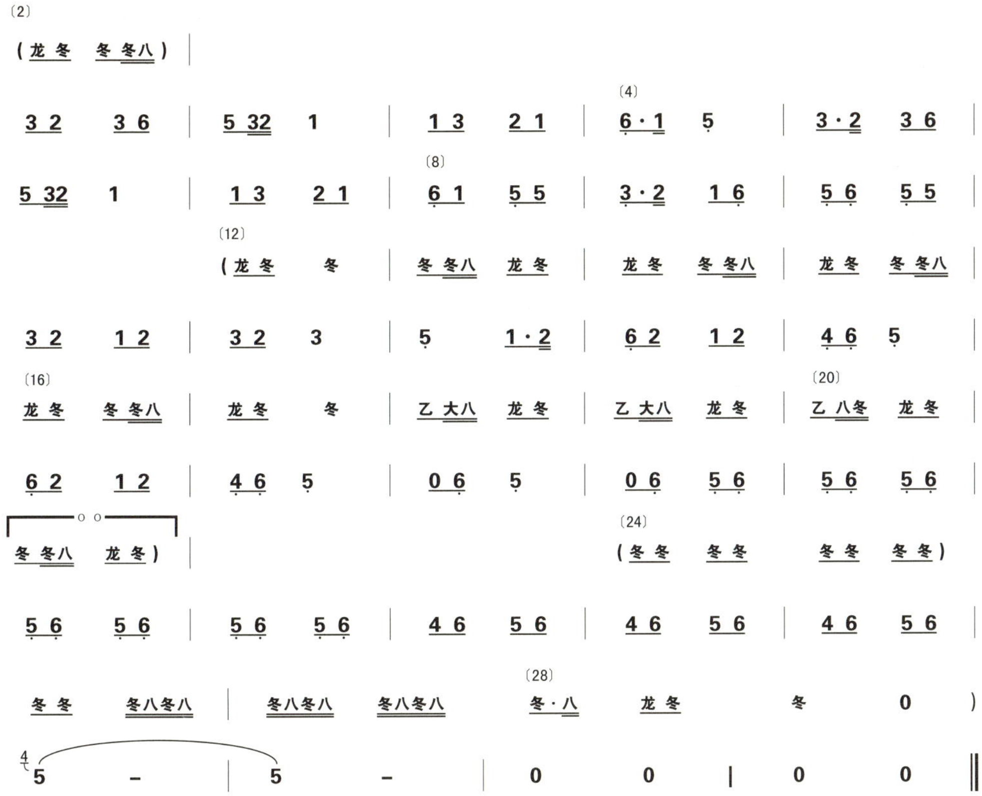

［附］打击乐合奏谱（用于［鬼拉腿］全曲）

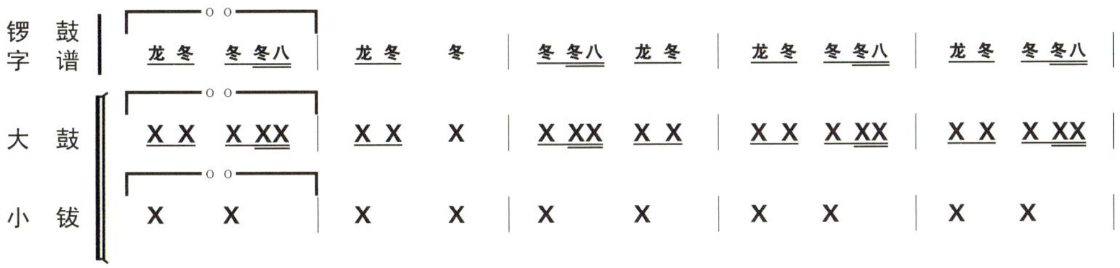

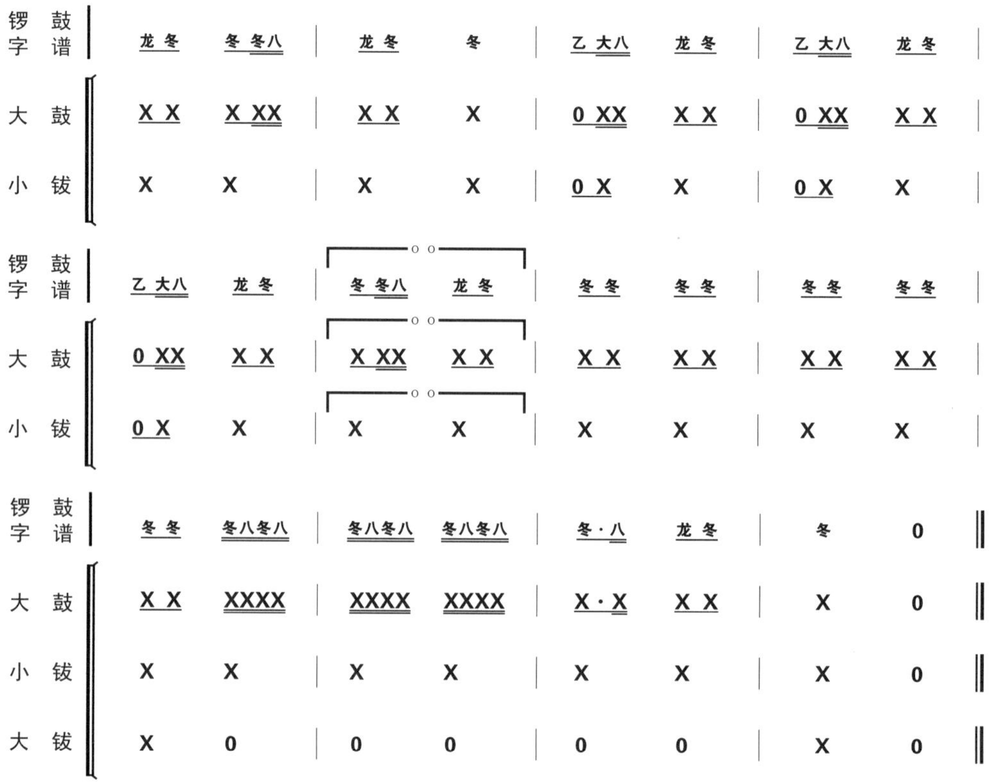
锣鼓字谱
大鼓
小钹
龙冬 冬冬八 | 龙冬 冬 | 乙大八 龙冬 | 乙大八 龙冬 |
锣鼓字谱
大鼓
小钹
乙大八 龙冬 | 冬冬八 龙冬 | 冬冬 冬冬 | 冬冬 冬冬 |
锣鼓字谱
大鼓
小钹
大钹
冬冬 冬八冬八 | 冬八冬八 冬八冬八 | 冬·八 龙冬 | 冬 0 ‖

传　授　杜仁昌
记　谱　陈树林

附：伴奏曲牌的来源

将军令

《将军令》最早发端于西汉时期。

《将军令》是一首十分古老的民间唢呐曲，从名称可以看出，它主要描绘了古代将士征战沙场、浴血奋战、得胜归营、威武雄壮的战争场面。整个曲牌激昂铿锵、节奏明快，音乐气势辉煌悲壮。《将军令》后来成为戏曲中开场音乐，常用于戏曲演出之前（闹场），或为摆阵等场面而伴奏的曲牌，民间艺人也常吹奏此曲以增添节日的热烈气氛。《将军令》乐曲在速度、力度以及音色变化上具有强烈的对比，有很多种类，有的用于戏曲，有的用于曲艺，在延庆多用于民间花会的表演，它是一首唢呐独曲，加以锣鼓的伴奏音乐，雄伟豪迈。

《将军令》作为曲牌在我国广为分布和流传。较为著名的歌曲《男儿当自强》，即改编自《将军令》这一曲牌。

八板

《八板》是京剧胡琴曲牌，又名《老八板》，是我国民间流行很广的器乐曲。在京剧中多用于活泼轻松的舞蹈场面，如《红娘》中的扑蝶，《桑园寄子》中的绑子，及《打花鼓》的舞蹈等，均奏《八板》。在我国民间音乐当中，《八板》是一种源远流长的音乐曲式，早在清代乾隆至嘉庆年间，即有八板体曲式，所以最晚在18世纪，《八板》就已经在民间形成。由于它在我国几乎家喻户晓，所以有些地方干脆称它为“天下同”。

《八板》不仅历史悠久，而且流传甚广，在我国从南到北各地的民族器乐作品中，无论独奏、重奏、合奏曲中都存在。《八板》顾名思义，由八个乐句组成，每个乐句为八拍，大多《八板》器乐曲都遵循这样的结构模式。由于《八板》的格式相对比较固定，因此也常被指代拘谨守旧的人。

钉缸

《钉缸》是北方传统的民间音乐曲牌之一，各地的《钉缸》虽然在韵调等方面并不完全相同，但它们之间的相似之处还是非常多，应该是从一种艺术形式分化出来的。《钉缸》应该源自老百姓的民间钉缸生活，延庆民间有“锔锅锔碗锔大缸，缸里有个小姑娘……”的歌谣流传。《钉缸》是一首很有名的曲牌，有《大钉缸》和《小钉缸》的区别。它之所以在乡间广泛流传，并深受老百姓的喜爱，就是由于《钉缸》的内容具有很大的普遍性。一是它真实地反映了百姓的生活，表达了老百姓的真实情感。二是它的表演形式生动活泼，诙谐幽默，富于亲切感。

据说《钉缸》的名称取材于明传奇的一折戏剧。写百草山旱妖化身王大娘，取死人噎食罐炼成黄磁缸，藏身缸内，以避雷击。缸为巨灵神撞裂，王大娘寻人修补。观音老母派土地神化为补锅匠修钉，并按观音旨意，假补真毁，将缸打碎。王大娘不依，意欲加害，观音老母命二郎神前来，将妖斩除。

糊涂调

《糊涂调》是我国北方的一首民间小调，同名小调在多地普遍流传，它运用对比的手法，将新旧时代不同妇女在婚姻爱情等方面的不同态度加以展现。由于讲述的是母女之间的故事，所以也被叫作《妈妈娘好糊涂》，妈妈娘代表着旧的传统和观念。

《糊涂调》的曲调流畅，被广泛填入各种新词。清代所填为少女怀春的歌词，所唱内容为一个姑娘责怪她的母亲，不理解自己已经成年，需要选夫家办婚事的心情。解放战争时期，曾经将这首曲调填入号召人民“当兵打老蒋”的新词。据说《拉哈调》（或邋遢调）的曲调就来源于《糊涂调》，北京过去有《二十四糊涂》流传。

《妈妈娘好糊涂》是我国在国外流传较早的中国民歌，著名作家冰心在《记事珠》中写到，她的父亲曾经说过一件事：我们到英国去接收中国购买的军舰，在举行接收典礼仪式时，他们竟然演奏了一首《妈妈娘好糊涂》作为中国的国歌。

娃娃

《娃娃》最初被称作《耍孩儿》，作为一种曲调，最早在宋代的瓦子、勾栏和市井中流行。《娃娃》原本只是叫卖儿童玩具的“货声”，到唐初步形成了格式，明代就以俗曲的形式出现，明末就有《娃娃》的称谓。到了清代，北方戏曲和曲艺中多称之为《娃娃》，于是这一名称被广泛应用和流传下来，在不同剧种中，称谓也略有不同。

《娃娃》的旋律起伏大、音域宽、高亢明亮、棱角突出、刚劲挺拔，是一个板式齐全的曲牌格式。《娃娃》是现存戏曲剧种中常用的曲牌，在地方戏曲中应用普遍且形态各异。在流变过程中，其丰富的表现力、较高的艺术价值，奠定了其在民间音乐中的重要地位。

句句双

《句句双》是民间器乐曲中重复曲调的一种手法，即每句都成双句，故称句句双，也称为重句。有时原句和反复句用独奏或齐奏交替演奏，有如一唱众和的形式。《句句双》曲牌在河北、江西、山东、北京及浙东等许多地区都很流行，是我国民族民间音乐特有的形式。

《句句双》的形式，不仅常见于我国民间乐曲，也普遍存在于世界各国、各民族的器乐作品中。在长期的实践中，《句句双》的曲调十分好听，变化无穷，各有特色。

鬼拉腿

《鬼拉腿》最初为流传于陕西的秧歌，由于表演时突出双腿向后拉、蹉、颤动的动作，因此形成了轻盈、欢快、活泼的动律特色。20世纪30年代，东北军驻防陕西，为庆贺西安事变和平解决，他们曾扭起秧歌进行抗日宣传。当地老艺人受到启迪，创编了新鲜的秧歌动律和形象，并将原有锣鼓乐改为唢呐曲，以东北民歌小调进行伴奏。

《鬼拉腿》这一曲牌是根据需要进行伴奏的，它能增强感情色彩，来渲染气氛增强效果。东路二人台音乐包括唱腔和牌曲两大部分。从此，《鬼拉腿》不仅可以作为曲牌单独演出，也可以配合戏曲烘托气氛作为衬曲，还可以作为舞蹈的伴奏乐曲。

得胜令

《得胜令》是一首曲牌名，亦名《德胜令》，又称为《阵阵赢》《凯歌曲》，属北曲双调。一般接在双调《雁儿落》曲牌之后，两曲连用或作小令，或用在双调套曲内。《得胜令》乐曲主要表现了古代将士们凯旋时万民欢乐的情景，后来一般用于喜庆的场合与乐曲当中。如元代文学家张养浩的作品《得胜令·四月一日》，就描写了久旱之后来了一场及时雨，庄稼得以丰收，农夫欢喜的情形。

《得胜令》属于北曲的曲牌。北曲是中国最早的戏曲声腔之一，是金元时期流行于北方的杂剧与散曲所用的音乐，是北方诸宫调、散曲、戏曲所用的各种曲调的统称。《得胜令》的曲调豪壮朴实，这种音乐之所以被称为“曲”，是为了与宋词相区别；称为北曲，又是为了与南宋以来流传于南方的南曲相区别。

第三节

一只船的动作和套路

一只船又叫大船，是延庆历史上最古老的旱船样式，由于一只船的演出技巧性较强，主要突出拨船者的动作特点且难度较大，因此现存的一只船档数十分少。

现存的井庄镇房老营村的一只船长约3.35米，宽约0.75米，重约40千克，由两个人驾船。表演内容取材于戏曲《白蛇传》中游西湖的故事，驾船头者扮演白娘子，驾船尾者扮演许仙，另有一个似戏曲中武丑装束的人为拨船者。船的行进路线全由拨船者指挥，驾船头者眼盯拨船者，驾船尾者紧跟驾船头者。拨船者还需要有翻、滚、蹦、跳、蹿的功夫，指挥灵活多变，表演滑稽幽默。大船以走“水波浪”“转旋涡”“串葫芦”为主要套路。

一、人物造型

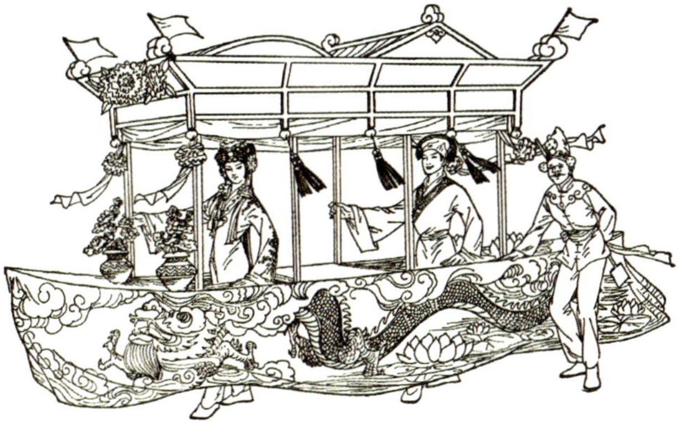

◎ 白娘子、许仙、拨船者 ◎

二、人物服饰

1. 拨船者（武丑）

类似戏曲中杨香武的打扮：鼻上画“豆腐块”，戴黑软帽，卡鼻胡，穿黑色对襟上衣、黑彩裤，腰系黄色绸带，于右前扎蝴蝶结，两端下垂约35厘米，足蹬黑快靴。

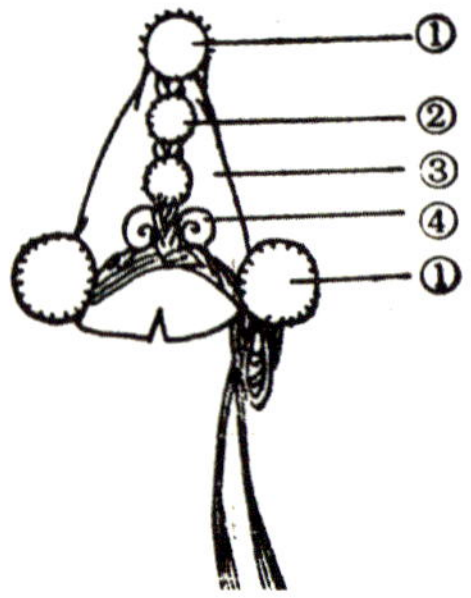

◎ 黑软帽 ◎

①红绒球 ②黄绒球
③黑纱底 ④白花边

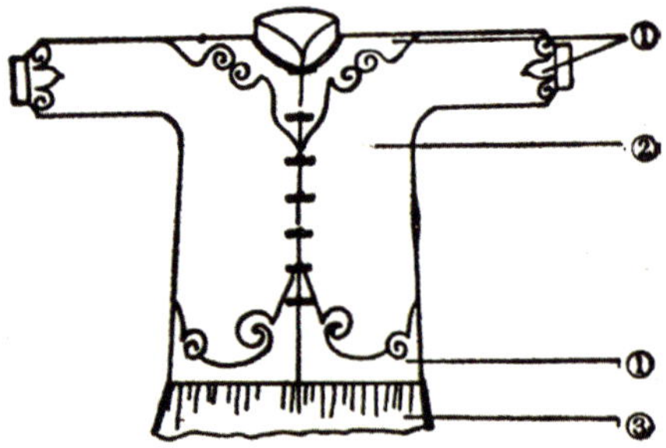

◎ 对襟上衣 ◎

①白花边 ②黑底 ③黄边

2. 白娘子

男扮，戴白蛇头饰，梳大头，穿白色对襟上衣、彩裤、白女帔、白绣花鞋。

3. 许仙

戴鸭尾巾，穿浅绿色褶子、彩裤，扎深绿色腰带，足蹬彩色圆口鞋。

三、道具制作

1. 船

用白松木制作船体。由三部分组成：第一部分是底架，呈长方形，两头用竹片箍成椭圆形做船头、船尾，底架上钉两个方形框架（供驾船者立于其中），每个框架四角各钉一个铁环（供驾船者挂背带挂钩），底架下有四条短木腿（供搁置之用），底架四周以白布做围子，上绘荷花等花卉图案。第二部分是立柱，红色，共八根。八根立柱的上端插入船顶的短竹筒中，用铁钉钉牢再用细铁丝或细麻绳加固。第三部分是船顶，木制框架，框四周置八根短竹筒，为插立柱之用。船顶裱白纱，上绘各种传说故事中的人物形象，四周挂绸花及装饰物。

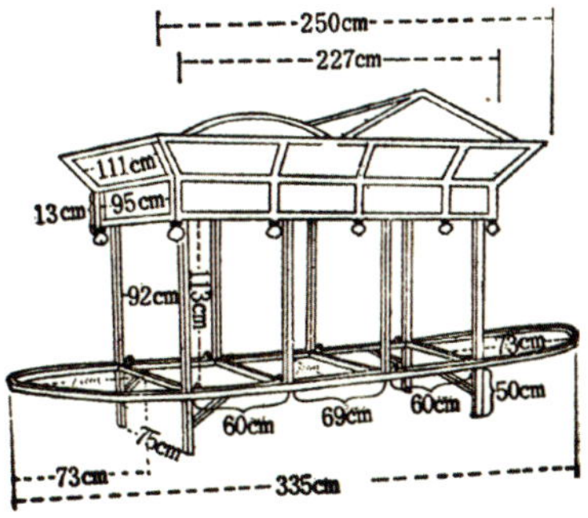

◎ 船骨架 ◎

◎ 船 ◎

①灰白色船顶 ②红框架边 ③白纱格子 ④天蓝顶盖边沿⑤粉绸花 ⑥红柱⑦后柱两只荷花灯 ⑧四角红绸旗⑨红网花 ⑩前柱两只蓝纸花盆 ⑪白布船围

2. 船杆

木制。

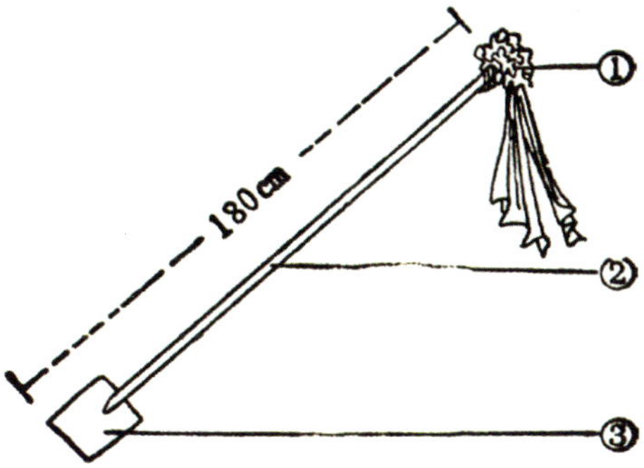

◎ 船杆 ◎

①红绸花 ②白蜡制船杆 ③叶桨

四、动作说明

（一）拨船者（武丑）动作

1. 握船杆

左手满把握船杆。

2. 碎步

做法 站“正步”，踮脚跟双膝微屈，碎步擦地行走（见图一）。

◎ 图一 ◎

◎ 图二 ◎

后退时，上身稍向后仰。

3. 单飞脚（“单赞步”）

做法　右腿绷脚“前踢腿”，右手从后经上向前抡拍右脚面一下（见图二），或右手拿船杆的叶桨点脚面一下。

4. 前俯后仰

做法　脚下走“碎步”。第一拍，撅臀、塌腰，双手在两侧（见图三）；第二拍，挺胸、腆肚，双臂向后背（见图四）。反复进行。

◎ 图三 ◎

◎ 图四 ◎

5. 立星星（又名“三角顶”）

做法　双手与头部成三角状撑地，呈倒立姿势，腰腿挺直，脚面绷紧。

6. 三点地

做法　做“立星星”，然后头顶不离地，双脚向前落地（见图五），双手将船杆顺时针划平圆旋转，同时双脚前脚掌击鼓般地交替敲打地面。

◎ 图五 ◎

7. 侧错步

做法　左腿勾脚前伸，脚跟着地，右腿屈膝，脚跟踮起（见图六），碎步前行。

◎ 图六 ◎

8. 蝎子爬

做法　做“拿顶”，双手交替向前爬。

9. 挺尸翻身

做法　全身向前直扑倒地，双手掌按地，然后双手用力一撑，全身绷直，双脚离地（见图七），左肩和腰向身左后猛一拧，整个身体直挺挺地翻过来仰卧躺地，双手紧贴身（见图八）。

◎ 图七 ◎

◎ 图八 ◎

10. 鬼推磨

做法　腹部贴地为轴，双脚翘起，双手交替快速扒地，使身体逆时针旋转（见图九）。

◎ 图九 ◎

11. 双飞脚

做法　上右脚做“单飞脚”（见图十），然后右腿绷脚前踢，右手迎击左脚面，左脚落地，一拍完成。

◎ 图十 ◎

12. 门摆

做法　姿态如图跪地（见图十一），右臂大幅度地向左、右摆动。

◎ 图十一 ◎

◎ 图十二 ◎

13. 纵船

做法　左手速按船板中段，双膝屈贴胸跳起，在空中向左转半圈（见图十二），紧接右手也按在船板上用力推一下，双腿顺势向船另一侧稳稳落地。全部动作从船的一侧跃起，蹿过船身至船的另一侧落地。

14.随船蹦

做法　右脚搁在船沿上，左脚跟踮起，左手抓住船柱，右手拖船杆（见图十三）。左脚碎步蹦着随船行进。

◎ 图十三 ◎

（二）驾船者动作

1. 驾船

做法　二人驾一只船。白娘子驾船头，先将两条背带扎好，用带头挂钩勾住方框四角铁环（见图十四），然后罩女帔，女帔下摆散置于船板上；许仙驾船尾，方法相同。

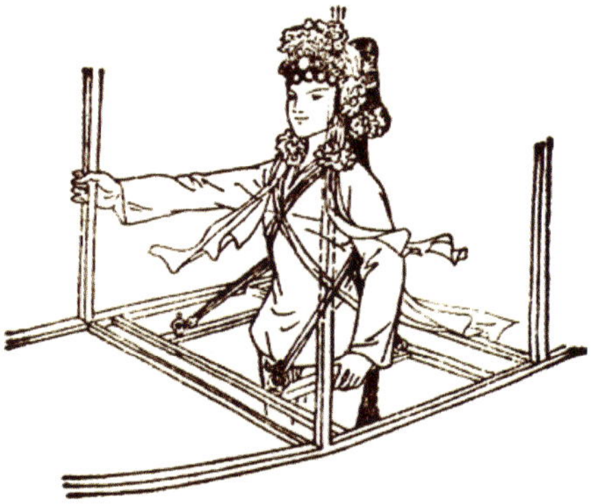

◎ 图十四 ◎

2. 圆场步

做法　走“圆场”步，但步子幅度大而粗犷，要求“稳”“快”“漂”。

3. 横步

做法　左横步：右脚在前，双脚交叉，均前脚掌碎步向左迅速横移（见图十五）。右横步与此对称。

◎ 图十五 ◎

4. 水波浪

做法　驾船者二人走“圆场步”。白娘子先向左前跑，许仙向右前跑；然后白娘子向右前跑，许仙则向左前跑，使船左右摆动跑蛇形路线。然后许仙不动，白娘子向左走半圈，形成船头忽然向后调转180度。白娘子再向右走半圈，船头又调转回原位。再接蛇行路线前行。如此循环反复。

5. 自转

做法　右“自转”：以白娘子原地“碎步”向右自转为中心，许仙“圆场步”围白娘子顺时针转一圈，船体向右自转一圈。左“自转”动作与之对称。

6. 正、反葫芦

做法　二人走“圆场步”。白娘子带许仙逆时针转一小圈称“正葫芦”；白娘子带许仙顺时针转一小圈称“反葫芦”。“正、反葫芦”相接称“正反葫芦”。

7. 晃船步（摆船步）

左“晃船步”：

第一拍 左脚向右前一步。

第二拍 右脚向前一步。

第三拍 左脚向左横跨一小步。

第四拍 右脚往左后踏一步。

第五拍 左脚往右后踏一步。

第六拍 并右脚。

右“晃船步”与左“晃船步”动作对称。

提示：该动作可进可退，前进时往前的步子大，后退时往后的步子大。

◎ 图十六 ◎

（三）拨船者与驾船者动作

1. 倒挂金钩

做法 武丑登上船，骑坐在许仙的脖子上，双脚交叉勾住，然后身体向后倒下成倒挂式（见图十六）。

2. 竖过船

做法 武丑趴在地上，驾船者二人两腿叉开，走碎步前行，使船竖着从武丑的身上走过（见图十七）。

◎ 图十七 ◎

3. 横过船

做法 武丑躺在地上，驾船者二人碎步横移，使船横向从武丑身上过去。

4. 引船

做法 武丑面向船头站立，左手握船杆倒背在身后，右手在身前向左、右画平“∞”形（向左画时手心向左，右画时手心向右），同时双脚“碎步”随右手走“∞”形后退（见图十八）。当武丑向右摆手翻腕船即做左“自转”一圈，武丑向左摆手翻腕船即做右“自转”一圈。

◎ 图十八 ◎

五、场记说明

1. 角色

拨船者（△）武丑，一人，手持一根船杆，简称“丑”。

驾船者（◑）白娘子、许仙二人挎一条船，白面表示船头，简称“船”。

2. 跑圆场

任选一首唢呐曲无限反复。丑站在船的左前方，右手握住船头左边立柱，左手握船杆倒背于身后，走“碎步”从台左后上场，逆时针走一圈；船紧跟丑，做“圆场步”上场走一圈（舞完曲止奏〔刹鼓〕）。

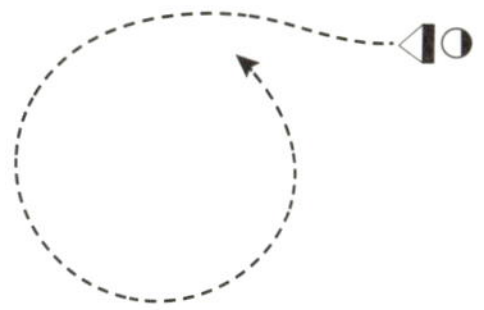

◎ 跑圆场 ◎

提示：①丑走“碎步”，船走“圆场步”，以下未说明步法的，均如此。②本节目各套路可任意连接。每一套路开始时任选一唢呐曲，无限反复，舞完曲止接奏〔刹鼓〕，然后开始新的套路。

3. 正反葫芦

丑与船跑到台右前均面向6点。丑做一个“单飞脚”，然后船迅速向右转至船头向4点。丑面向6点双脚跺地，原地做幅度较小的“后双飞燕”三次；然后船跑向台右后按图示路线做一次“正反葫芦”；同时丑

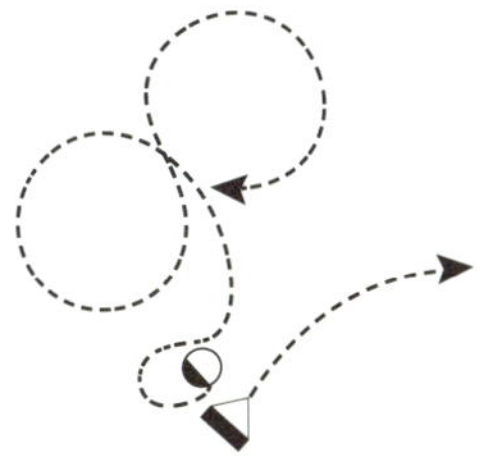

◎ 正反葫芦 ◎

左转身面对船做“前俯后仰”或放下船杆做“蝎子爬”。

提示：①“单飞脚”是丑的指挥动作之一，做此动作示意船向右转船头，或做“正反葫芦”。②丑手中的船杆根据动作需要可随时放于地上。

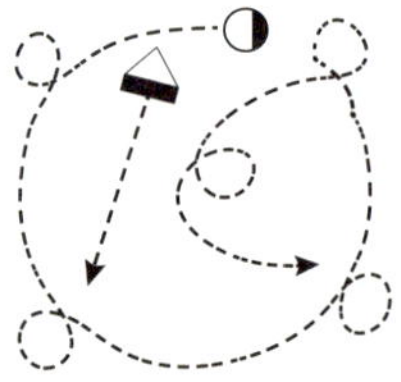

◎ 单葫芦之一 ◎

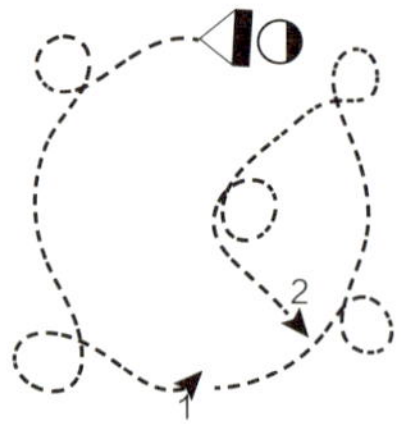

◎ 单葫芦之二 ◎

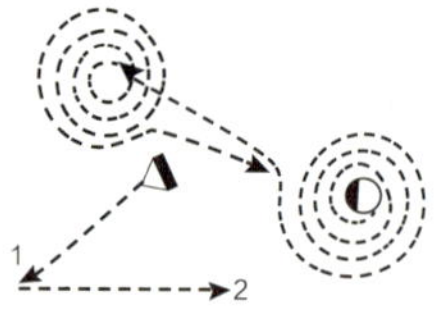

◎ 螺丝转 ◎

◎ 大旋涡 ◎

4. 单葫芦之一

丑在台后做两个“后滚翻”至箭头处，接着原地左转身面向2点做“立星星”；船从台后开始围着丑按图示路线逆时针走一圈，每至台角做一个“反葫芦”，最后走至台中做一个“正葫芦”至箭头处。

5. 单葫芦之二

由丑在船前按图示带船跑“单葫芦”：丑跑完两个“反葫芦”至箭头1处做一个“单飞脚”，同时船做右“自转”一圈；然后继续按图示跑两个“反葫芦”至台中，再接做一个“单飞脚”，同时船做一个“正葫芦”；丑再带船至箭头2处。如此反复多次。

6. 螺丝转

丑在台右侧面向2点做“双飞脚”，接做两个“按头”至箭头1处，然后左转身面向8点做两个“纺车”到箭头2处，再左转成面向1点，做一个“前毛”；船在台左前与台右后反复按图示路线跑“螺丝转”队形。

7. 大旋涡

丑在台中做“三点地”；船围绕着丑按图示路线跑“大旋涡”路线。

8. 旋涡水波浪

如图位置丑做一个“单飞脚”，接着左转半圈至船头前面向船，与船同做一次“引船”。丑再迅速左转半圈面向6点，背靠左船帮，顶着船，使船做左“自转”一圈。接着丑甩出来按图示路线跑向台左后；而船跑向台左前。

保持距离，按图示路线船追丑。

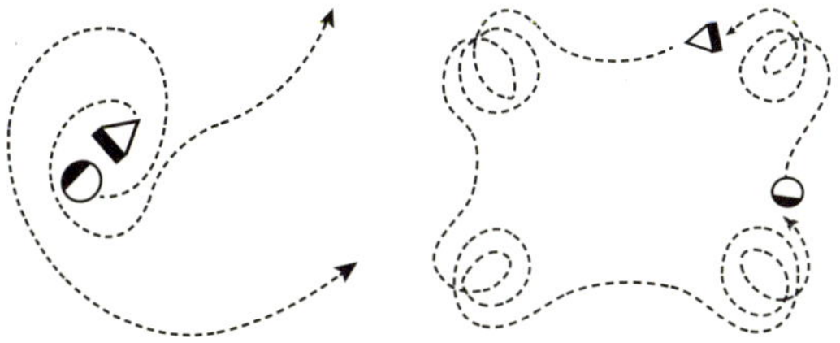

◎ 旋涡水波浪 ◎

9. 小旋涡

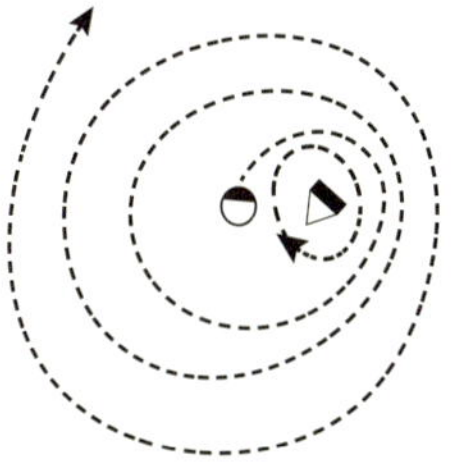

◎ 小旋涡 ◎

丑在台中用“侧错步”顺时针自转小圈；船围绕着丑顺时针由小到大跑数圈。船每次绕到丑背后时与丑贴近，绕到丑前面时与丑距离稍远。丑停船即停。

10. 九葫芦之一

丑与船在台右侧，丑先原地做一个“单飞脚”，接着左转半圈面对船做“引船”，手向左摆；船原地迅速做右“自转”一圈。然后丑左转半圈背对船带船按图示路线跑九个“正反葫芦”。

11. 九葫芦之二

丑在里圈跑五个“正反葫芦”；船在外圈跑四个“正反葫芦”。

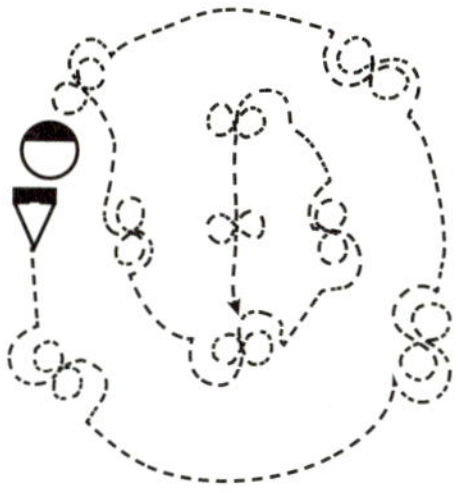

◎ 九葫芦之一 ◎

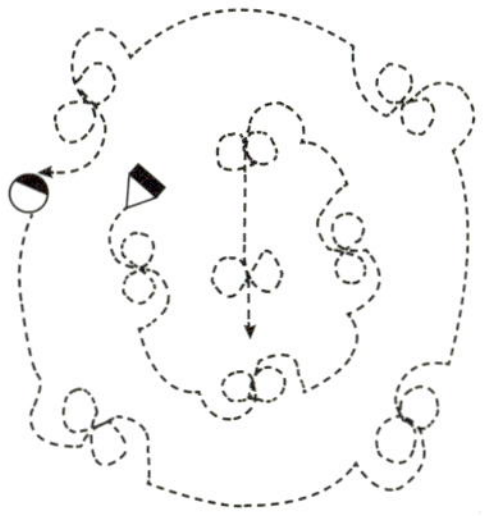

◎ 九葫芦之二 ◎

12. 水波浪

丑在台中面向1点做一个“纺车”，接着左转半圈，面向5点，迅速扑向地面，做“鬼推磨”；船用“水波浪”步在外围按图示路线跑“水波浪”路线。丑做完“鬼推磨”站起，船即停。

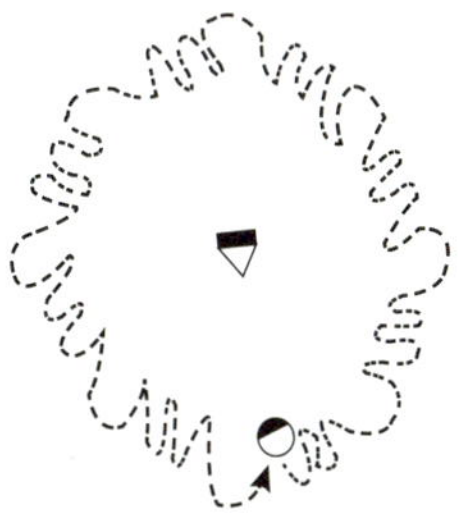

◎ 水波浪 ◎

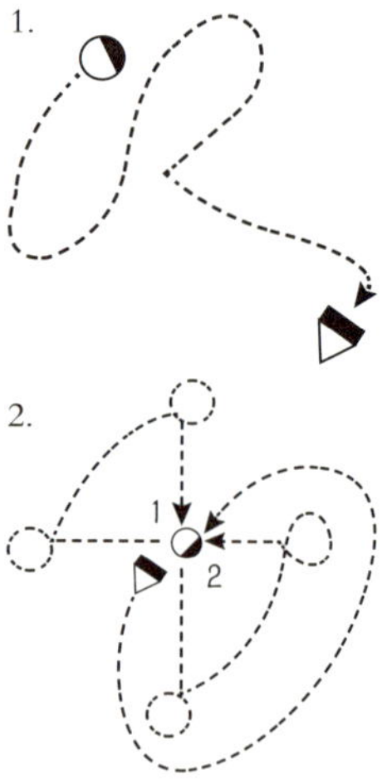

◎ 跑十字葫芦 ◎

13. 跑十字葫芦

丑在台中面向2点做一个“单飞脚”；船在台右后跑“正反葫芦”，然后走到丑身后。丑从台中跑到台左前，面向6点做三个“纺车”后跑向台中；船在台中船头向3点按图示路线跑到箭头1处，船头向1点。丑迅速靠近左船帮，做“纵船”动作，穿船而过。然后船继续跑“十字葫芦”至箭头2处；丑即兴表演。

14. 蛇蜕皮

丑与船在台中相遇，丑用小叶桨在船头上点一下，然后各自退回原位，再向左自转一圈（船退行均屈膝走碎步）。

丑退着跑方形路线，当退到台左前时左转一圈，退到台右后时右转一圈；船按图示路线行进，到台后时做一个“反葫芦”，到台右前时做一个“正葫芦”。

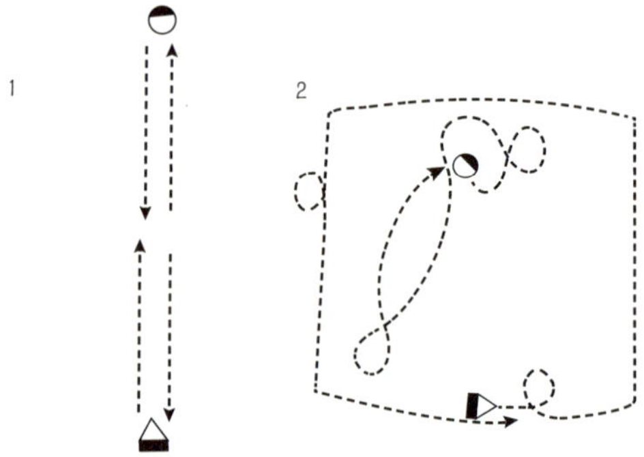

◎ 蛇蜕皮 ◎

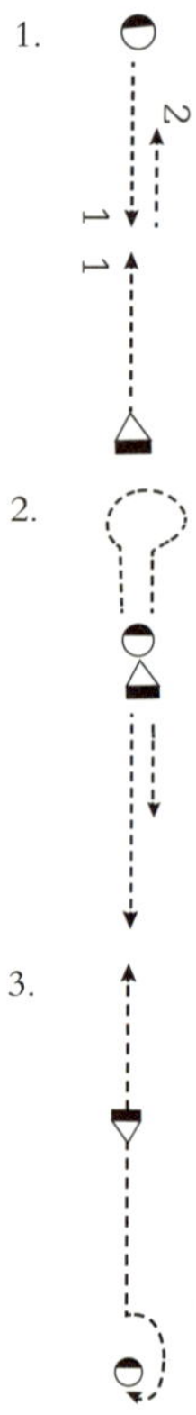

◎ 竖过船、横过船 ◎

15. 竖过船、横过船

丑与船前进至箭头1处相遇。丑双手抓住船头，将船推至箭头2处。

船继续后退；丑向1点退两步，接做一个“后滚翻”面向1点趴在地上。船退到台后做一个“正葫芦”，然后船头朝1点向趴在地上的丑冲去，做“竖过船”至台前。

船刚跑过去，丑头顶向1点做“挺尸翻身”仰面躺地；船左转成船头向7点，做“横过船”从丑身上跨过。丑接做一个“后滚翻”趴在地上头顶向5点。然后只要丑不起来，船就反复跑“竖过船”和“横过船”。

16. 船上表演

船在台后反复跑“正反葫芦”或“大旋涡”路线；丑从台左前做“双飞脚”后跑至船左侧跳上船帮坐住，背靠船立柱，脸对观众捋胡子做怪相，接着双脚踩在船帮上蹲着走至船头左侧做“探海”，或走至船尾做“倒挂金钩”。丑下船后，可做“随船蹦”，或从船中间底部爬过去。

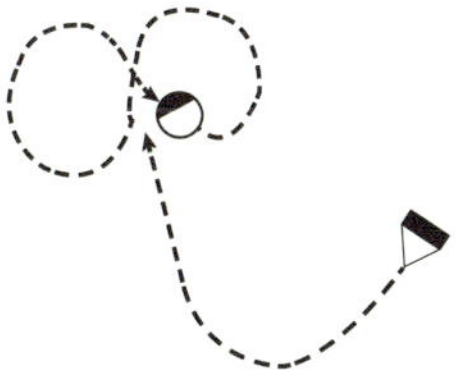

◎ 船上表演 ◎

17. 摆船

丑对船做“门摆”；船头对丑做左、右“横步”。提示：“门摆”是丑的指挥动作之一，随着丑手的左右摆动，船做“横步”左右横移，或做“正反葫芦”。

◎ 摆船 ◎

18. 盘肠带葫芦

丑带着船按图示路线跑至台左后。

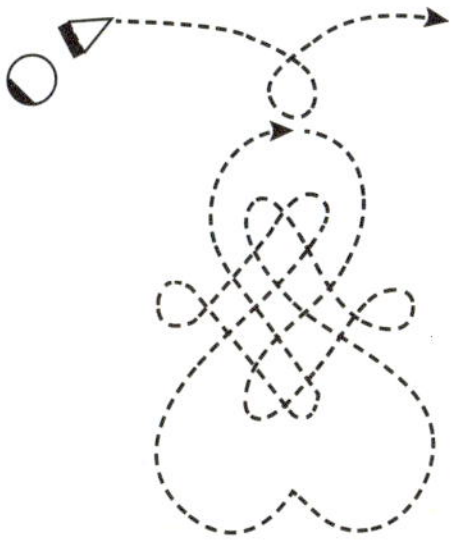

◎ 盘肠带葫芦 ◎

19. 八宝

丑带着船按图示路线跑至台右后。在跑的过程中丑可随意表演，行进速度要缓慢些。

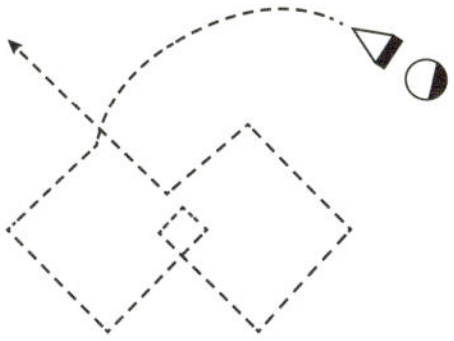

◎ 八宝 ◎

最后丑领船跑下场。

注：

传　授	房存相		
编　写	涂达远	董敏芝	
绘　图	刘永义		
资料提供	房炳学	吴金海	魏成启
	杜泉德	贺武德	马子如
	马树德	侯广文	朱宝安
执行编辑	丁良欣	周　元	

附：舞台方位图（“点”也称“位”，本章场记中所说的“点”和“位”均以下图为准。）

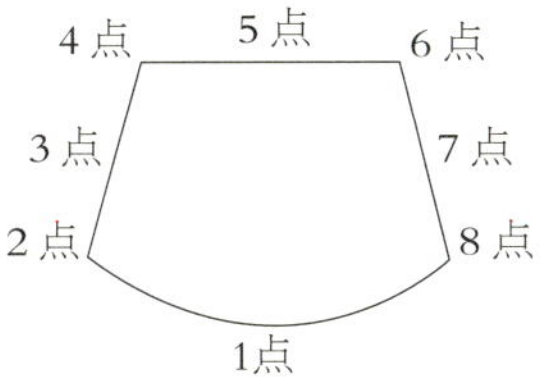

第四节

三只船的动作和套路

延庆镇自由街、胜利街的三只船表演由三只小船组成。船体较小，重约20千克。舞蹈内容表现了白娘子、小青、许仙游西湖的故事。三个角色每人驾一小船，其中扮白娘子者为领舞，许仙和小青紧跟配合，用“圆场步”跑出泛舟、荡舟、涌舟和转舟等队形图案，时而交叉，时而旋转，时而你追我赶，时而齐头并进，似三只小船在水面上轻盈地飘来飘去，优美轻巧，活泼自如。其伴奏音乐同一只船。

一、人物造型

◎ 小青 ◎

二、人物服饰

白娘子服饰与一只船的白娘子服饰相同，许仙服饰与一只船的许仙服饰相同。小青为男扮，戴青蛇头饰，梳大头，上衣、彩裤、彩鞋同白娘子，但均为蓝色，罩蓝色褶子。

三、道具制作

制作材料及方法同一只船，只是体积较小，底架钉一个方形框架，有四根立柱。

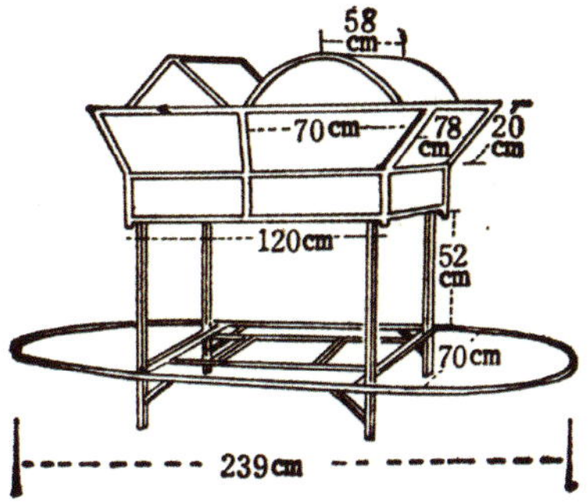

◎ 船骨架 ◎

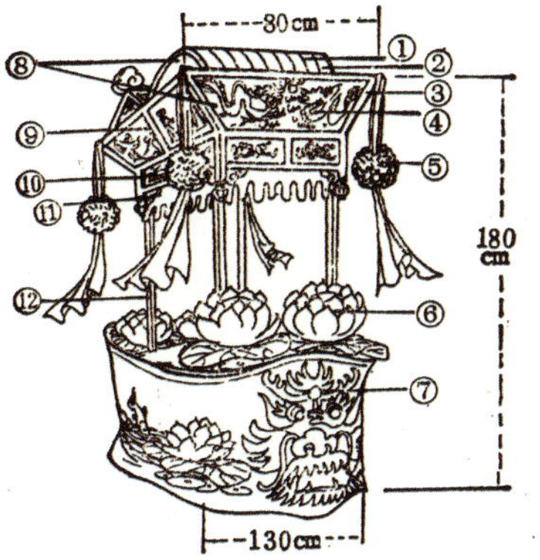

◎ 船 ◎

①黑色细瓦拱槽 ②淡蓝色船顶 ③红色框架边 ④金龙戏珠⑤红色绸花 ⑥粉荷花图案彩灯 ⑦白布船围上绘金色龙头和粉色荷花图案 ⑧粉格子 ⑨《白蛇传》人物图案 ⑩ 彩色花卉图 ⑪船顶围子（白娘子、许仙的为白色，小青的为绿色）⑫红船柱

四、动作说明

1. 驾船

每人驾一只船，驾船法同一只船。

2. 基本步法

做法　用“圆场步”向前行，用“横步”向旁横走，用“碎步”向后退，均同一只船的同名动作。

3. 晃船步

做法　同一只船。

4. 平碾转

做法　旋转方法同“平转”，只是用脚跟碾转。

五、场记说明

角色（均驾一只船）

白娘子（①）简称“1号”。

许仙（②）简称“2号”。

小青（③）简称“3号”。

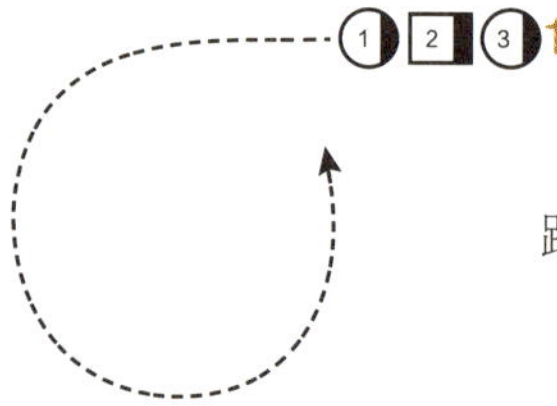

◎ 打场子 ◎

1. 打场子

任选一首唢呐曲无限反复。1号带着2、3号，走“圆场步”按图示路线绕场一周，称“打场子”（即让观众靠边，留出表演的空地）。

提示：①除注明外，舞者的“基本步法”贯穿始终。②以下各套路可任意连接，连接方法由1号带领逆时针走圈或直线走至下一个套路的起点。③音乐与舞蹈的配合方法同一只船。

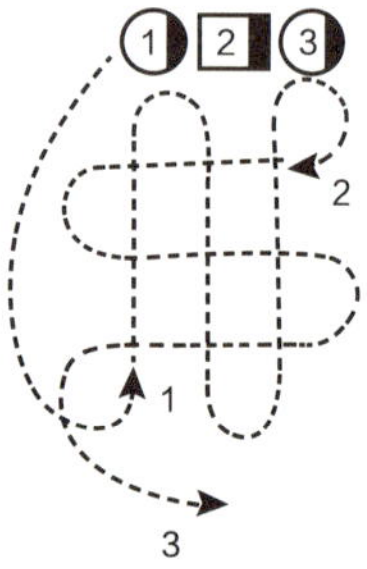

◎ 跑盘肠 ◎

2. 跑盘肠

1号带领2、3号保持相等距离从台后面向3点走“跑盘肠”路线。在箭头1和箭头2处三船做“挂斗”：即1号在箭头1处左转一圈，在箭头2处右转一圈后从2、3号中间穿插而过；2、3号跟随在箭头1处左转一圈，在箭头2处右转一圈再前进。最后跑到箭头3处。

3. 跑八字

由1号带2、3号跑“∞”字形，三船距离如图，行进中始终保持两个圆形上都有船，似你追我赶。

4. 跑激流研墨

三只船紧靠保持一横排，以1号为中心，逆时针跑三圈（即1号原地小步为轴心，2号中速前行，3号大步向前快跑）。然后三只船自原地向右自转半圈。再以3号为轴并排逆时针跑三圈。

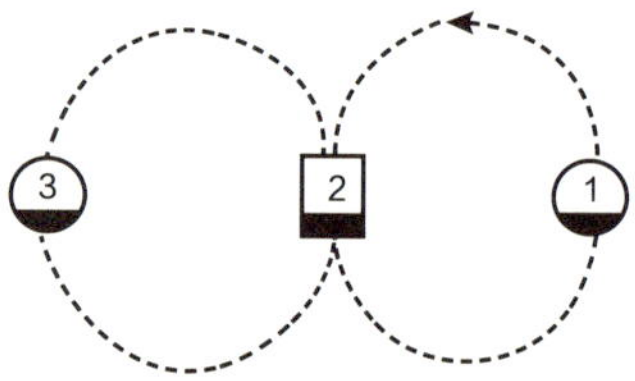

◎ 跑八字 ◎

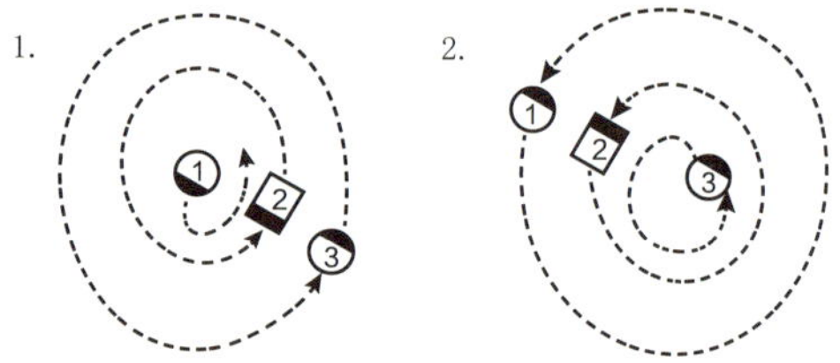

◎ 跑激流研墨 ◎

5. 跑斗法海

三只船面向3点跑到台右侧悠起船头，然后退到台左侧向后悠起船尾（似船在波浪中摇晃，称“涌船”）。反复做三次“涌船”后由1号带领按图示路线跑至台前。

全体右转身面向1点成一横排，用“横步”先向左再向右横跑两次。然后1号带领朝台左后跑去。

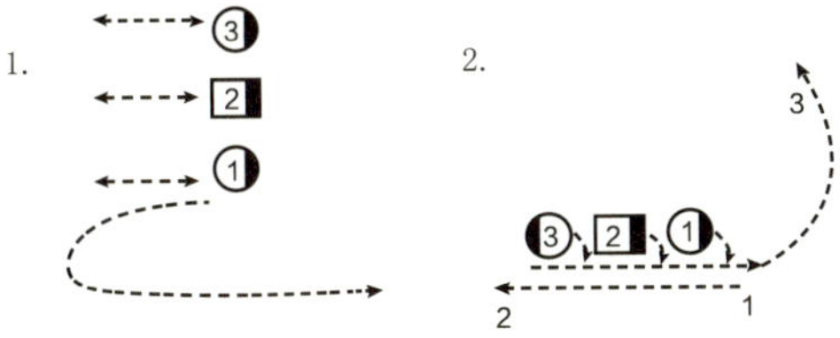

◎ 跑斗法海 ◎

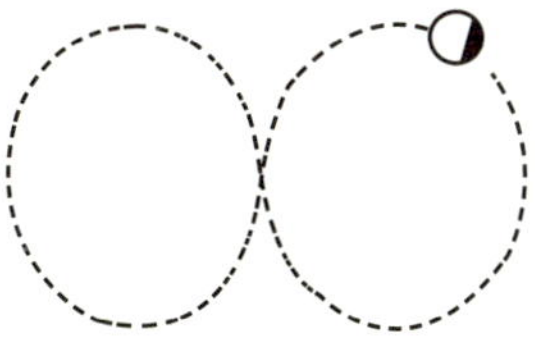

◎ 海上行船 ◎

6. 海上行船

1号带领，快跑走“∞”字形。三只船接紧不能有穿插。

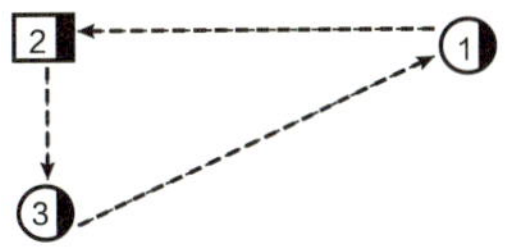

◎ 顺风倒船 ◎

7. 顺风倒船

三只船始终面向3点，按图示路线1号前行到2号位；2号向左横移到3号位；3号后退到1号位。如此不断反复，要始终保持三条线的每条线上有一只船。

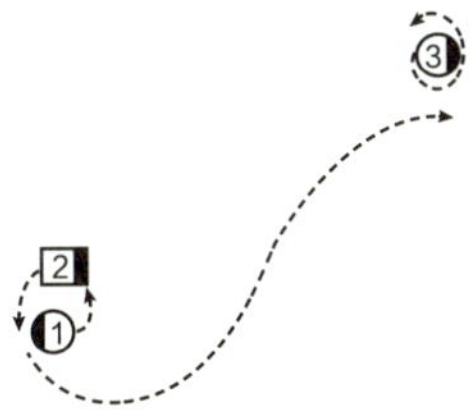

◎ 单船转动之一 ◎

8. 单船转动之一

1号与2号左船帮相靠，逆时针跑三圈；3号做左“自转”三圈。然后2号跑到台左后与3号左船帮相靠，逆时针转三圈；1号原地做左“自转”三圈。再3号跑去与1号左船帮相靠转三圈；2号左“自转”三圈。按以上做法反复三次，直到各自回原位。

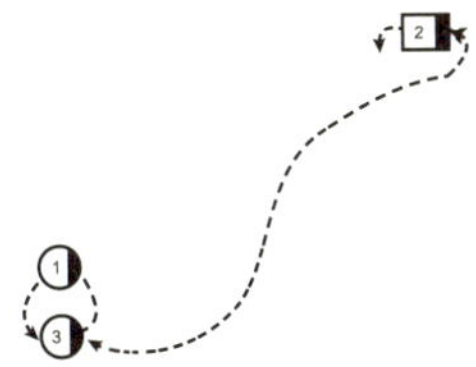

◎ 单船转动之二 ◎

9. 单船转动之二

1号在台右前，2号在台左后，3号来回跑着与两只船中的一只左船帮相靠逆时针转三圈，同时另一只船原地左“自转”三圈。反复做数次。

10. 沿边摆动

由1号带领三只船边逆时针跑大圈边相互转小圈。小圈的转法是：先逆时针转一圈，再顺时针转一圈。三只船始终要跟得很紧。

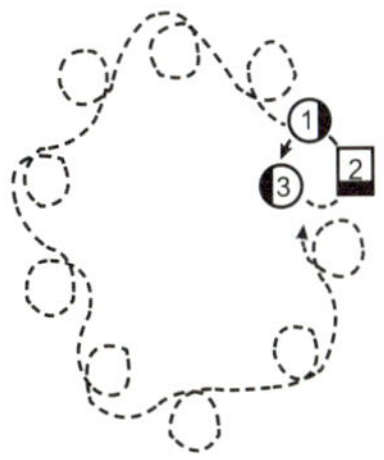

◎ 沿边摆动 ◎

11. 单双船穿插摆动

按图示做“涌船”三次，第三次“涌船”向后退时，2号退至台中成下图位置。

速度放慢，做“晃船步”，1、3号前进，2号后退；然后1、3号后退，2号前进。如此反复做三次。

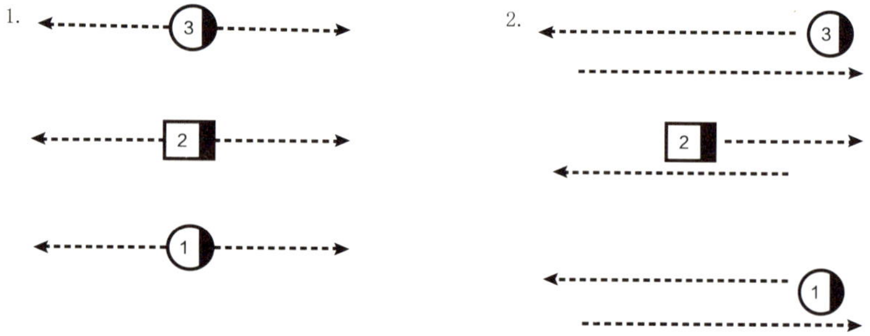

◎ 单双船穿插摆动 ◎

12. 中心转动

三只船先顺时针跑三圈，然后各自原地左转一圈半。三只船逆时针跑三圈，然后1号迅速带2、3号到台左侧顺时针跑一圈半，再跑向台右侧逆时针跑一圈。最后回到台中起点。

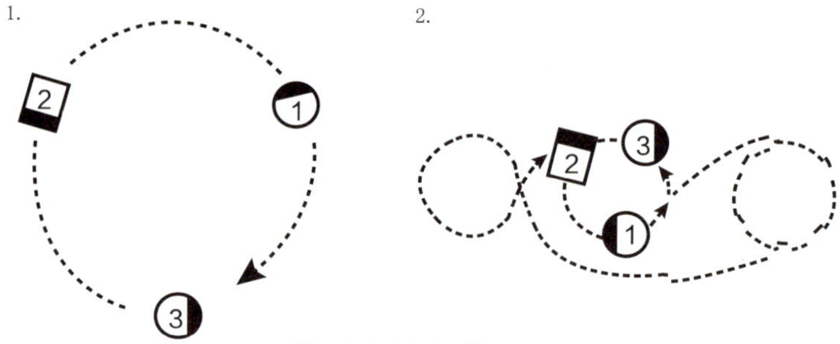

◎ 中心转动 ◎

13. 原地转动

三只船各自面向台中，原地向左自转数圈，再向右自转数圈。

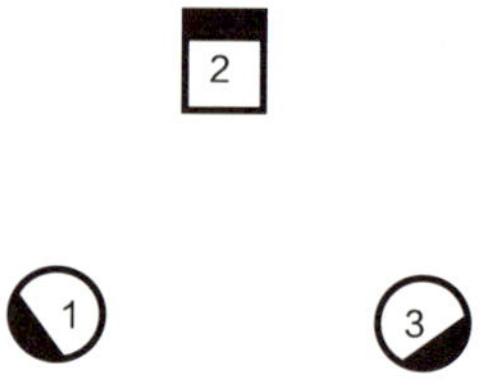

◎ 原地转动 ◎

14. 倒插葫芦

三只船做“平碾转”按图示路线走“∞”字形。相互间要保持较大距离、要求同前“跑八字”，亦可反方向走“∞”字形。

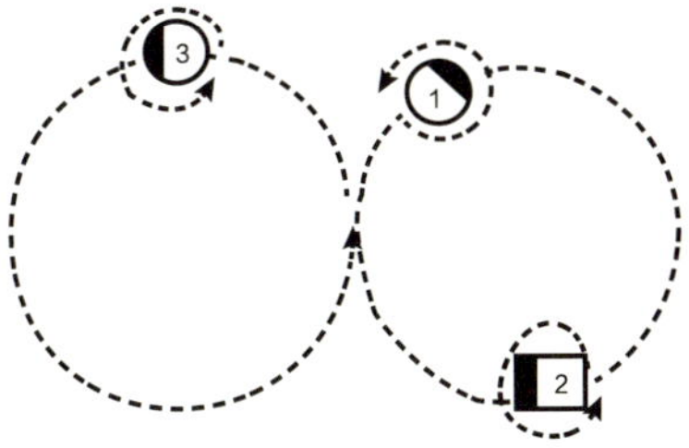

◎ 倒插葫芦 ◎

15. 拜四方

三只船面向1点做“涌船”，退回后向左转，成面向7点的一竖排，接着向7点做“涌船”，退回后仍向左转成面向5点的一横排。如此反复做完四个方向，表示向观众致意。

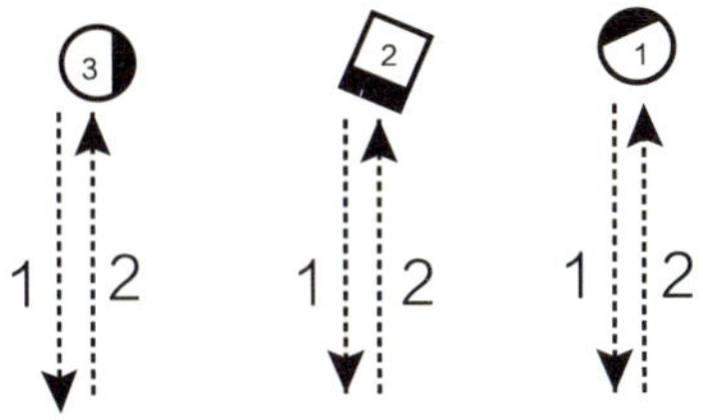

◎ 拜四方 ◎

16. 水波浪

由1号带领，三只船按图示路线行进。要求距离紧凑，当1号跑到箭头1处时，2号到箭头2处，3号到箭头3处，三只船始终保持在三角形的位置上。

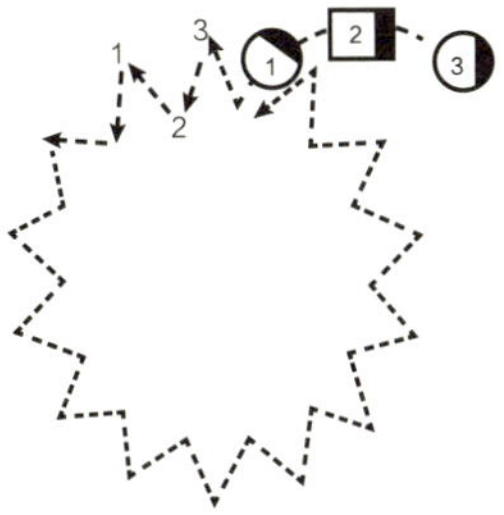

◎ 水波浪 ◎

17. 三连环

由1号带领，三只船在台左侧顺时针跑三圈，再到台中逆时针跑三圈，然后到台右侧顺时针跑三圈。接着往回转，转圈方向、圈数相同。

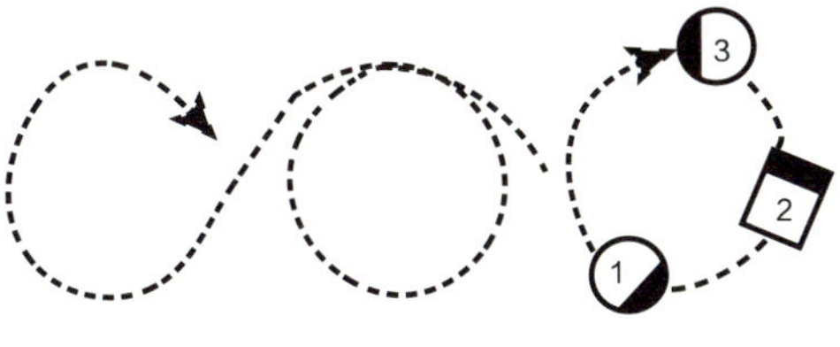

◎ 三连环 ◎

18. 并船晃动

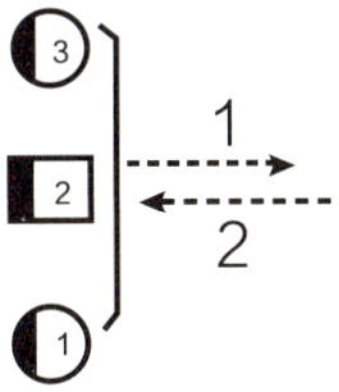

◎ 并船晃动 ◎

三只船保持竖排面向7点，做一次“晃船步”前行，接做一次“晃

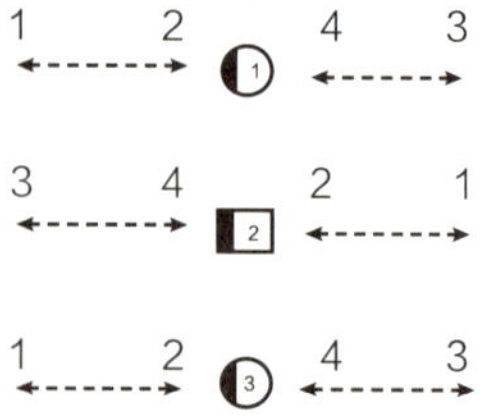

◎ 你追我赶 ◎

船步”退回原位。可反复多次。船要晃起来如随波荡漾。

19. 你追我赶

面向7点，2号快速前行，1、3号快步后退；接着2号快速后退，1、3号快速前行各回至台中。然后2号先后退再前行；1、3号先前行再后退。三条船形成你追我赶状。

20. 摆船前进

三只船保持等距离，用“晃船步”逆时针走圆圈。

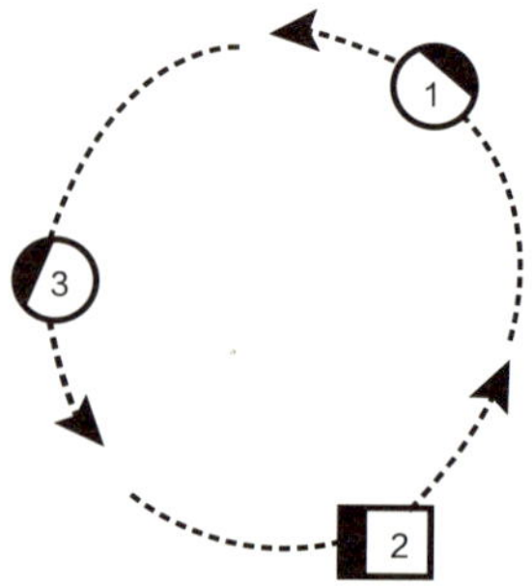

◎ 摆船前进 ◎

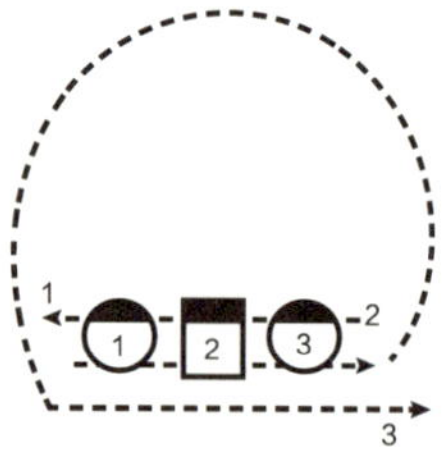

◎ 并船摆跑 ◎

21. 并船摆跑

三只船均用“横步”先向右再向左横走。接着由3号带领用左“横步”逆时针跑一圈回原位。然后做对称动作，先向左再向右横走，由1号带领顺时针跑一圈。

22. 摆船退八字

1号面向1点左转半圈，再面向5点退步领2、3号跑“∞”字形；2、

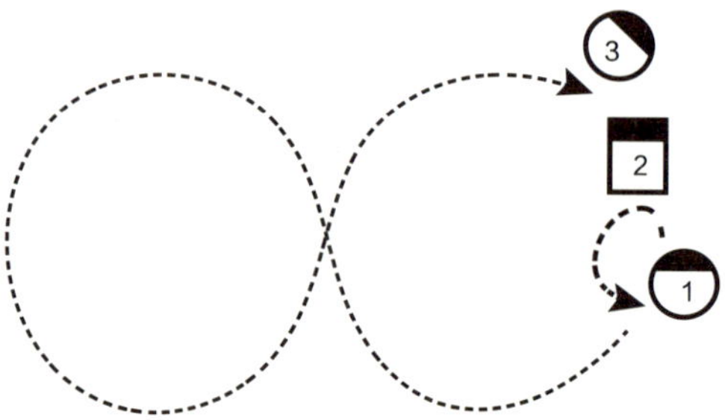

◎ 摆船退八字 ◎

3号依次跑到1号位时，均左转半圈后跟着1号退步跑“∞”字形。要求同“跑八字”。

23. 碰船自转

三只船均面向台中冲去，做碰船状。然后各自退回原位，原地向右转一圈。

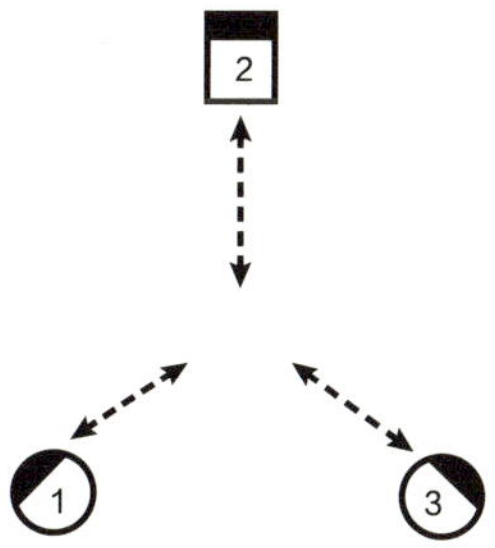

◎ 碰船自转 ◎

24. 三角顺圈自转

三只船一同边向右自转边顺时针方向移动（也可反向行进，由1号决定旋转方向）。最后由1号领2、3号跑下场。乐队奏〔刹鼓〕结束。

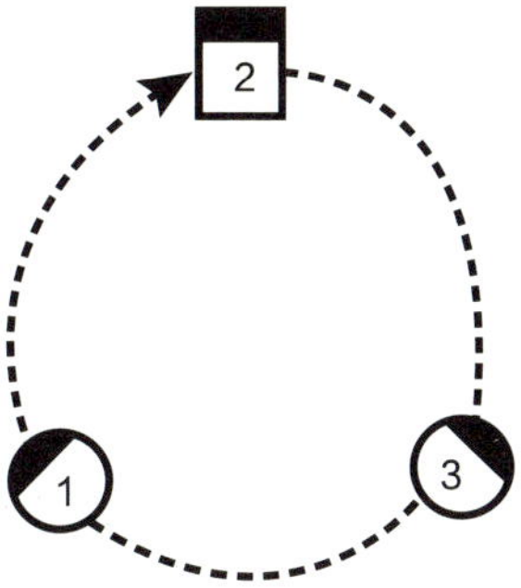

◎ 三角顺圈自转 ◎

注：

传　授	耿全根		
编　写	涂达远	董敏芝	
绘　图	刘永义		
资料提供	丁　太	杨　财	张富良
	张　斌	段福堂	贺武德
	侯广文	朱宝安	
执行编辑	丁良欣	周　元	

第五节

九只船的动作和套路

北老君堂村的九只船由九只小船组成，船体小，重约16千克。历史上曾表演“八仙献寿”的故事，有时也加进“八大怪”（鱼、虾、蟹、蚌等水族动物的造型）。后来由于经济条件的限制，着装从简，男着小生装，女罩女帔（或床单），一直延续至今。该舞以跑各种队形为主，队形图案有“翻羊肠”“串五葫芦”“跑拨吊”“跑盘肠”等。由于船多人多，跑出的场面大而红火热闹。其伴奏音乐同一只船。

一、人物造型

◎ 驾船者（男）◎

◎ 驾船者（女）◎

◎ 老年拨船者 ◎

◎ 青年拨船者 ◎

二、人物服饰

1. 男驾船者

戴文生巾，穿彩色褶子，扎腰带，着彩裤，足蹬彩色圆口鞋，色彩随意。

2. 女驾船者

头戴绢花，围护领，外罩彩色女帔，着彩裤，足蹬彩鞋，色彩随意。

3. 老年拨船者

戴帽子，白髯口，穿白底花边对襟上衣、白色彩裤，腰系白绸带，两端下垂约40厘米，足蹬打鞋。

◎ 老年拨船者帽子 ◎

①白毛线球 ②红花 ③白帽圈
④红蝴蝶 ⑤红帽边

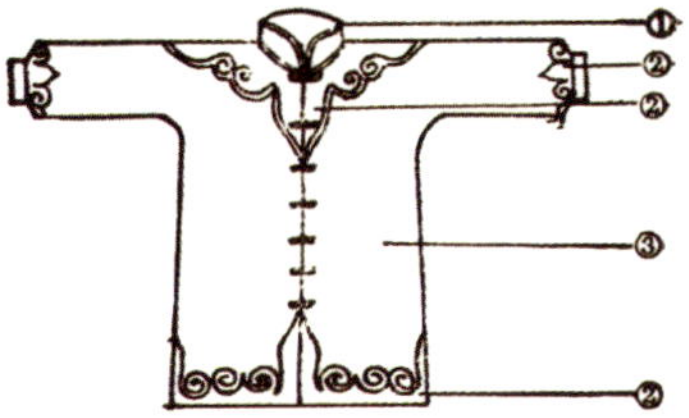

◎ 老年拨船者上衣 ◎

①红边 ②桔红花边 ③白底

4. 青年拨船者

戴帽子，帽子正面粘一朵红色纸花，穿白色对襟上衣、白彩裤，腰系黄绸带，两端下垂约40厘米，足蹬彩色圆口鞋。

◎ 青年拨船者帽子 ◎

①红纸花 ②黑帽边 ③白帽圈

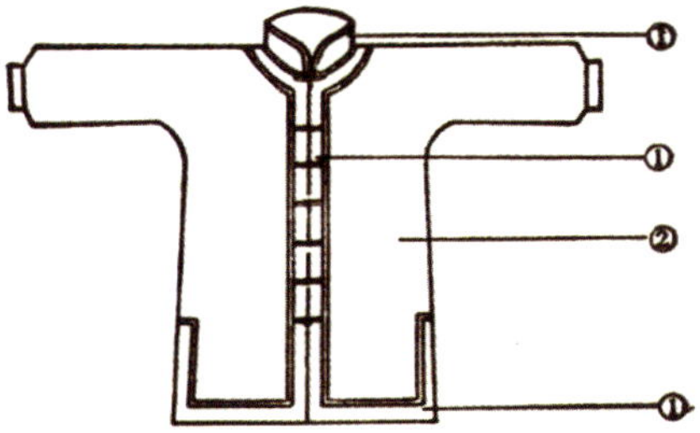

◎ 青年拨船者上衣 ◎

①黑边 ②白底

三、相关道具

道具船与三只船相同，船桨为木制。

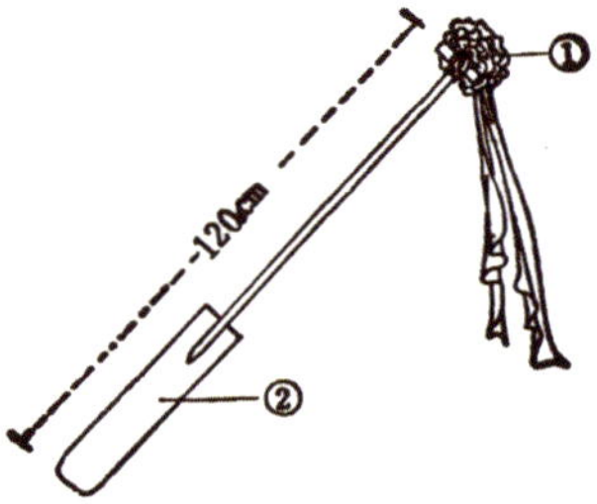

◎ 船桨 ◎

①红绸花 ②木桨

四、动作说明

（一）驾船者的动作

驾船方法及动作均同三只船。

（二）青年、老年拨船者的动作

1. 碎步

◎ 图一 ◎

做法　脚下同一只船武丑“碎步”（见图一）。

2. 骑马跺步

做法　双脚同时原地跺两下（见图二）。

◎ 图二 ◎

3. 划船

◎ 图三 ◎

做法　双手向前或向后划立圆做划船状（见图三），亦可做对称动作。

4. 托塔

做法　脚走“碎步”，右手身前提桨，左手背后（见图四）。

◎ 图四 ◎

5. 舞棍花

◎ 图五 ◎

做法　走“碎步”，右手握桨中段做“棍花”，即连续向里、外挽腕（见图五）。

（三）驾船者与拨船者的动作

正反葫芦

做法　驾船者走“圆场步”，拨船者走“碎步”，各自转小圈。名称的使用法同一只船的“正反葫芦”。

五、场记说明

1. 角色

驾船者（①~⑨）九人，男、女不限，各驾一只小船，简称“船”。

老年拨船者（①）一人，男，简称“翁”，手握一把船桨。

青年拨船者（②）一人，男，简称“青”，手握一把船桨。

2. 跑圆场

任选一首唢呐曲无限反复 翁带领船按序站单行从台左后出场，翁做“碎步”，船做“圆场步”，逆时针跑圆圈，即“打场子”（舞完曲止奏〔刹鼓〕）。

提示：①除注明外，翁、青做“碎步”，船走“基本步法”贯穿始终。②以下套路可任意连接，连接方法由翁带领，或由翁、青分别各带一组船，逆时针走圈或直线走至下一个套路的起点。③音乐与舞蹈的配合同一只船。

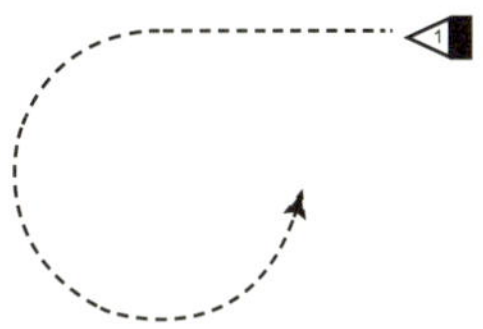

◎ 跑圆场 ◎

3. 向里翻羊肠

翁面向5点，右手提桨先原地做“骑马跺步”，然后领船按图示路线跑至箭头处。各船之间要紧跟。提示：“骑马跺步”是拨船者的指挥动作之一。

◎ 向里翻羊肠 ◎

4. 向外翻羊肠

翁面对船按图示路线边退边“划船”或“舞棍花”至箭头处。

提示：“舞棍花”是拨船者的指挥动作之一。

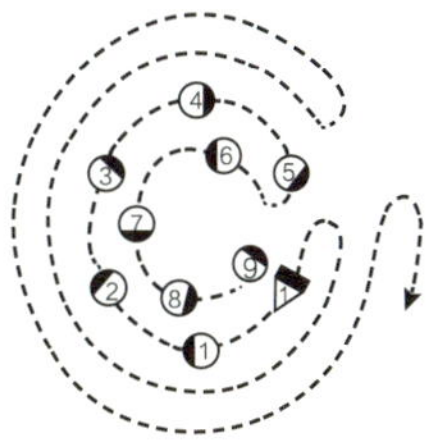

◎ 向外翻羊肠 ◎

5. 方块葫芦

翁从台后面向7点带领船顺时针走一小圈至台右后。然后带船按图示路线跑“方块葫芦”路线。每到一个角上转一个“反葫芦”。转“反葫芦”时，翁要从1、2号之间穿插而过，接着1号从2、3号之间穿插而过，其他人依此类推。当翁跑完一次完整的“方块葫芦”后，可到台中随意表演，一般多耍“舞棍花”，其他人继续跑“方块葫芦”。

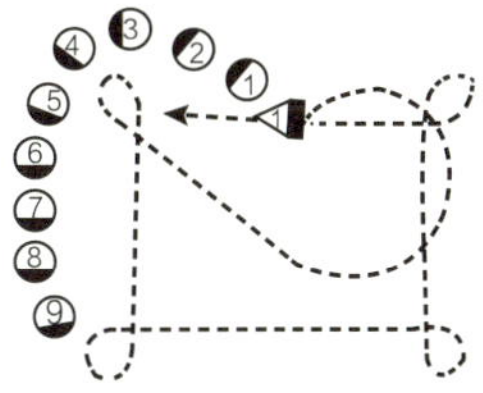

◎ 方块葫芦 ◎

6. 十字葫芦

翁从台右侧带船如图示路线跑一次“龙摆尾”至箭头处。由翁带领跑“十字葫芦”。走“正反葫芦”时穿插方法同跑“方块葫芦”。翁跑完“十字葫芦”后，到台中即兴表演，其他人继续跑“十字葫芦”。

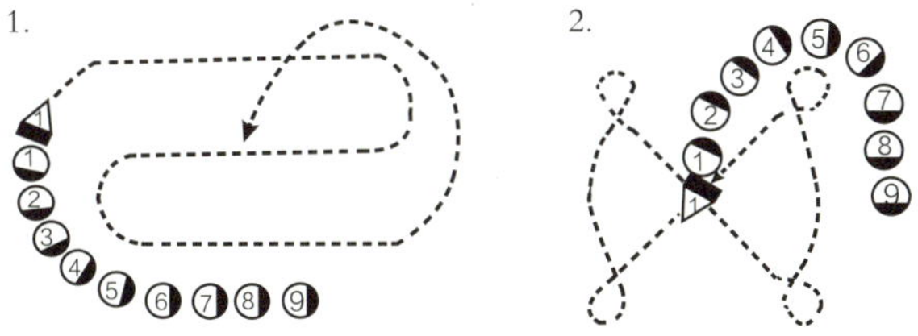

◎ 十字葫芦 ◎

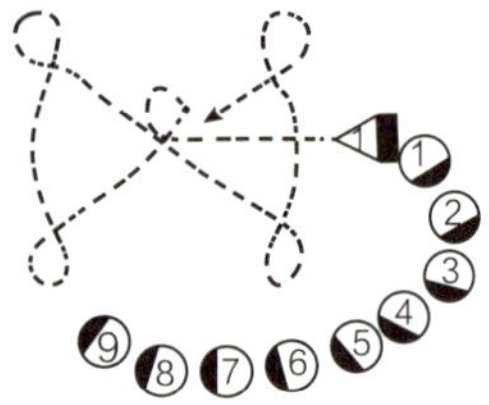

◎ 五葫芦 ◎

7. 五葫芦

翁从台左侧面向3点带船按图示路线跑五个“葫芦”。方法基本同跑“十字葫芦”，只是翁手做“划船”和“舞棍花”动作，开始在台中先走一个“反葫芦”。

8. 蛇蜕皮、窜枣山之一

翁从台左后带船跑到箭头1处，右转身面向5点做“划船”退向箭头2处；船到箭头1处时由1号带单号、2号带双号，均面向1点前行，1、2号分别到箭头3、4处，接着向两旁横移。

翁原地做“舞棍花”；船始终面向1点，由1、2号分别带领两组按图示路线走方块路线，反复进行（称“蛇蜕皮”）。最后成下图位置。

1、2号分别带领各组按图示跑成下图位置。全体如图站立（称“窜枣山之一”队形）。

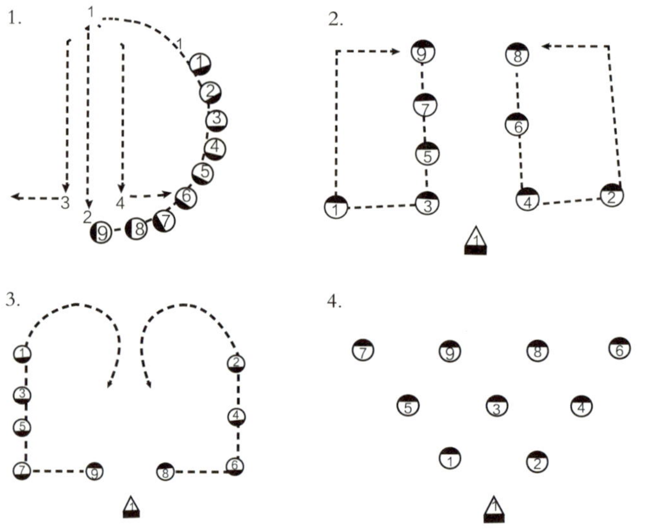

◎ 蛇蜕皮、窜枣山之一 ◎

9. 窜枣山之二

翁在台中面向1点做“舞棍花”；船在四周围成一圈，面向台中做一次“涌船”（同三只船），回原位向右自转一圈，反复做三次。

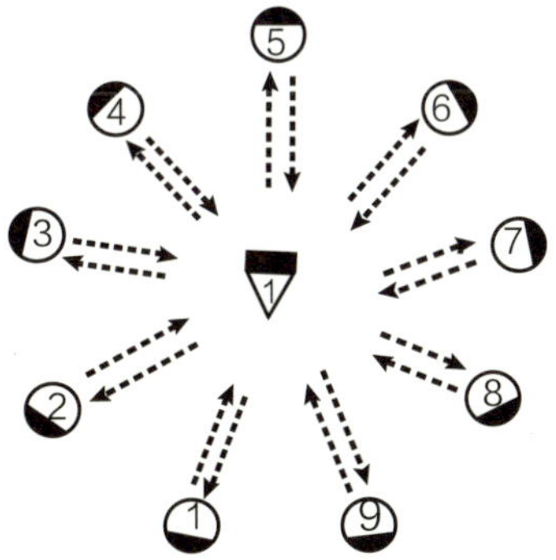

◎ 窜枣山之二 ◎

10. 圆圈扎篱笆

翁在台右侧带领船单号、青在台左侧带领船双号按图示路线前进。当翁与青在台后相遇后，做“划船”带领两组船相互穿插“扎篱笆”而过。

翁与青做“划船”动作带领两组船，走到台前相遇。动作同前，两组按图示路线穿插“扎篱笆”而过。可在台前台后反复“扎篱笆”数次。

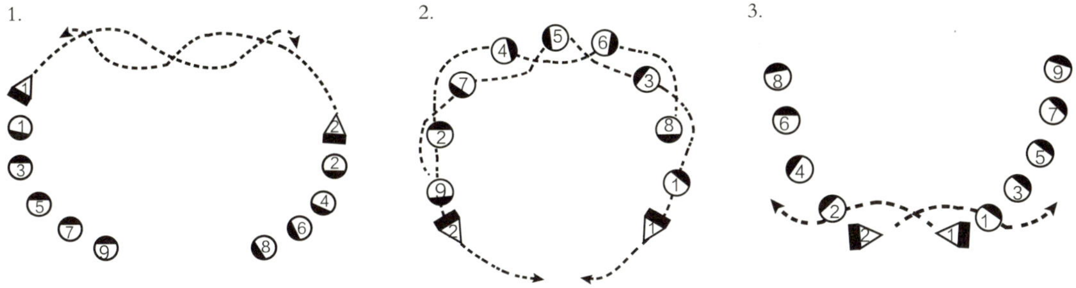

◎ 圆圈扎篱笆 ◎

11. 跑拔吊儿

翁带船1至4号，青带船5至9号，全体跑大圆圈。当翁走至台左侧时，即带船1至4号跑至箭头1处，同时青带船5至9号跑至箭头2处。

翁面向3点做“骑马跺步”，然后手做“划船”带船1至4号跑至箭头1处；青动作同翁，带船5至9号跑至箭头1处。翁与青二人面相对，做

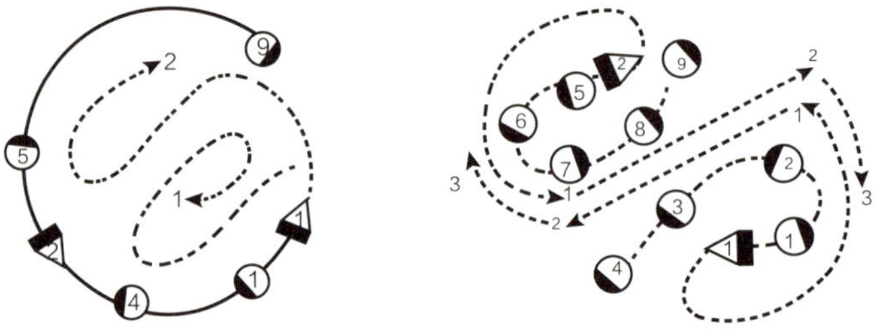

◎ 跑拨吊儿 ◎

“骑马跺步”向左横走；船动作不变随行。当翁与青分别走至箭头2处时，向前走“碎步”，手做“划船”至箭头3处；船继续跟随前进。

12. 结尾之一

船站两斜排，翁站在1号身左旁。青面对船原地做一个“托塔”造型，接着手做“划船”，先前进，再后退，再左、右横移；船与翁保持两斜排队形，顺着青的走向先后退，再前进，再右、左横移。

◎ 结尾之一 ◎

13. 结尾之二

青在台中面向2点，翁与船在青身后面向2点站一斜排。青做“托

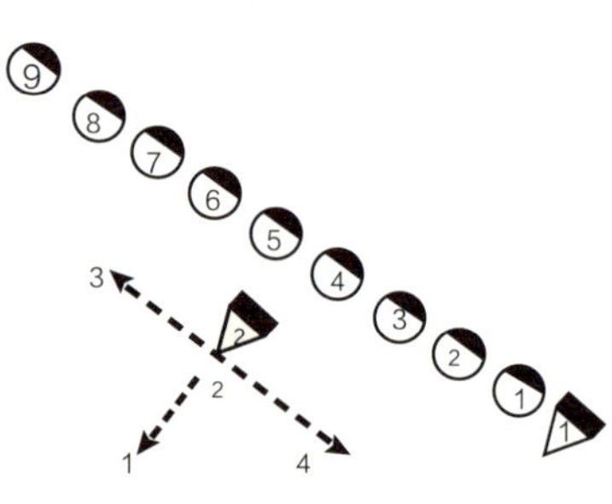

◎ 结尾之二 ◎

塔”前进、后退，再右、左横移；翁与船保持斜排随青的走向前进、后退，右、左横移。最后青领翁、船成单行跑下场。乐队奏〔刹鼓〕结束。

注：

传　授	刘广汉		
编　写	涂达远	董敏芝	
绘　图	刘永义		
资料提供	贺武德	丁占奎	刘继纯
	侯广文	朱宝安	刘广禄
	王计良	刘思汉	
执行编辑	丁良欣	周　元	

第六节

六只船的套路

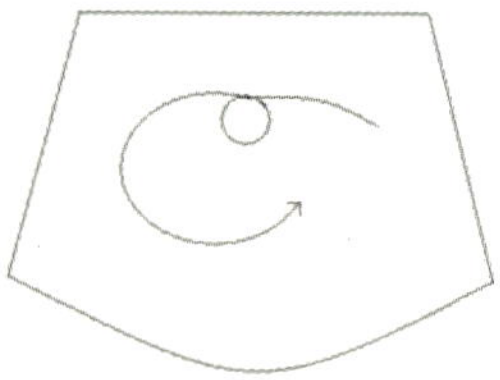

出场。乐队刹鼓，奏《将军令》时演员从6位依次上场。在5位串一个葫芦后走圆场。

1. 大“8”字转

头船从6位直接插向2位然后按场记走横写的“8”字。脚步、驾船动作与12只船相同。

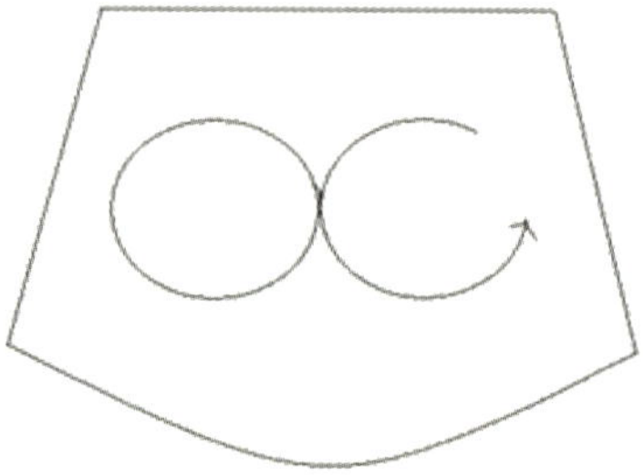

◎ 大“8”字转 ◎

2. 上下错船

音乐《八板》，头船领队转一个半“8”字，到中场后，直接带队按规定站位，做错船动作。上下要用晃船步。

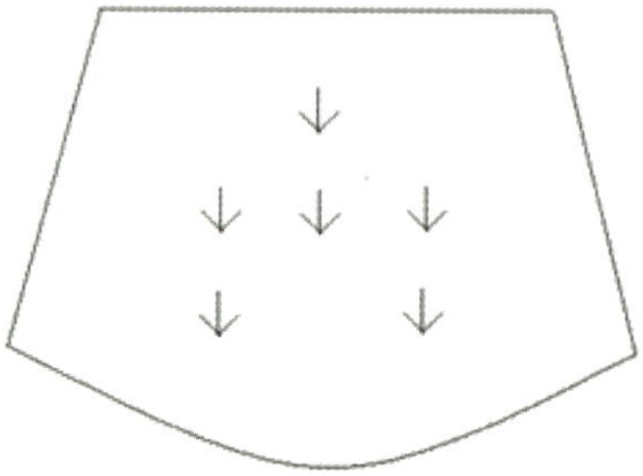

◎ 上下错船 ◎

3. 左右摆船

《八板》音乐吹奏到第一乐段倒数第二小节，演员1、2向前场左右站位。3、4到中场，1、2后站位，5、6依次站位。听音乐做左右摆船动作。动作同12只船场记。

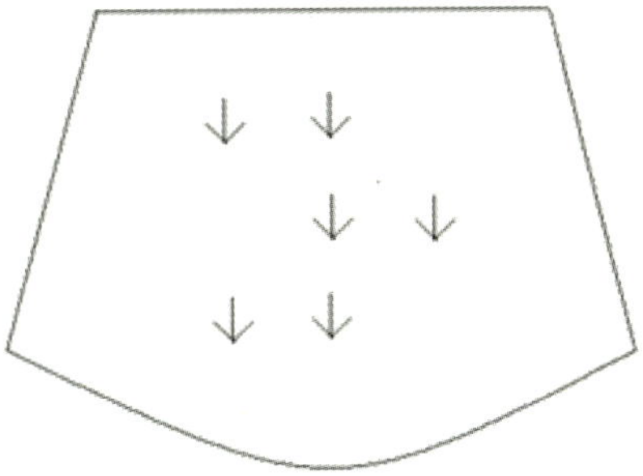

◎ 左右摆船 ◎

4. 角与轴的组合

《八板》摆船接串场（与12只船串场1同），刹鼓后，两组各左右半场站位。音乐吹奏《无题》。1组转三角，2组轴转。先逆时针转，听音乐规范后再顺时针转，此曲一段后完成，两组交换动作，场地不变。

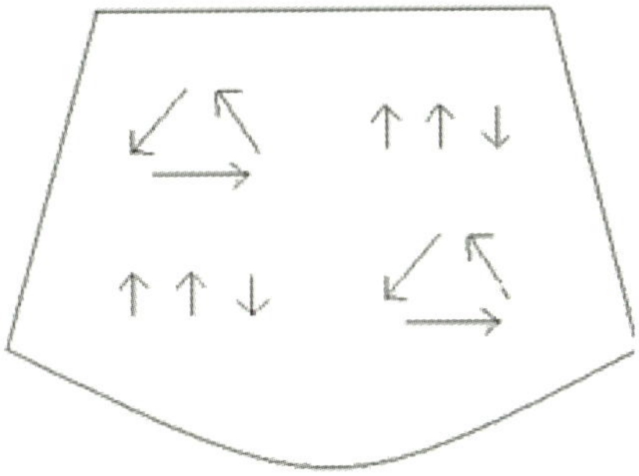

◎ 角与轴的组合 ◎

5. 单双转

《无题》最后一小节时，各组头船顺时针向前到1、5位单转（自转），其余两只船在原位双转，然后依次单双转。音乐：用老喇叭吹奏《寿星花》，音乐粗犷，节奏稍慢。

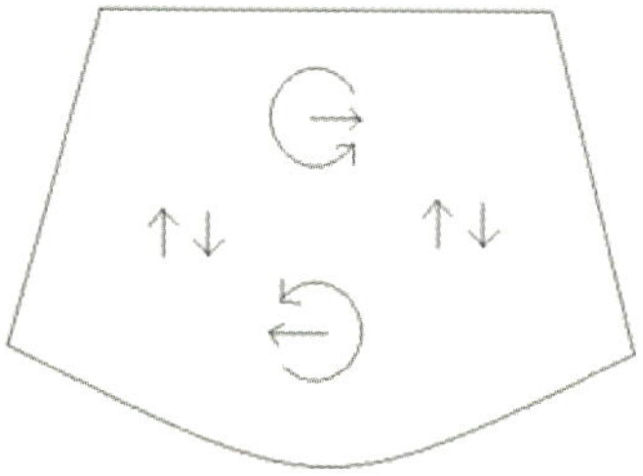

◎ 单双转 ◎

6. 涌船

乐队吹奏《娃娃》两只船一组站1、4、6位，原地双转一圈，各组1号到中场涌船。2号在原位自转一圈，1号涌船后回原位自转。2号到场中涌船，动作与1号同。反复两次。

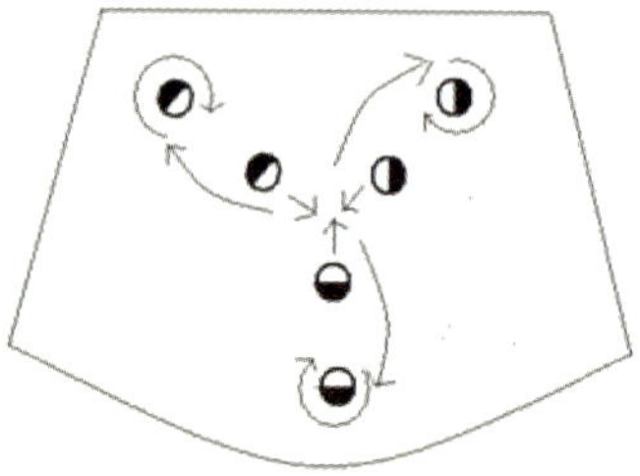

◎ 涌船 ◎

7. 漂船（正反转）

各组1号在外圈先顺时针转，2号在内圈涌完船后，在场内集中，船头对船尾，先逆时针，右后转顺时针转，外圈此时换成顺时针转，曲子一段，动作完成。

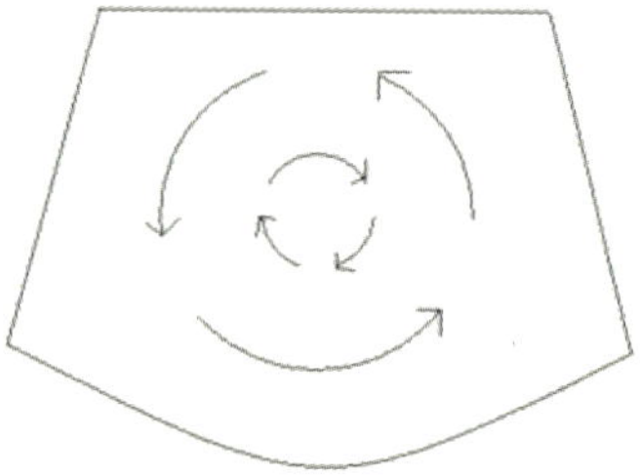

◎ 漂船（正反转） ◎

8. 研磨

乐队刹鼓变位，外圈1号向内圈2号集中靠拢，奏《鬼拉腿》形成双三角形转。

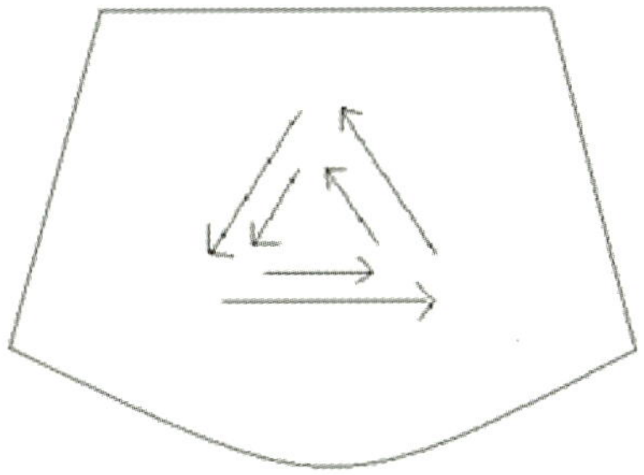

◎ 研磨 ◎

9. 双“8”字

1组到6位时，双船出列并排向8、7、6方向左转，按场记走“8”字，2组在5位并排从场中穿过，再左转，走场记。3组继续顺转到5位等1组（从6位→2位）从场中穿过后在其船后也从场中穿过，跟随2组走场记。

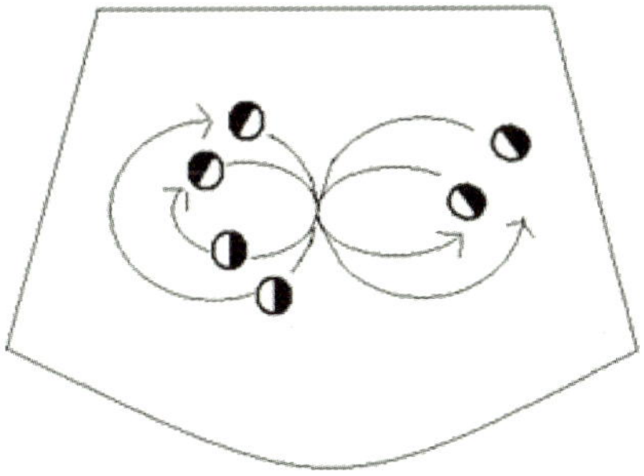

◎ 双“8”字 ◎

10. 拜四方

刹鼓时在后场集中音乐起奏《回娘家》，三船并排“之”字形上场。然后，插空一字站好，听音乐变化，台左、后、右、前拜四方。

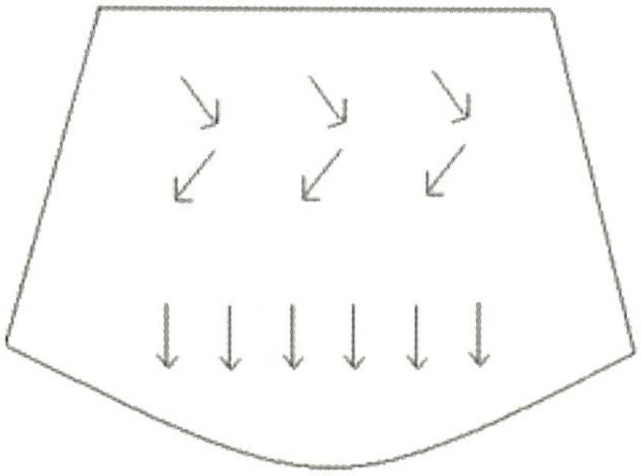

◎ 拜四方 ◎

11. 转船接一字长蛇退场

音乐为《将军令》。六只船双排站位，自转，左右各三圈后按顺序二龙出水到后场变位，排成一字长蛇后直接退场。

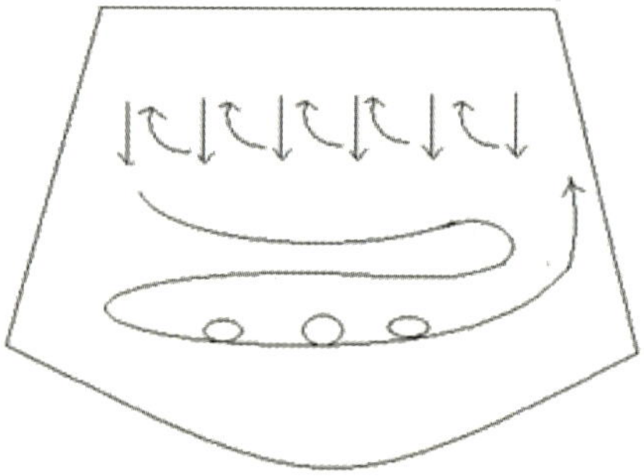

◎ 转船接一字长蛇退场 ◎

第七节

十二只船的套路

开场鼓乐击刹鼓点。

1. 二龙出水

乐队奏《将军令》，全体男左女右，纵队面向1位跑台步上场。

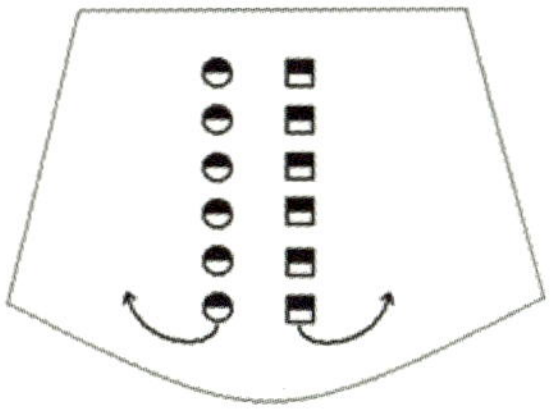

◎ 二龙出水 ◎

2. 腰窝（1）

纵队到1位后，男左转，女右转。

3. 腰窝（2）

4. 腰窝（3）

◎ 腰窝（1）◎

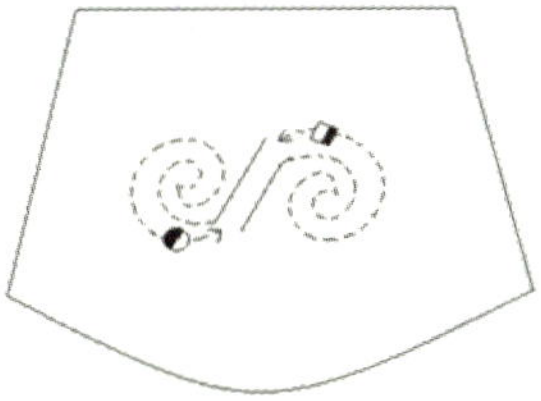

◎ 腰窝（2）◎

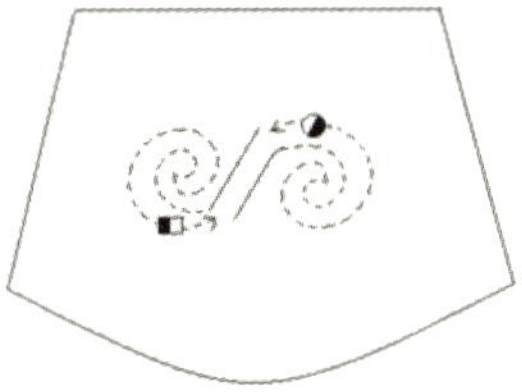

◎ 腰窝（3）◎

5. 大“8”字转（1）

左右场大“8”字转船，男女领船在场中相遇，男队统一右后转身180度，与女队对面交叉走场记。

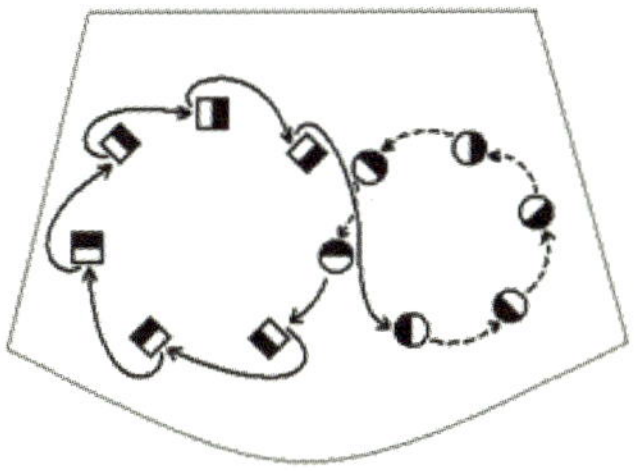

◎ 大“8”字转（1）◎

6. 大“8”字转（2）

右半场顺时针转一个圆，左半场逆时针转一个圆，中场交叉形成“∞”字形左右场，两个圆尽量对称。

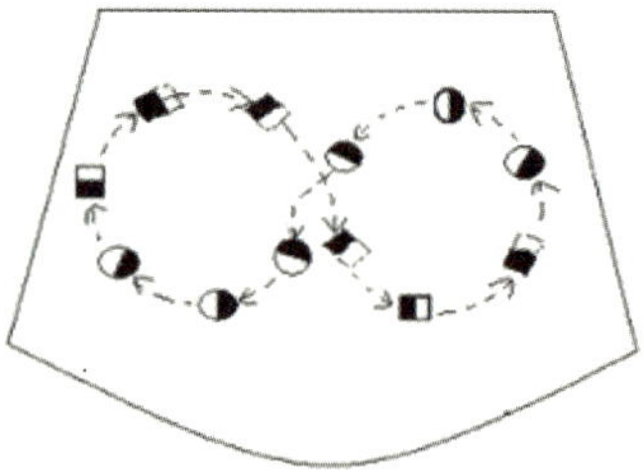

◎ 大“8”字转（2）◎

7. 上下小“8”字转船

男女领队带船转够一个完整的场记，按规定到指定位置分4组转上下小“8”字。

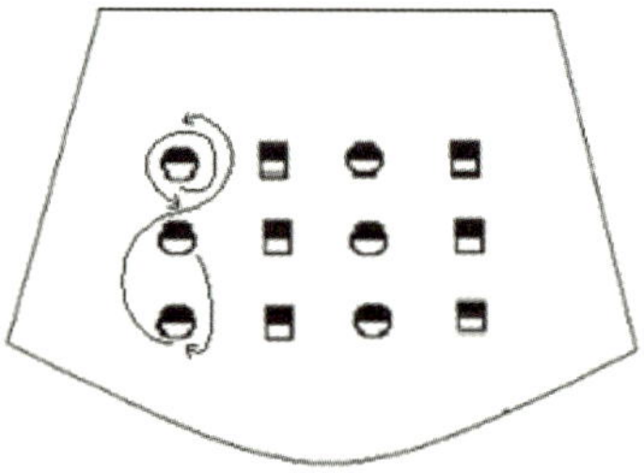

◎ 上下小“8”字转船 ◎

8. 上下错船，又称斗法海，亦叫拉锯

这两个场记，队形不变，音乐不变，动作亦然。

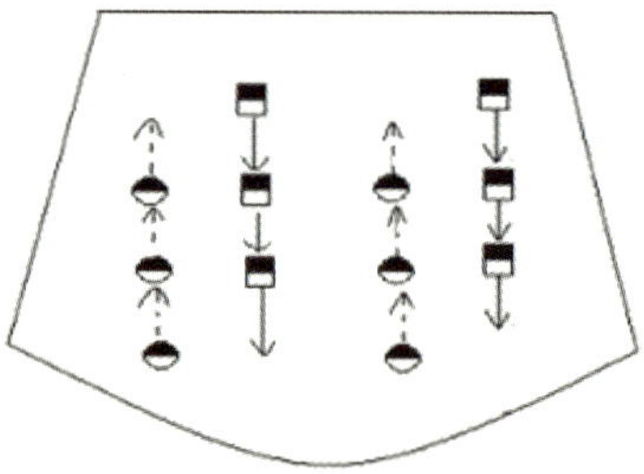

◎ 上下错船 ◎

9. 左右摆船

音乐、队形不变，动作亦然。

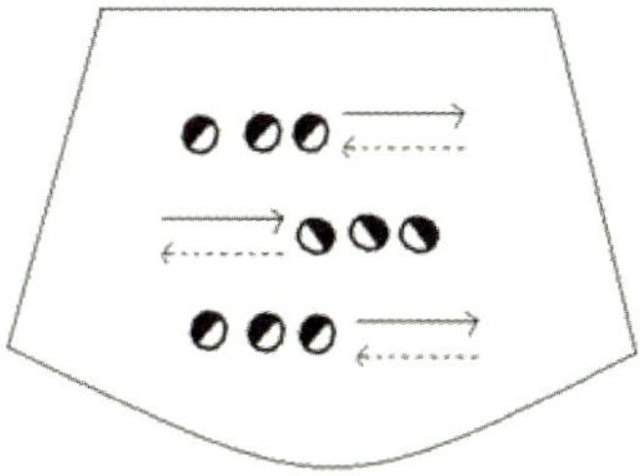

◎ 左右摆船 ◎

10. 串场（1）

纵队1组，左转身跟队前进，纵队1组第一人带队换场，其余船只统一向右转90度跟队前进。形成圆场后，按顺序分组呈菱形站位。

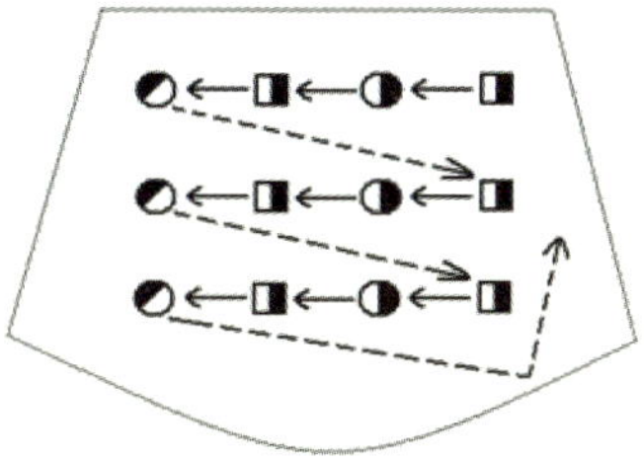

◎ 串场（1）◎

11. 菱形三角转

4组菱形三角转。纵队1组到3位候场，其余顺序在5位、7位、1位站位，待刹鼓后，开始三角转。

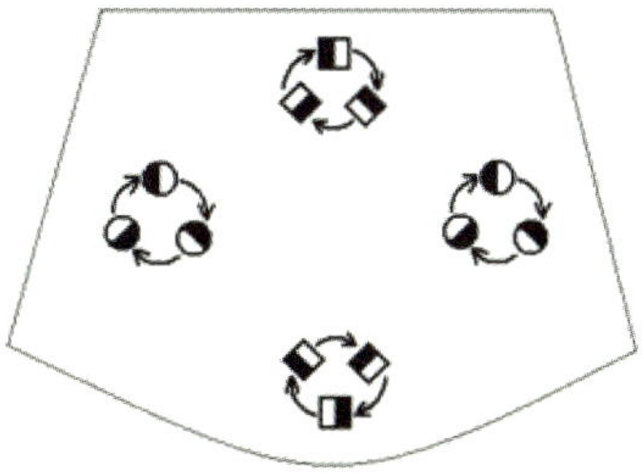

◎ 菱形三角转 ◎

12. 单双转

每组的第一只船在乐曲的最后一个小节顺时针向前跑船，在组与组的等距离之间向左单转一圈后，到前一组双转。每组的其余两人在原地双转一圈，按顺序依次向前单转。

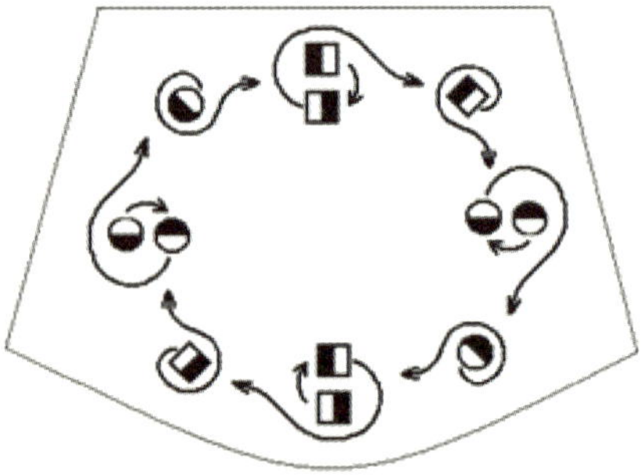

◎ 单双转 ◎

13. 涌船

接刹鼓：乐队奏《娃娃》。

各组头船回原位单转等刹鼓后，到场中涌船一次，船头抬起，船尾下压。右移步一小节，后退到每组的位置双转。按2、4、6、8站位。

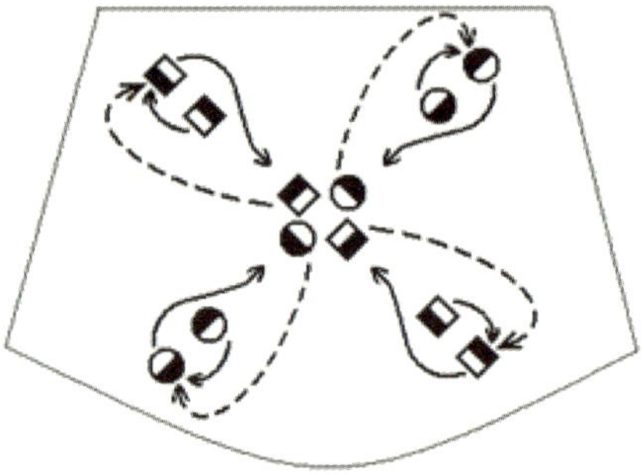

◎ 涌船 ◎

14. 串场（2）

音乐同上。

男队两组在4、8位转三角，女队在2、5位由1号率领，做对角线交叉换位一次。

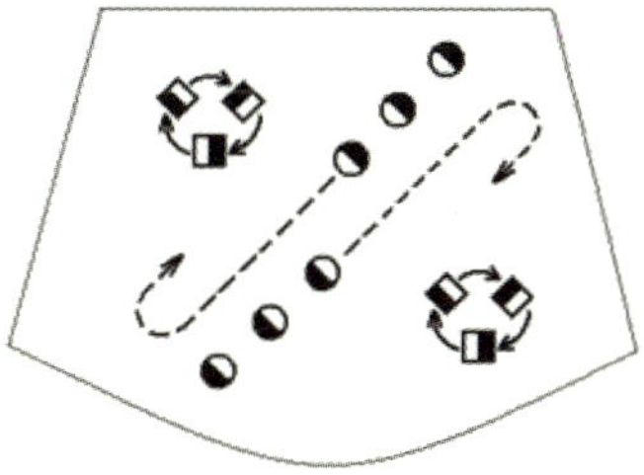

◎ 串场（2）◎

15. 麻花转

女队换位后先顺转再逆转。男队两组1号从各自的方位向场中扎篱笆，形成美丽的拧花图案，每只船到4、8位都必须向左自转一圈，然后反方向与其他船继续扎篱笆。

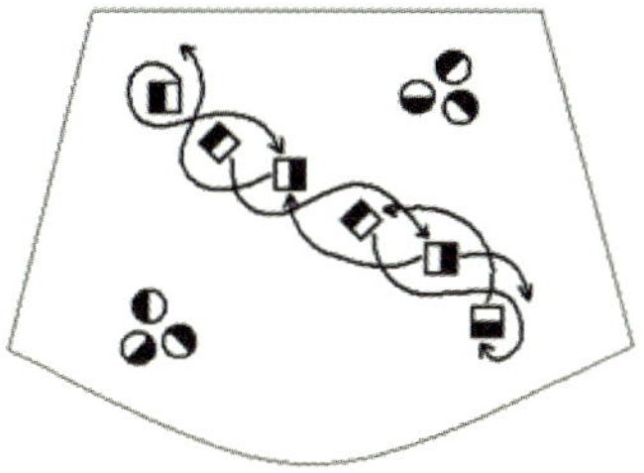

◎ 麻花转 ◎

16. 轴转

男队扎篱笆回原位后，1号与其他两只船反方向排成一排，以中间一只船为轴转船，女队两组亦反方向在场中站位，以中间两只船为轴心转船，先顺转一段《娃娃》再逆转一段。

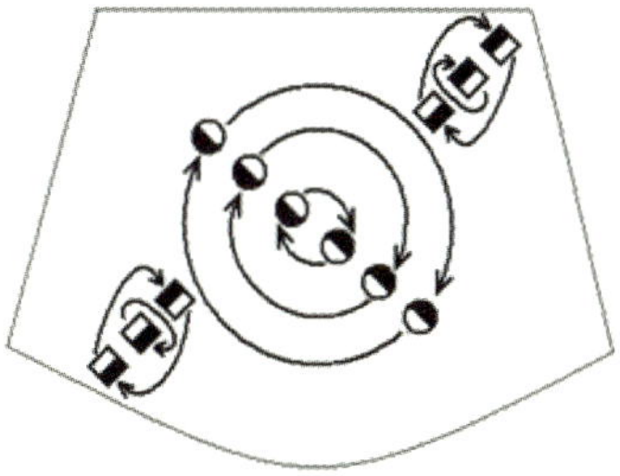

◎ 轴转 ◎

17. 漂移

中间一人调转船头与另一人出列，形成双三角形在中间研磨，先顺时针研磨听乐曲一段后再逆时针研磨。

男生围绕女队反方向跑船。

特点：脚步要轻要快，船要稳要漂。

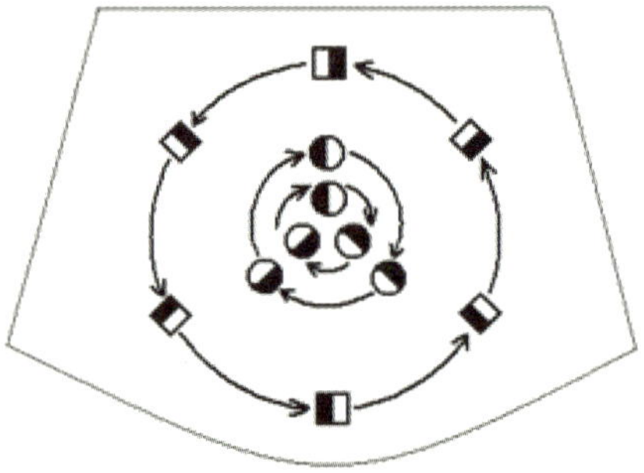

◎ 漂移 ◎

18. 激流研磨（1）

音乐奏《鬼拉腿》。

刹鼓时，男队与女队相对跑船，按顺序号找位置，先顺转。以最内圈3只船为轴转船。

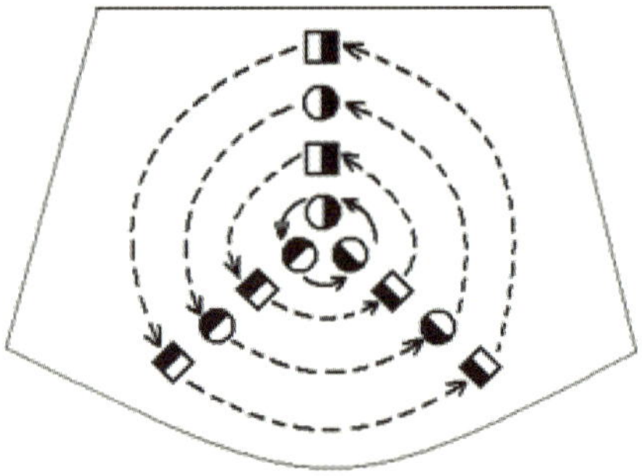

◎ 激流研磨（1）◎

19. 变位

乐曲演奏最后两小节，全体里外换位。1、2、3、4变成4、3、2、1。

中间两人退，外边两人上，以先前最外圈的三只船为轴，继续研磨。

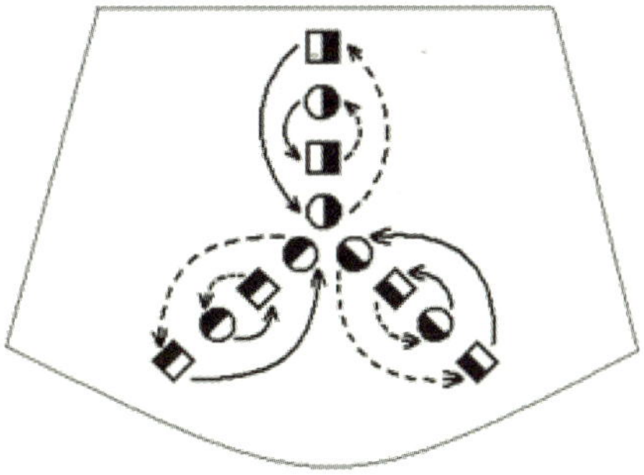

◎ 变位 ◎

20. 激流研磨（2）

音乐、动作、场记同上。逆时针转船。

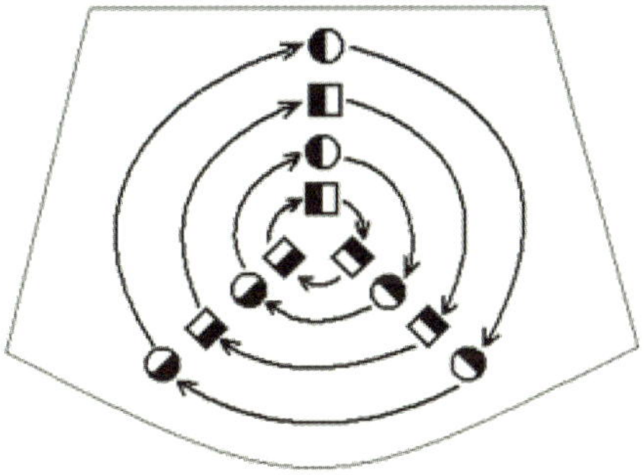

◎ 激流研磨（2）◎

21. 排山倒海

1组逆时针转位至2位，以2号为轴看齐后直接从2、3组之间插向5位，而后随3组走场记。

3组原地并排向右后轴转270度（为1组穿插腾空场地），等1组从场中穿过后再并排插向2位。

2组乐起时继续向逆时针方向移动，等3组从场中斜插而过后，从3组后跟随1组跑场记。

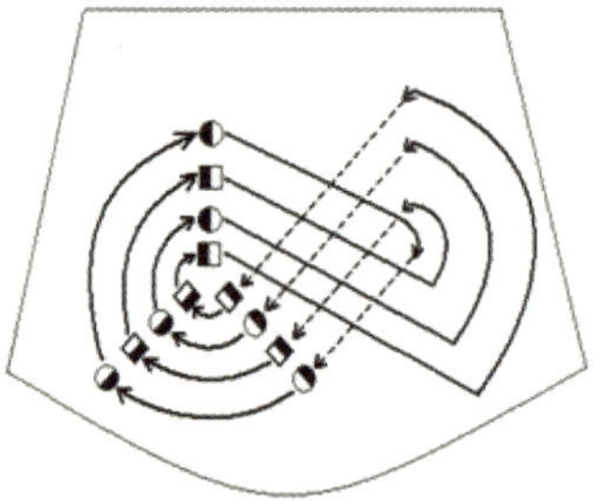

◎ 排山倒海 ◎

22. 扎篱笆（1）

《鬼拉腿》一遍，三组船走完一个大的“8”字，按规定顺序形成一圈，女向内（顺时针方向）、男向外（逆时针方向）交叉走场记。

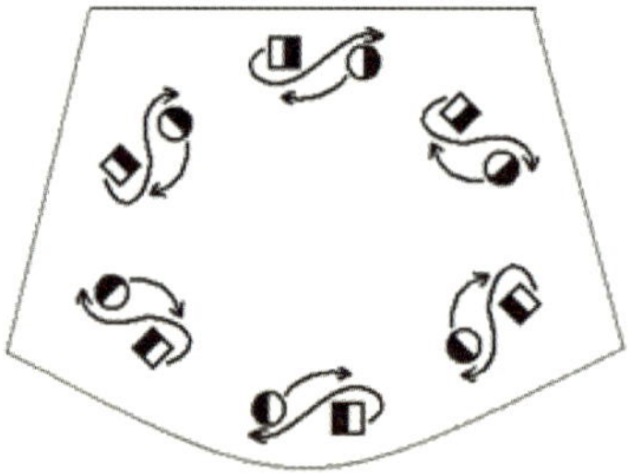

◎ 扎篱笆（1）◎

23. 扎篱笆（2）

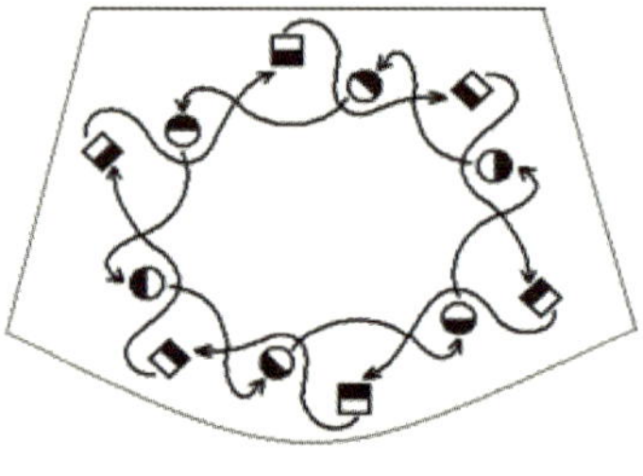

◎ 扎篱笆（2）◎

24. 变位

男女头船扎篱笆到1位，乐队刹鼓全体到5位，按顺序集中面向1位，呈场记图。

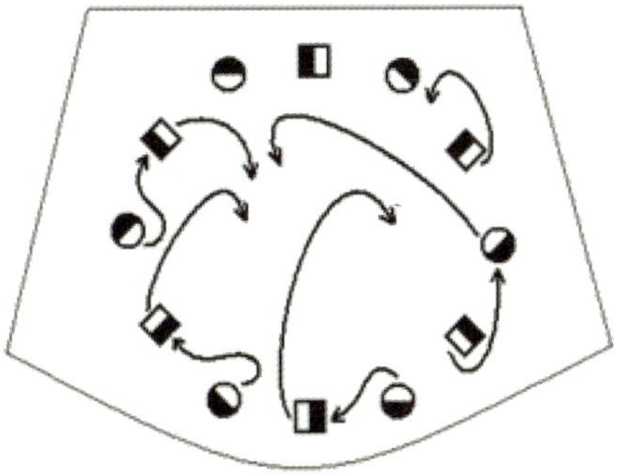

◎ 变位 ◎

25. 串场（3）

乐队奏《回娘家》，4只船一排，三排“之”字形前进到1位。

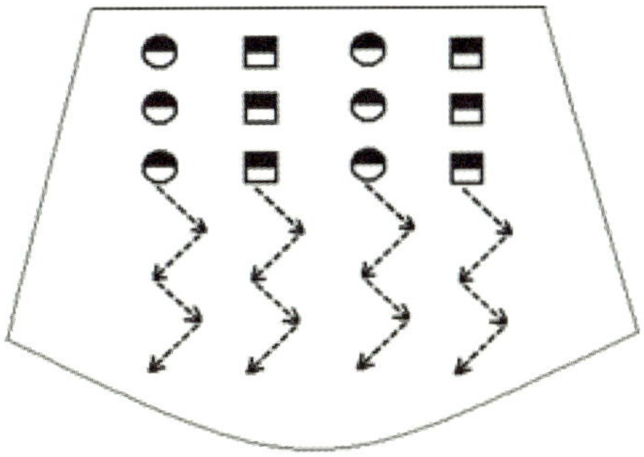

◎ 串场（3）◎

26. 串场（4）

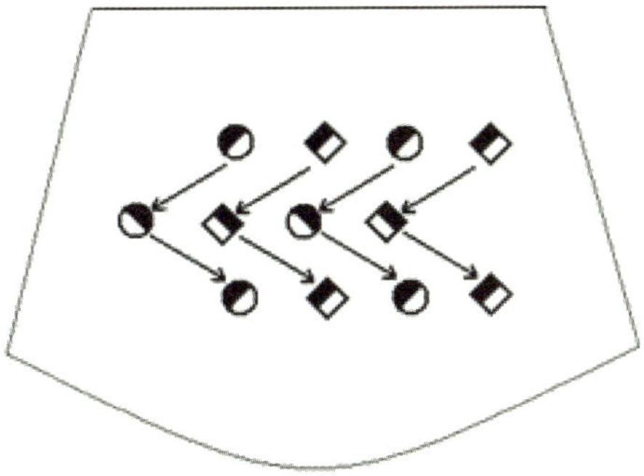

◎ 串场（4）◎

27. 拜四方

《回娘家》最后一小节时中间一排分两组前后站位，全体形成两排站位。

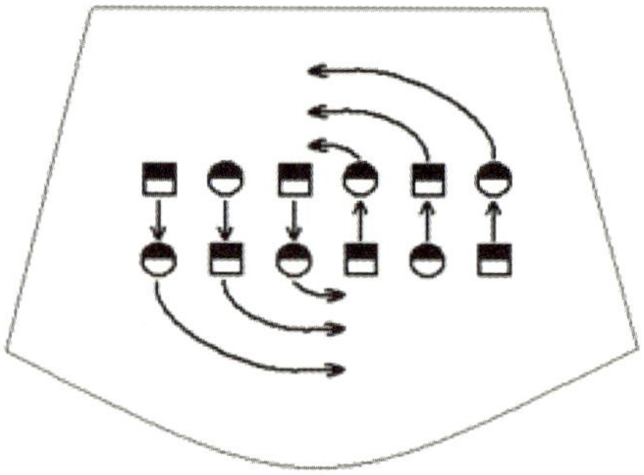

◎ 拜四方 ◎

28. 左右拜船

《京调》第一句，全体碎步后退集中，第二句开始整个排面左转90度，面向7位，拜船。然后退步集中整队，整个排面转体180度，面向3位拜船。动作同上。

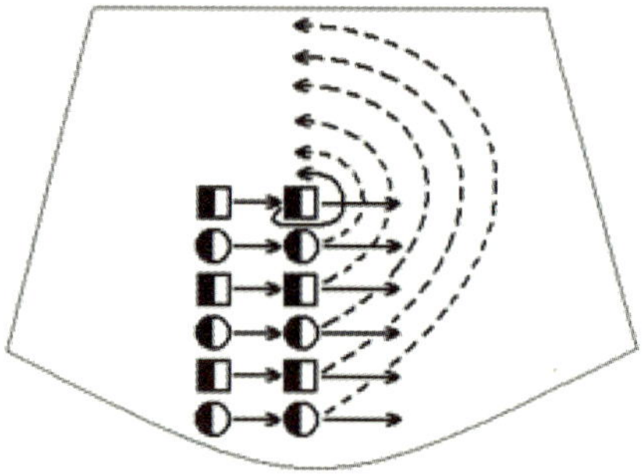

◎ 左右拜船 ◎

29. 串场（5）

接上，乐曲第一句退步集中整队，第二句变换队形。

女：1组站1位，2组站6位。

男：1组站3位，2组站7位。

一次性拜船，乐曲一段结束，动作完成。

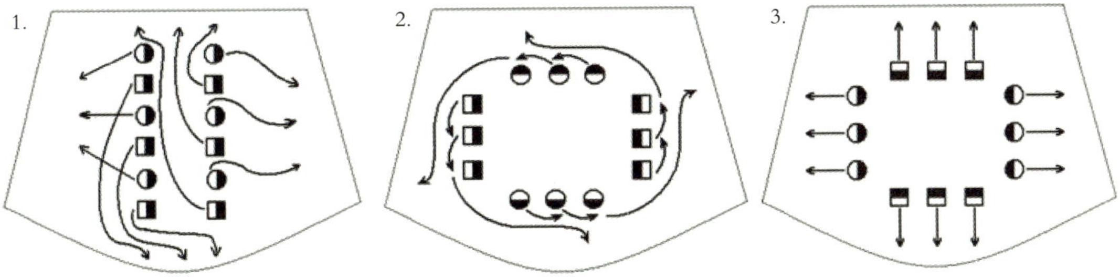

◎ 串场（5）◎

30. 转船（1）

第四次拜船后刹鼓。

音乐奏《将军令》。第一段中间两纵队向右双转，左右两队向左单转，两圈后变位。

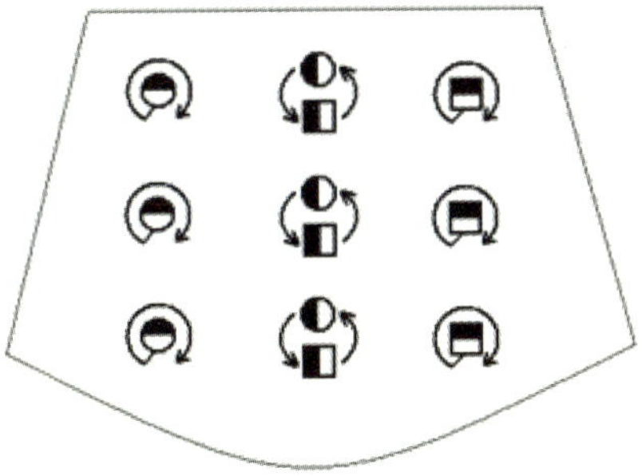

◎ 转船（1）◎

31. 转船（2）

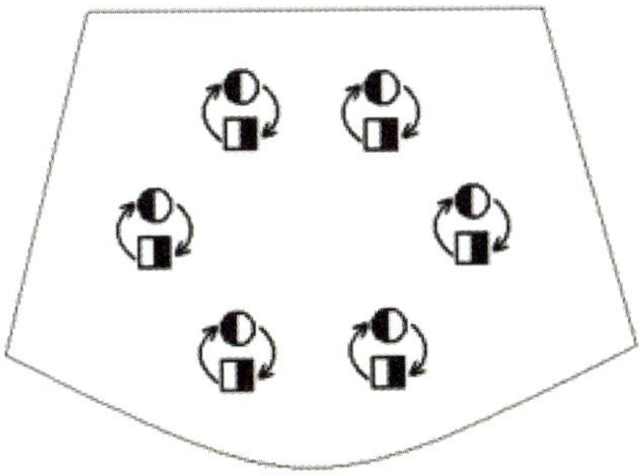

◎ 转船（2）◎

32. 转船（3）

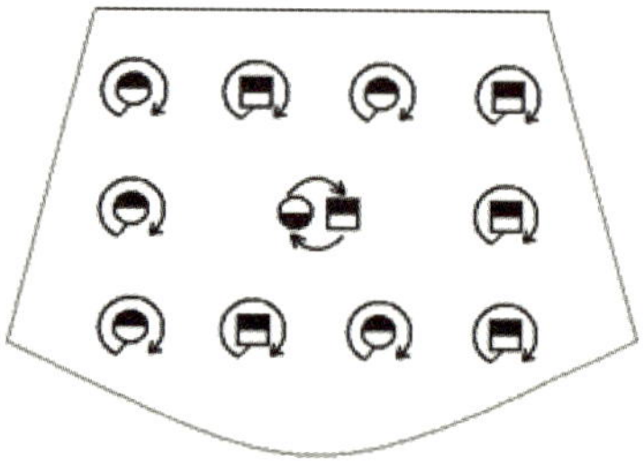

◎ 转船（3）◎

33. 退场（1）

第二段《将军令》开始，在2、8位的领船自转一圈后，从外圈向5位跑圆场，两位领船在5位相遇后，女前男后向3位带船跑一字长蛇阵退场。后面的船顺序到1位亮相后分左右跑场记。

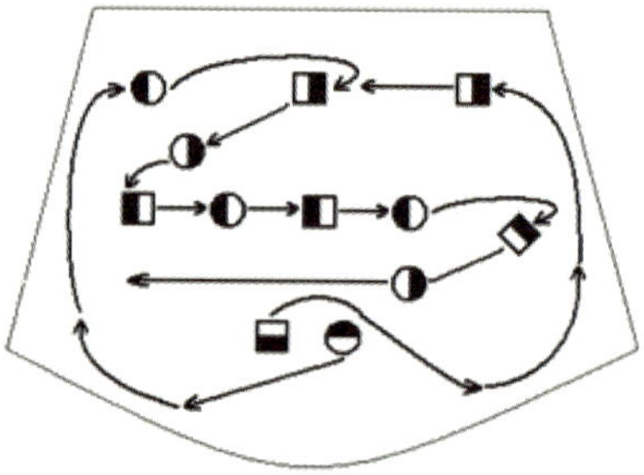

◎ 退场（1）◎

34. 退场（2）

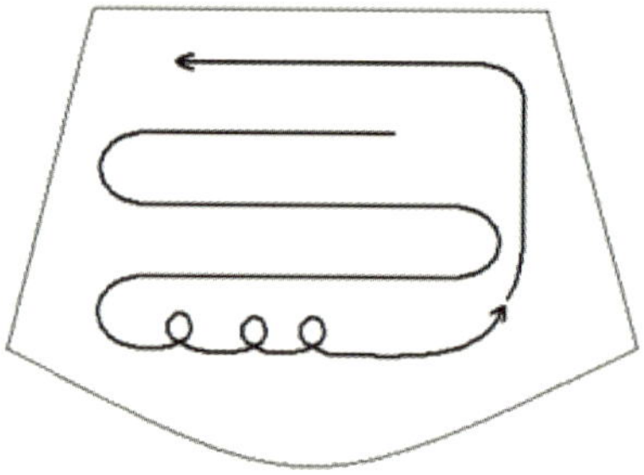

◎ 退场（2）◎

第八节

十八只船的套路

1. 二龙出水 两次

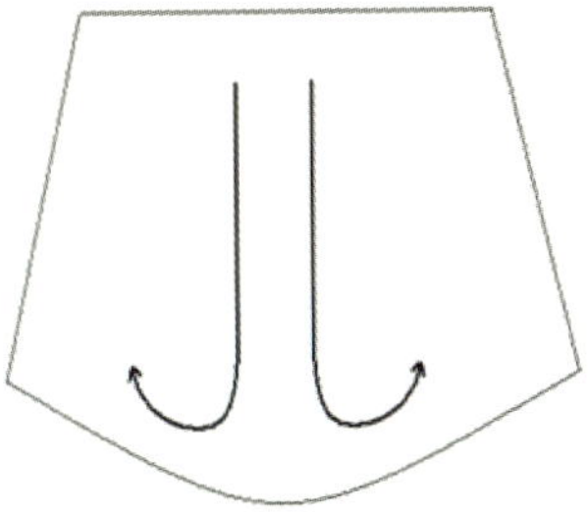

◎ 二龙出水 ◎

2. 双拨吊 两次

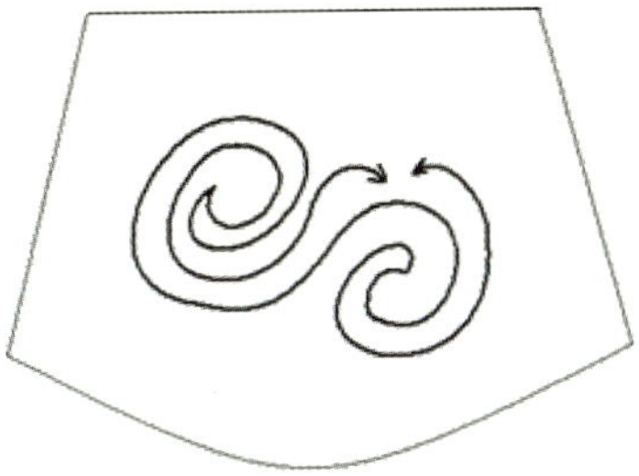

◎ 双拨吊 ◎

3. 上下“8”字插花

三人一组，6组。每排3组做“8”字插花转船。

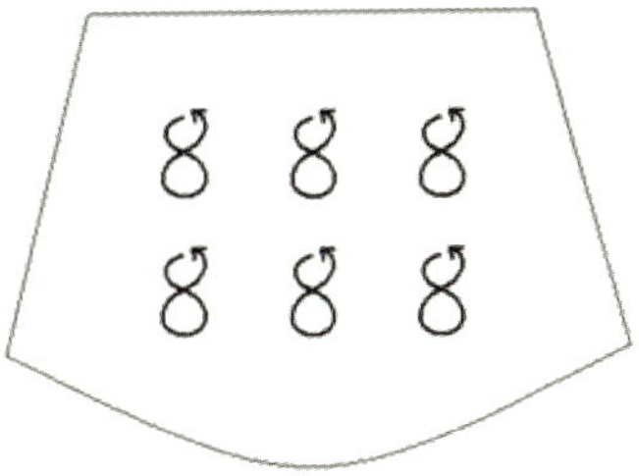

◎ 上下“8”字插花 ◎

4. 三角形涌船

四拍一次

（1）退

（2）自转

（3）三角

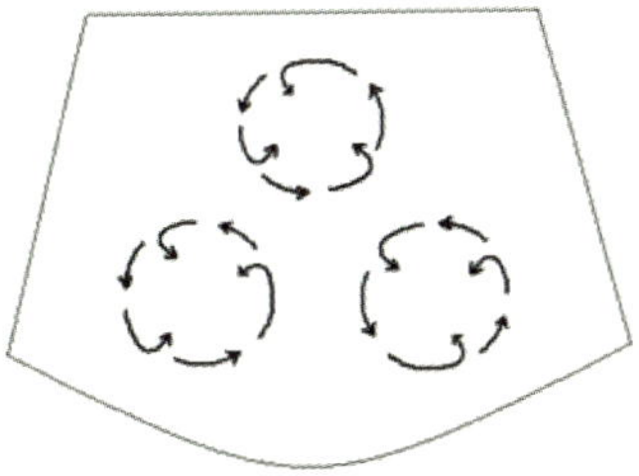

◎ 三角形涌船 ◎

5. 齐头并进

（1）变队形，退到后半场。

（2）向一位前进（走秧歌步）。

（3）晃船，四拍一次，不自转。

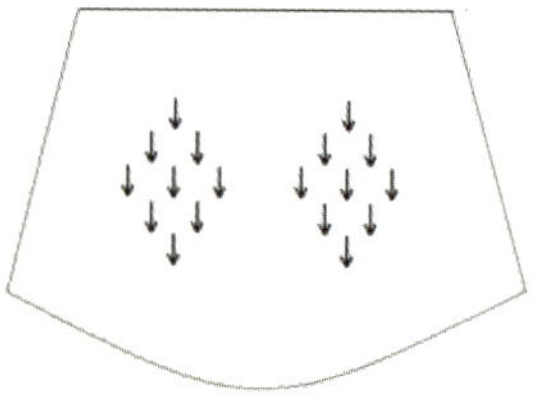

◎ 齐头并进 ◎

6. 五组转船

（1）三角转

刹鼓时全体到位音乐声起，即转船，速度稍快。

（2）“8”字转

刹鼓时全体按顺序站好，面向3位。音乐起做“8”字转船，速度不变。

（3）激流研磨

场记不变，三只船以中间船只为轴，逆时针转三圈后按顺时针转三圈为限。

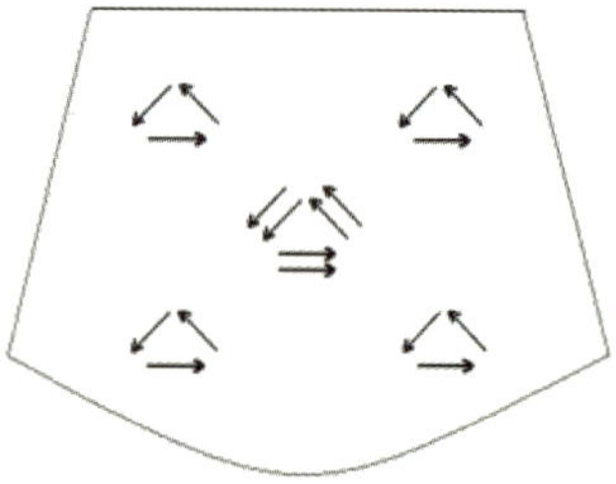

◎ 三角转 ◎

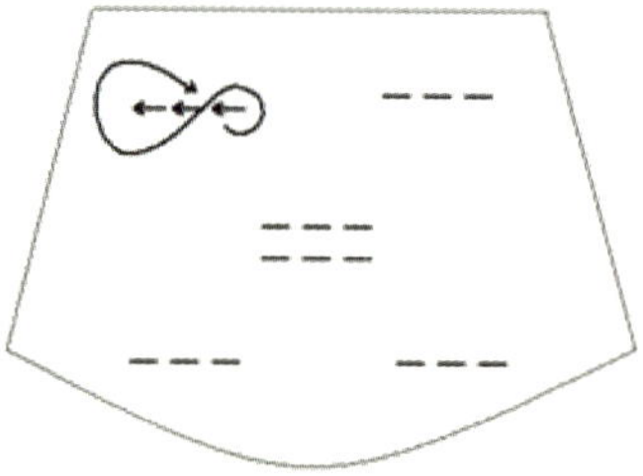

◎ “8”字转 ◎

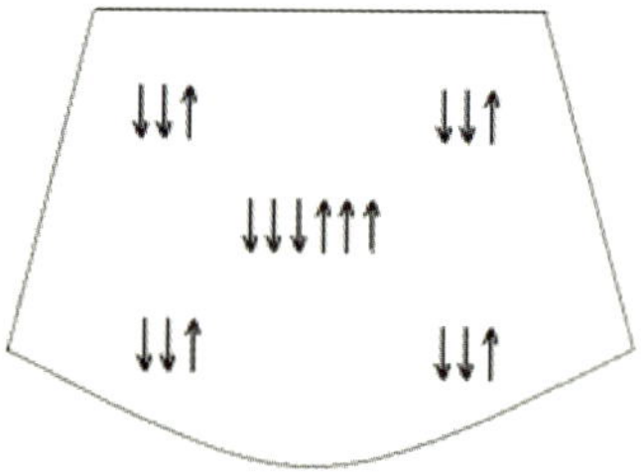

◎ 激流研磨 ◎

7. 对角线穿插

18条船分四组，四个角站位，音乐起，2、6位，先到场中交叉，4、8位原地转船，然后4、8位交叉，2、6位原地转船。

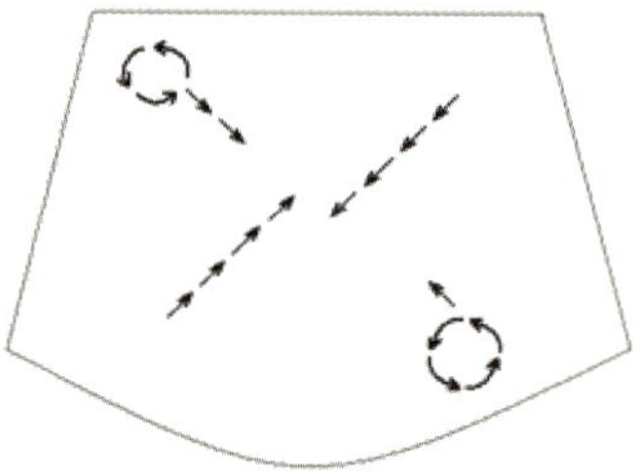

◎ 对角线穿插 ◎

8. 拜四方

分三横排站位，整个船队呈一方阵，原地转位90度给观众拜年。

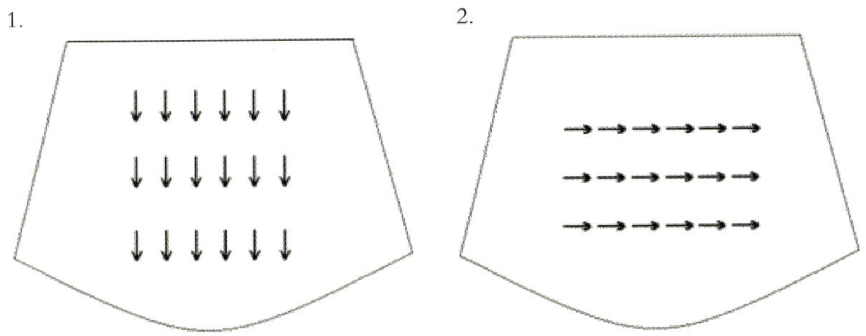

◎ 拜四方 ◎

9. 龙摆尾收场

上下左右交叉后跑原场，在3位由头船带领走场记9，退场，也可跑双摆尾退场。

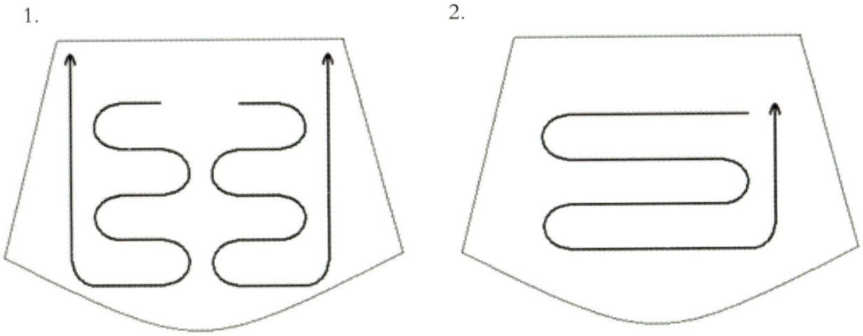

◎ 龙摆尾收场 ◎

第九节

新编快乐的船队

演出前，鼓乐起，奏刹鼓点，旱船队演员驾好船在舞台的6位候场，整理队形，刹鼓后由头船带领，依次出场。

1. “之”字形圆场

唢呐吹奏《将军令》。演员驾船走“水上漂”台步，全体由头船带领逆时针跑圆场，每船出场后，都必须左转180度，与后面的一只船绕一个葫芦，然后依次按“之”字形跑圆场，左前方4步，右前方4步，绕场一周后接下一个场记（本场只在出场时绕一个葫芦）。

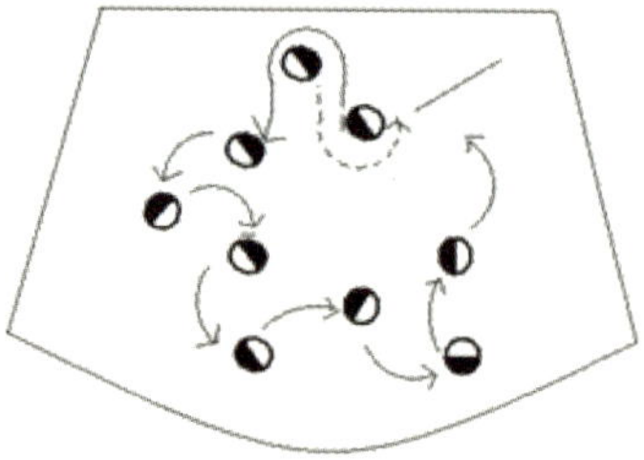

◎“之”字形圆场◎

2. 走“8”字

音乐、时间同上，头船在6位逆时针按场记要求走“8”字位，后边船只依此类推。

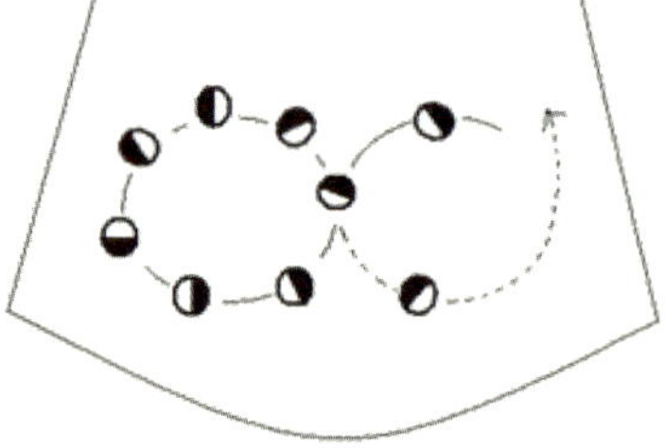

◎走“8”字◎

3. 上下“8”字插花

3组船队各跑一个竖“8”字，船头侧转45度，绕“8”字花，组成群舞中齐头并进、错落有致、上下有序的美丽图案。

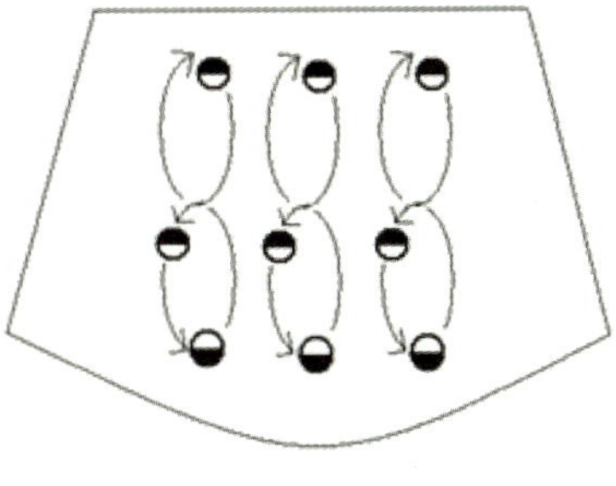

◎ 上下“8”字插花 ◎

4. 斗法海（拉锯）

《八板》2/4拍，16小节，35秒。全体成三纵队面向台口站立，上1位时脚下走秧歌步， 退至5位时，1退左脚，2右脚在左脚前点步，3退左，4退右，上16拍，退16拍，反复1次。

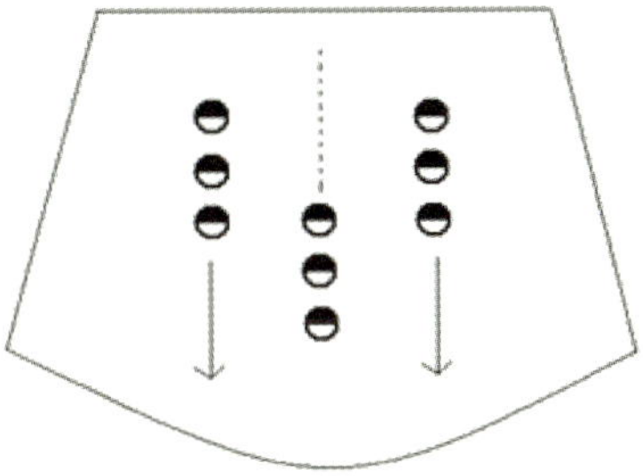

◎ 斗法海（拉锯）◎

5. 左右摆船

音乐同上，后半段38秒，先空出2个小节，3组船走成横竖成行的方阵后，用32拍做摆船动作，1组、3组横步向左前方摆船，2组动作相同，方向相反。

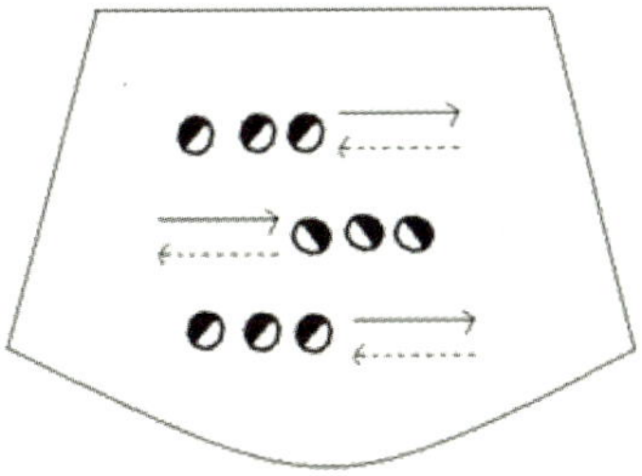

◎ 左右摆船 ◎

6. 一字长蛇接圆场

音乐同上，后半段反复1次，横排1组头船在2位，左转180度，带队走向8位，在8位右转180度到2位，再回转身按圆场跑回出场口中。后边演员依次前进即可。

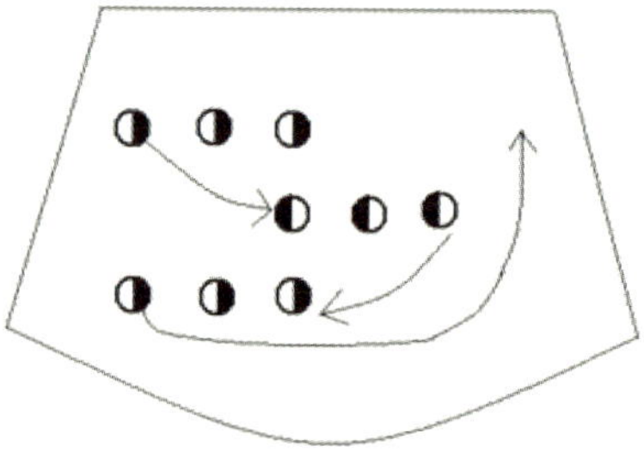

◎ 一字长蛇接圆场 ◎

7. 三角转

音乐《鬼拉腿》2/4拍，30小节，60拍，30秒。1组在中场做三角转，3只船船头对船尾，形成三角形，先逆时针转，16拍后变顺时针转，至曲终。2组、3组在场四周跑圆场，逆时针转，平步4拍（4步），秧歌步4拍（原地）无限反复，至曲终。

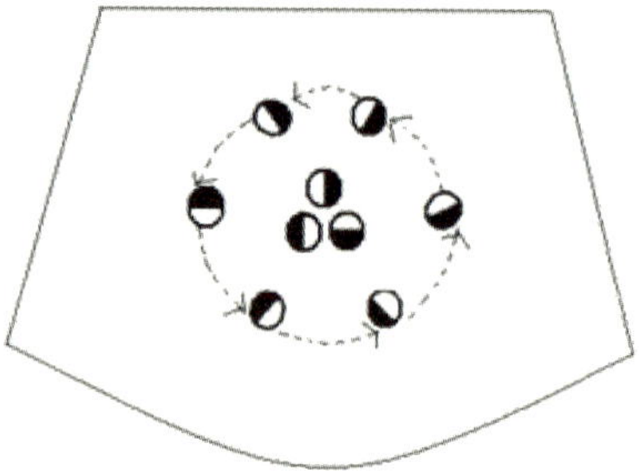

◎ 三角转 ◎

8. 单双转

音乐、时间同上。在音乐结束时4个空拍上，鼓乐奏出“咚八咙咚咚O”时，1组走在3组后面，站在场记图的位置上，2组在台前半场做单双转。

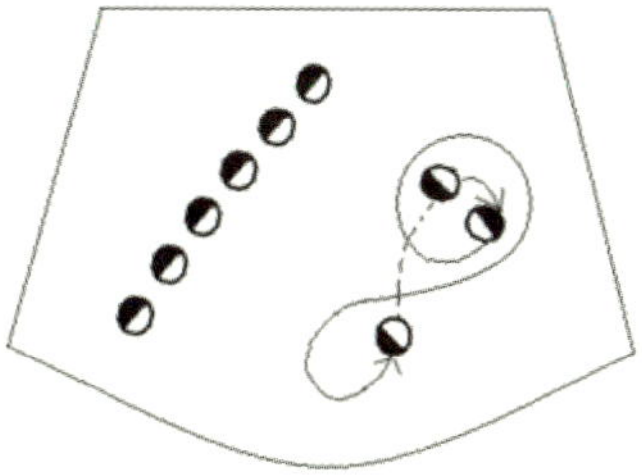

◎ 单双转 ◎

9. 三船并转

音乐、时间同上，间奏时3组在台前做并转动作，以2号为轴，左右一下一上，16拍后变位转。后边6只船8拍晃（秧歌步），8拍轴转（船头对船尾）360度，无限反复至并船结束，刹鼓。

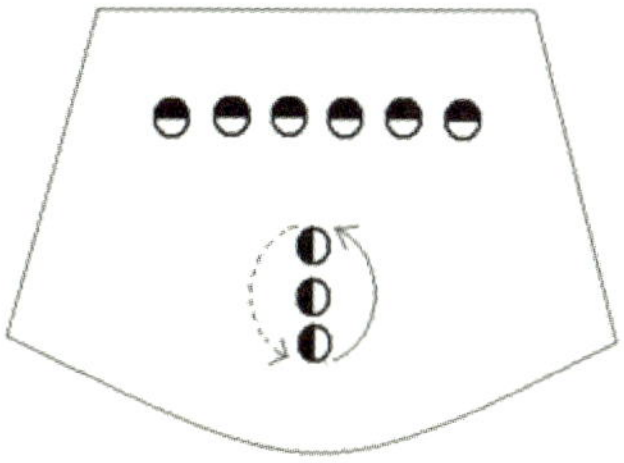

◎ 三船并转 ◎

10. 三组三角转

音乐《娃娃》两遍，单出头，2/4拍，反复一次，并转结束时，3组1号带队从1组、2组之间直插后场（5位），首尾相接，形成转三角，1组、2组从左右两侧到台前两侧转三角，逆时针、顺时针各转一遍，接下场。

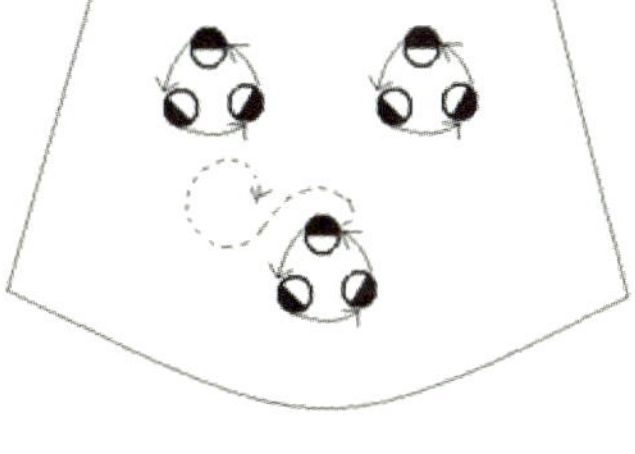

◎ 三组三角转 ◎

11. 全场单双转

音乐《寿星花》，速度减慢，由老唢呐吹奏，各组头船同时向逆时针方向跨出4步后，自转360度，再向前4步于前一组的船只头尾相对转360度，再4步自转，再4步双转，2号与3号先双转，以后动作与1号相同，转至原位转下场至曲终。

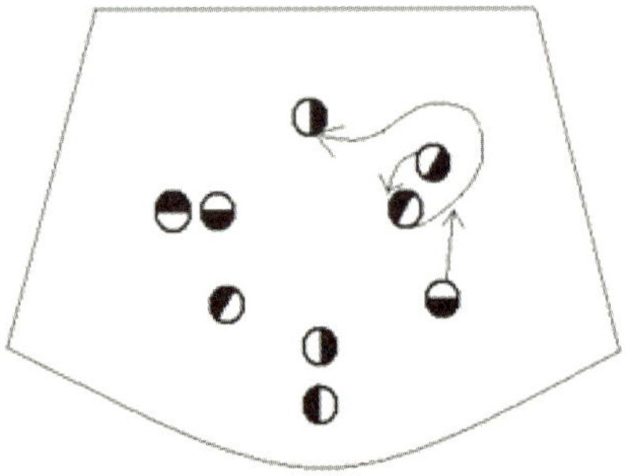

◎ 全场单双转 ◎

12. 激流研磨

音乐《娃娃》两遍，刹鼓点时，3组演员按场记图站位，乐起开始逆时针、顺时针各转一遍。

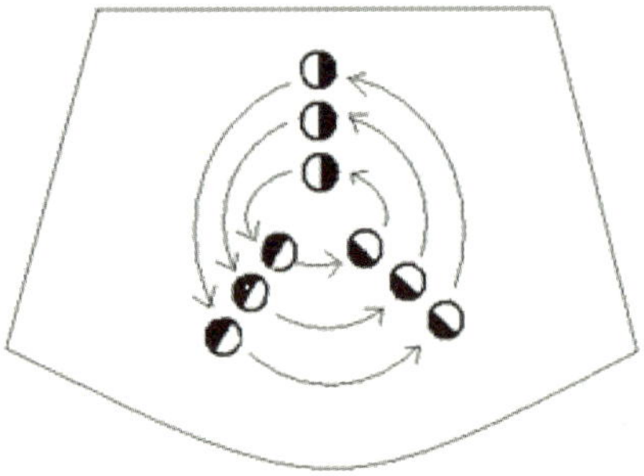

◎ 激流研磨 ◎

13. “8”字大插花

1组逆时针转至2位，以2号为轴看齐后，直接从2组、3组之间插向5位，而后随5组走场记图。3组原地并排向右后轴转270度（为1组穿插腾空场地），等1组从场中穿过后，再并排插向场地2位。2组，乐起时，继续向逆时针方向移动，等3组从场中斜插而过后，从3组后跟随1组跑场记图。

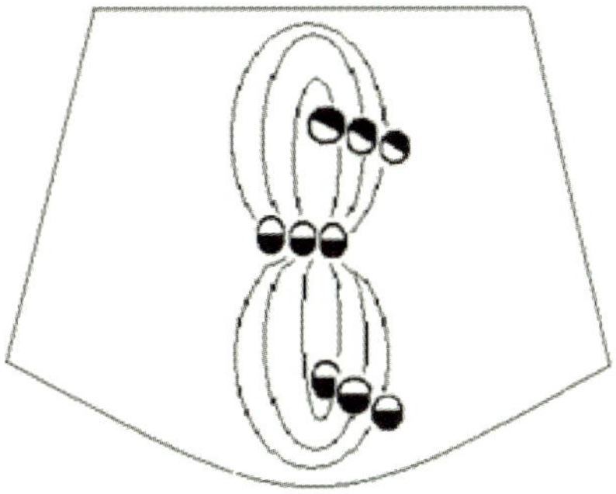

◎“8”字大插花◎

14. 双转涌船

音乐《娃娃》后半段加全曲，44小节，88拍，用时50秒。刹鼓时，每组1、2号从研磨的场记中，左右外转，到外圈做双转，研磨时在最外圈的3号直接从1、2号之间插到内圈涌船（碰船）。然后依次由2、1号到场中涌船。

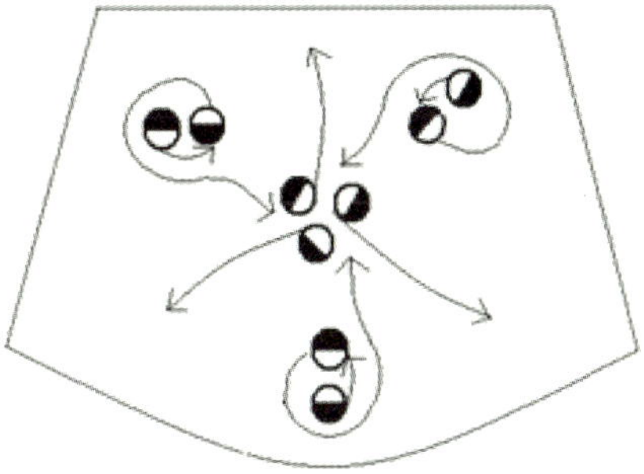

◎双转涌船◎

15. 漂转

音乐同上，速度加快。9只船分成2组，内3逆时针、外6顺时针转，听唢呐曲牌，1遍后，迅速变位，继续漂转。

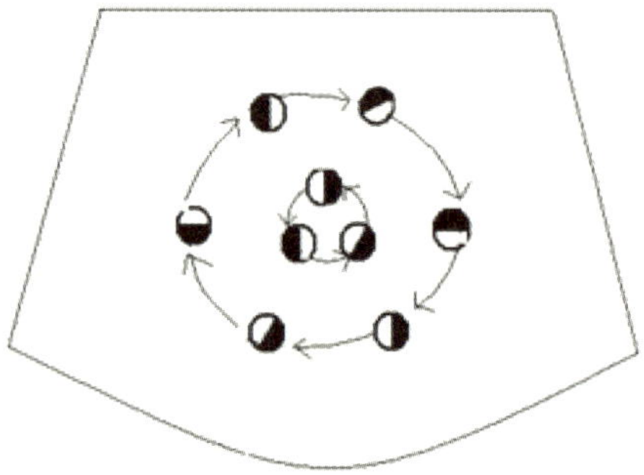

◎ 漂转 ◎

16. “之”字形摆船

漂转结束，全体听音乐，快速至台后横排站好，刹鼓后，9只船分三组呈“之”字形跑船，8拍走一个方位。音乐最后一句，全体呈一横排在场前台站好，准备“拜四方”。

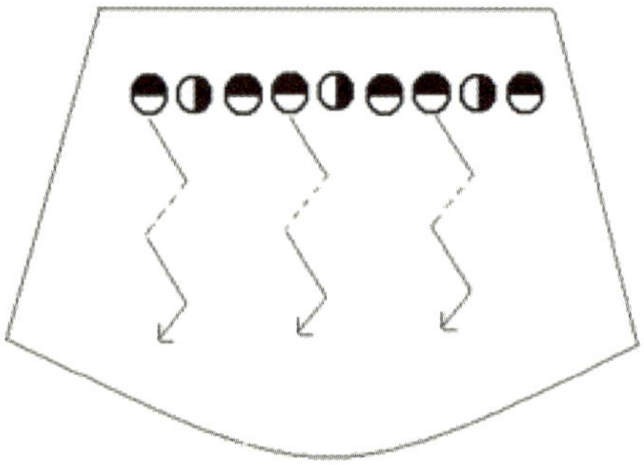

◎“之”字形摆船 ◎

17. 拜四方（1）

音乐同上，全体驾船成一横排，面向1位，乐起以中央船只为轴，左右甩直向前涌船，此处鼓乐要随机应变，每一次船头扬起时，加水镲，以增加整体效果。涌船后，横排面90度周转，9小节完成1个组合（拜1个方位）。5小节整理队形，2小节退步，2小节上步涌船。要求整齐一致、干净利索、落落大方。

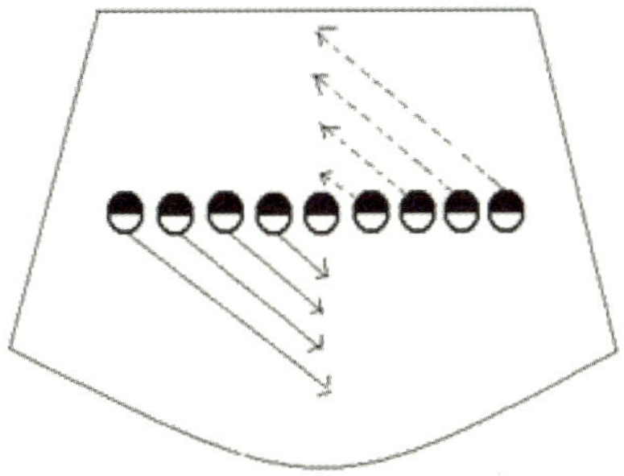

◎ 拜四方（1）◎

18. 拜四方（2）

音乐、动作同上。把队伍站成3×3的方阵。

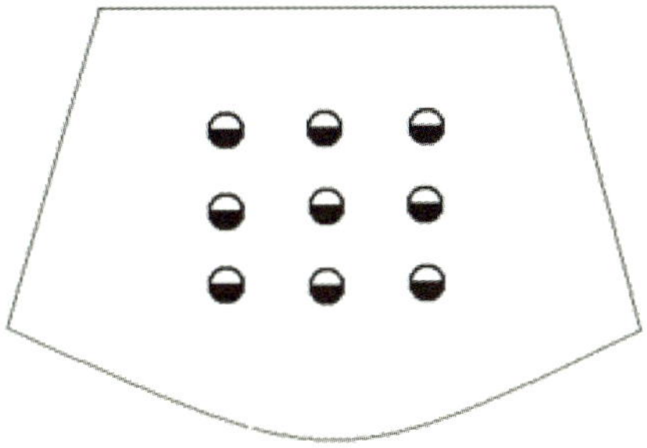

◎ 拜四方（2）◎

19. 龙摆尾（退场1）

音乐《将军令》，用时1分22秒。头船带队走龙摆尾队形后，到4位开始走圆场至8位时自转退场。后面保持队形，坚持自转到终场，乐队刹鼓，演出结束。

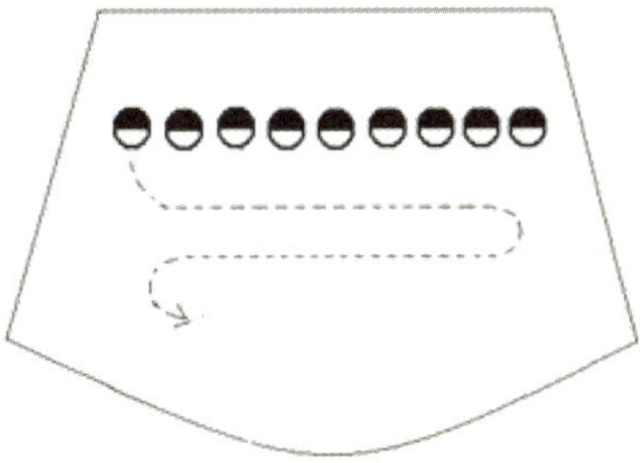

◎ 龙摆尾（退场1）◎

20. 自转加周转（退场2）

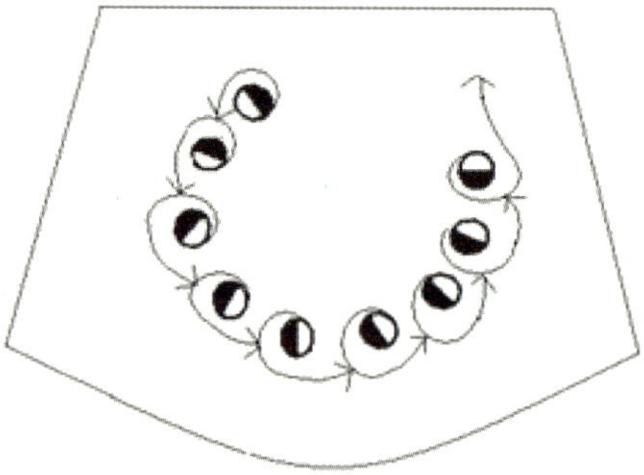

◎ 自转加周转（退场2）◎

第三章

延庆旱船的相关习俗

每年的正月前夕，旱船会的会头就开始筹备运作相关事宜了。各类演出人员、响器、服装、道具、唢呐手等艺人，都要一一确定下来。之后要召集所有参演的人员吃茶，举行一个仪式。在吃茶的时候，一般是打开一包点心，多是飞皮饼子，每人一块。吃了这块点心，就是旱船会里的成员了，一切行动要听从会里的指挥，不得无故不参加旱船表演，所以这块点心又叫“瓷心饼”，相当于演员和会档之间签订了正式的演出协议。

◎ 旱船拨船者 ◎

在旱船起会那天，还必须支上供桌，置办好一套供品（一张桌子摆五路也就是五排供品，中间一路摆放的供品摞起九层高，两边摆放的供品摞起五层高），升一炷香，放炮竹，升黄表。然后所有演员站在一起，打起家伙（鼓、钹、镲）不吹喇叭，由专人在神位前打柳子（民间的一种说唱形式，用以祈福求祥，一方面，希望神灵保佑队员们的安全，在演出中护佑队员不出栽跟头、摔人等意外事件。另一方面，也是为了取悦神灵）。接下来是迎喜神，在正式演出之前，会头格外重视打柳子和迎喜神这两个仪式，据说如果喜神迎不好就爱出事。

正月期间，旱船会就要到各地进行演出了，因此要写拜帖。多在一张16开的红纸上，用毛笔书写“××旱船会同拜”的字样，中央正文部分写上“恭贺新禧”等字样，注明年月日。拜帖多由会头提前送到将要去演出的村庄，意思是告知。旱船即将抵达时，要击鼓传递信息。若村中正有花会表演，要在村边等候，待正在演出的花会出村后再进去。两拨花会碰面，双方都要击打鼓乐，以示礼貌。

到了正月十一、十二，旱船会就要开始踩街了，意思是告知众神灵，让该会档在本年的花会演出中挂上一号。正月十四或十五正式上街，一直到十六方告结束。在过会时，沿途的店铺在门前设桌，摆上茶水、点心，放鞭炮道辛苦，表示慰劳。有的店铺送些烟、糖、点心类实物，有的送现金。送帖的人这时要高声告诉表演艺人，这个“东家”送了什么，然后叫鼓乐继续响起，艺人们再表演一场，表示答谢，而且常常表演绝活儿。

因为旱船表演中有白素贞的形象，所以民间认为玩旱船能够起到风调雨顺的作用。另外，老百姓玩旱船的目的不是为了挣钱，会上的钱绝

◎ 拨船者造型 ◎

对不能私分，因为玩旱船是为了祈福纳祥。但是捏眼儿的老师傅（吹唢呐的艺人）却必须给工钱或是小米，因为吹唢呐的艺人是属于五行八作的手艺人，得花钱雇。

新中国成立前，旱船的各类角色均由男人扮演。新中国成立后，随着时代的进步，人们的思想观念发生了转变，逐渐将男扮女改为女扮女，有的时候也会女扮男装。

第一节 拜庙和谢庙

过去，乡村的基层组织不那么健全，节庆玩花会都靠会头组织。起会时间有的在腊月三十，有的在正月十三，集合的时候或敲钟或人喊。那时的公共场所一般在庙里，没有庙的村，就挑选性情随和并且热心公益事业，而且还有宽房大屋的人家。大家坐在热炕头上商量花会的组织事宜，并提前准备好几盒烟，一人叼一根；准备几包点心，每人吃一块。凡是吃了的、抽了的，就是同意玩，除主要道具和服装由会头准备，其他服装道具就由参与者自己筹备。到了约定的时候，会头或敲钟或打鼓，参与者就得及时装扮好到场，有困难自己找人替，谁误了会档的事儿谁就要负责，这是老辈子约定俗成的规矩，大家都得遵守。民间说："一碗迷魂汤两块打狗饼子，你就算上套儿了。"

起会第一天要拜三官，三官指的是福禄寿三星，天上的这三星是负责世间凡人享福当官挣俸禄和健康长寿的，人们得敬畏，要修庙供奉，所以玩花会更要去拜三官，旱船的第一场要先玩给三官老爷们看。三官庙大村才有，一般小村的农民大多目不识丁，他们不太关心封官晋爵挣俸禄之事，多敬奉关系种地打粮人畜兴旺的神。在延庆，不管大小村差不多都有自己的龙王庙、山神庙、土地庙，春节期间不去拜三官，拜自己信奉的庙也可以，所以也叫拜庙。拜庙时，会头领着扮好装的演员和乐队，摆好三牲祭品香蜡纸马之后，即焚香跪拜祷告。除祈求神灵保佑花会表演顺当，无伤无灾平平安安外，还得保佑来年风调雨顺，种啥收啥五谷丰登六畜兴旺多打粮，让老百姓过个好日子。

有起会就得有结束，正月十六花会结束之后要谢庙，和拜庙的形式相比，这些仪式大同小异。根据村大村小和富裕的程度，每个村有每个村的做法，并没统一要求。比较富裕的大村还要敬三牲祭品，那是整猪整牛整羊，或者是猪头牛头羊头。

◎ 葫芦符号多用作旱船的套路 ◎

在延庆康庄地区，有的村庄还要升树。树是黄纸糊成的方桶，一般是三寸见方尺把高，用毛笔写清所敬神灵及所求事项，里边装满冥纸，会头能通过树的燃烧方向及声响预卜吉凶。小村只是一张纸马、几块点心、两个二踢脚，但祈祷时的虔诚是绝不含糊的。

与此相似的是接天官，天官是一个纸马，在大年三十晚上就提前准备好了。人们在庙宇的当院放一张天地桌，上边放一个量粮食的木斗，里面装满五谷杂粮，上边糊上黄表纸。纸马是由黄表纸叠成的，尺把高三四寸宽，上端成箭头状，上写天地老爷或天地诸神之神位，两边以劈开的高粱秆最上一节夹住，下边留一段成腿状插在斗内。前有糕点香炉，一天早中晚三次焚香祭拜。直到正月十五这天，天官由会头双手虔诚地捧在胸前，领着花会到诸神前，将纸马恭敬地放在神坛上，拈香跪拜祈祷，焚烧纸马，接天官的大礼就算完成了。

新中国成立后，拜庙的少了，形式简化了，“四清”以后好多村的庙都拆了，基本已无拜庙这一说。如今，人们大多已不知拜庙是怎么回事。

第二节

换班子

换班子有两种形式：

一是两个山林、土地、道路、水源等互有交叉，而彼此又互有关照，来往关系密切的村庄之间，为进一步加深感情，就主动给对方送个玩意儿拜个年，对方的玩意儿也尽快回访。两个村子就越走越近了，类似今天的百姓走亲戚或两国领导人互访。另外就是对方曾在某件事情上帮过忙，就送个玩意儿给全村拜个年表示谢意。

二是如果某个村花会玩得好，别的村想看又不便于请，就先到该

◎ 百只旱船组成“2008”字样 ◎

村玩，算是拜年。中国讲究礼尚往来，有来无往非礼也！该村的花会必然也就会回访。双方都高高兴兴地玩，实实在在地招待，互相交换过程中，一般都给烟给点心，个别村里有钱的乐善好施者也给钱，还有的村把演员拉到各户管顿饭。

在这种情况下，家家接闺女请外甥呼朋唤友，为亲朋好友交流增进感情创造了机会。小伙子姑娘们打扮得漂漂亮亮，不放过这么一次展示

自己的机会，曾创造出不少美丽动听的爱情故事，成就了一桩桩美好的姻缘。有不少玩花会的男女，或玩得好，或扮得俏，或唱得美，或跳得彪，被对方看上最后终成眷属的事哪年都有。

在过去的太平年代，有的官员为了表示亲民爱民，会以地方政府的名义组织花会，或组织大规模会演。每到此时，官员们会亲自到场拜三官祭奠，以显示政府亲民、与民同乐，标榜太平盛世。此时对商家来说是商机最好的时刻，也是百姓享受文化大餐的机会，至今一些年纪大的人们仍对过去的会演津津乐道，形容人多热闹的场景就会说：“这家伙！真像正月十五城里玩玩意儿，呜嚷呜嚷的满街筒子人。”

他们说起哪儿的姑娘漂亮，哪儿的小伙子英俊，笑得那样灿烂，对当年的盛况仍记忆犹新。

第三节

串户踩街

正月十六是给村民拜年和踩街的日子。

白天，有一人把事先写好的拜帖送到各户。各户要打扫院子，把影响活动的柴草、粪土、积雪清除掉。届时，管事的带领花会队伍挨着门的一家一家串。

旱船进院后，主人手里或捧一包点心，或拿几盒烟，领着家人站在堂屋门口笑嘻嘻地欢迎。队伍玩一场再打个柳子，说几句拜年的吉利话，主人就递过礼物，这些礼物由一个背着捎马子的人专门收取。

◎ 拨船者（艄公） ◎

但串户也不是家家都串，那些鳏寡孤独、庭院窄小的穷家小户就免了，实在困难拿不出礼物的家庭也不去，或家长早已回避不露面不接帖子的，免得大家尴尬。不管去谁家串户，一般都要事先送拜帖征得各户人家同意。因为有的家庭当时不便接待花会，如新丧、有病人、坐月子、老人忌日等。

拜帖用写春联的红纸做成，多为竖式，以农历标明月日。主人接到拜帖，恭恭敬敬地粘贴在堂屋正墙上，拜帖越多，说明主人越有威望越有面子，家庭殷富礼物丰厚。被外界看得起，是很有脸面的事，一些有心人会把拜帖长期保存。正因为如此，一个家庭如果正月期间没收到一张拜帖，是多少有点儿尴尬的。

踩街就是花会边走边玩，把全村的大街小巷都走到。花会从家门口过时，家人要在门口恭候观看，有钱的大户要摆上桌子，放上茶水烟糖水果，供演员食用。这个时候当儿媳妇的就会出来看，在旧社会做了媳妇，不管外边玩得多么热闹也不能去看，只有花会走到家门口，在婆婆的允许下才能看这么一眼。

晚上，每个家庭必须大门洞开灯笼高悬，有的还在门口站几个人，以示欢迎和尊敬。大家还互相拱手致意，花会过后才摘灯笼关门睡觉，要不然人家就会说这家没人了。大正月里谁愿意听这样的丧气话，何况也是一种礼节呢。

这一晚上大家玩得格外卖力气，节日的欢乐气氛格外浓烈，不管玩的还是看的，都知道得明年才会再有这种场合，谁不珍惜？而且大街小巷灯火辉煌，是农村一年中少有的热闹时节。如果大家有兴趣，二月二还可以玩，那叫“耍蜡头”，又是另一种气氛了。

第四节

打柳子

打柳子又叫打柳儿或打风柳，延庆的所有花会都有这个传统，是延庆民间花会精华和文化的体现。

打柳子的起源有两种说法，有人认为打柳子是来自奉调，也就是嗨嗨腔。也有人认为打柳子是评剧的一个曲牌，好学好唱好听，按照这个曲牌填进拜年的吉利话，再配上热烈的锣鼓点儿，就成了延庆花会的特色柳子。有资料说，柳子是流行于山东、河南、河北一带的柳琴戏，又叫柳子腔，延庆称其为嗨嗨腔，是一个曲牌名，由民间歌舞发展而成。打柳子的形式来自民间，它的特点是顺口好唱，柳子词具有喜庆的韵味。

以上这两种说法都没有定论，但柳子这种形式，语言简练，朗朗上口，曲调优美动听，来自群众来自生活，说的是老百姓的心里话，通俗易懂。有时加上一些乡村俚语，也不乏诙谐幽默，确实增加了民间花会的欢乐喜庆和文化氛围。

为了使柳子更出彩，在入户拜年的头天晚上，一些有文化的年轻人会集中在一起用心编排反复推敲，记在小本子上以备明天拜年时说唱。有的村长年积累形成小册子，犹如过去农村用于写春联的“对子本儿”，被精心保存起来。

唱柳子的要由那些玩得好，打扮俊俏，声音清脆，能说会唱的人担任。柳子不但流传广群众喜闻乐见，也成了花会拜年的“压轴戏”，堪称延庆民间花会的文化精粹。时至今日，大多数花会都少了这一项，很多优美健康的柳子词被人忘却遗失，是民间文化的一大损失。

柳子词形式多样，有的四句，有的六句。打柳子时多是一个人唱，大家以嗨嗨腔附和；也有的是男角唱两句女角唱两句，大家以嗨嗨腔附和；也有的柳子只有一个人唱，其他人很整齐地面向主人站好，以鼓点儿“咚呛、咚呛、呛咯隆咚呛”结束。柳子词是花会团拜时所唱和说的吉祥语，也被称为曲子词，有念白有唱，一般配合鼓点带有诗韵地慢慢道白，然后唱。柳子的曲牌过去多种多样，但曲谱多已流失。

柳子词的创作规律一般如下：柳子词多为四句，上两句为上联，下两句为下联，上下联之间由鼓点隔开；也有两句的，即上句为上联，下句为下联；还有六句的，前两句为上联，中间两句为中联，后两句为下联。联与联之间由鼓点隔开。

为柳子词伴奏的乐器有鼓、钹、锣。演员的动作简单，由一个固定的站立姿势亮相。

从目的上来说，柳子词无外乎是说些吉祥喜庆的话语，一来是博得主人的欢心，期望多得些礼品；二来是营造喜庆祥和的节日氛围，把春节的浓浓暖意推向一个高潮。从内容上来说，柳子词要表达得十分丰富多彩。其中，有说唱给商铺的、有说唱给人家的，有说唱于庙宇的、有说唱于交通工具的，其驳杂的内容，也反映了百姓信仰的丰富。柳子词是民间花会的一种文化现象，各地区虽有较大的区别，却反映了同一个目的，给人唱是娱人的，给神唱则是娱神的。

下面的柳子词，没做任何修改，基本保持原样。因讲述者大多是靠口口相传，在转述过程中有可能发生音、义方面的变化，所以文字记载也不一定准确，也许并非是原话原意。而且有些内容可能俗一些，文化味儿也不太浓，韵律也不太讲究，却是一种原汁原味儿的民间文化。

拜龙王庙用：

一进门来用目观，龙王老爷在上边。

五龙圣母上边坐，风调雨顺保平安。

正月十五庙门开，悬灯结彩挂起来。

五龙圣母上边坐，风调雨顺百花开。

拜山神土地庙用：

一进门来四下望，山神土地五道堂。

左拴虎来右拴狼，六畜兴旺多打粮。

接天官用：

天官赐福进门来，又添人口又进财。

人口添得年年旺，财宝添得月月来。

赞美村子用：

南山头上一清泉，清泉之水香又甜。

村人喝了泉中水，富贵荣华万万年。

天上黄河九道弯，弯弯地里有果园。

果子结得红又大，又有酸来又有甜。

北房盖得遮北斗，南房盖得遮太阳。

松柏木的椽子檩，走马门楼影壁墙。

拜见商户用：

一进门来用目观，财神老爷坐上边。

一年四季发大财，日子过得平平安。

一进门来用目看，金银财宝堆成山。

当院有棵摇钱树，屋里有个聚宝盆。

摇钱树上拴金马，聚宝盆上站金人。

有老头儿的家庭用：

一进门来三鞠躬，炕上坐着一老翁。

福如东海长流水，寿比南山不老松。

由于各家各户的情况不同，唱柳子要看准对象。家里只有老太太，却唱成财神爷或老翁，或只有两间小土棚，家境清贫缺妻少子，唱了那么多夸富的词，就出笑话了，人家也不爱听。遇见刚娶新媳妇的，刚添小孩儿的，刚添了大牲口或买车马的，就要相应地变换柳子词。有的家庭没有什么特色，也唱些无关紧要的，唱个典故或顺口溜逗个乐子也行。

比如，“扬子江心一朵莲，莲花开得大又鲜，有心上去采一朵，水也深来河也宽，倒不如攒下钱来买上一条大船，来往乐无边。”又如，“黑脸好汉数李逵，拆桥断路猛张飞，侠而无私包文正，赤膊上阵是典韦。”说说古代名人壮壮气，这样的柳子词也可以用。

唱柳子的人缘儿好，主人家随和大度，平时也有玩笑，确实没有忌讳和过节。也有借柳子起个哄取个乐子博大家一笑的，如：“一进门大南屋，里边住着李宝珠。一年四季哼哼叫，光打圈子不下猪。”打圈子是土话，就是让公猪和母猪交配。这样的玩笑虽不大雅观，但在农村来说还是可以接受的，绝不会翻脸生气。

第五节

攒吃食

旧社会农村的基层组织不健全，即使有村头或社头，主要也是派捐催税摊丁纳银，公益性的社会活动很少管，群众自发组织的“会”就成了重要的民间办事组织。有的村“会”是长年存在的，节日过后收存保管锣鼓服装，寒食清明祭祀求雨，防火御盗修碾淘井，甚至兄弟分家婆媳拌嘴，买卖中保红白喜事，都得请“会”上的人参与。会上的人大都能说会道办事公正，在老百姓当中有一定威信。有的村，会上还有少量的土地，自己不种租出去，收的租金就是公益活动的经费。

“会”的支出很多，如添置更新锣鼓响器，购买化妆品和道具，一些贵重的物品都要会上筹备。另外，接待外村来访的花会，采购香蜡纸马祭拜用品，购买书写拜帖的用具，起会的烟糖茶水等，都是支出。正因为会头有威信，衫子彩裤简单头饰都是摊派或演员自筹，玩完了谁买的谁拿回家，彩裤做褥面或门帘儿，大衫照样做被子。

玩花会的人没有报酬，一般每晚管一顿饭。起会后，会头派人到各家去攒馍馍、豆腐、白菜、粉条，也有给米面的，很少有给钱的。东西是好赖不嫌多少不拘，会头把这些东西凑在一起，找个放心的人家去做。这家人当然也是白给做没有报酬，有时还要垫柴草垫米面油盐咸菜，说的是管吃饱不管吃好。

外村花会来拜年有时也管一顿饭，会头就按家庭情况，谁家稍富裕屋子大点儿女人利索点儿，就派他管几个人的饭。大家一般都能愉快接受，饭食也就是馍馍、饸饹、米饭、炖大菜。所以在延庆很多地方流传着这样的歌谣：“儿子们蹦跶吧，蹦跶饿了吃饸饹，饸饹不够有馍馍，杂烩菜随便括（“括”为延庆方言，用筷子夹或用勺子舀的意思）。”每到正月玩花会时，孩子们就随着唢呐的调子，在圈外跑着跳着唱这首歌谣。

等到谢完庙花会结束，会头把拜年收到的烟糖点心分给大家，把收到的少量现金留下来明年添置物件。有的村特别困难，收到的烟糖点心不舍得分，都折价卖出去，就能再添几件服装或买些化妆品，即便如此，村里人也不计较，可见过去人们对花会的热心程度。

第六节

旱船的活动空间

早年跑旱船只是在传统节日、民间社火走会时表演。清朝的时候，便有艺人三三两两组成小班子，跑码头、赶庙会去演出挣钱，后来还发展成走街串巷的撂地演出。20世纪20年代，京剧也把跑旱船的形式搬上舞台，名叫《荡湖船》，曾经风靡一时。后因唱词有涉淫秽，一度被明令禁演。在民间，旱船主要在以下场合进行演出。

一、庙会期间

庙会亦称庙市，是我国古代的集市形式之一。庙会的时间、地点约定成俗，一般在寺庙节日或农闲季节规定的日期举行，多设在兴旺的寺庙内，故称“庙会”。我国不少地方的农民崇尚赶庙会。俗话说：“人要上会场，牛要上集场。”这里的“会”就是指“庙会”。旧时，会期一到，周围的农民，甚至邻近数县市的信徒、小贩、工匠等，都背篓肩担、携子带妻，或到庙会烧香拜佛求神问卦，或买卖东西，或尽情玩一玩。

规模大的庙会，就要搭台唱戏酬神。但基本上所有的庙会，都有跑旱船、耍狮子等民间文化活动，不只为了凑热闹给人看，最主要的还是娱神给神瞧。神仙一高兴，所求的什么事儿就容易应验了。而老百姓则要穿戴一新如同过年，否则是对神灵的不尊。

二、迎春社火期间

清代的《延庆州志》记载，立春前一天，当地官员要率领乡民们一同到东郊迎春。届时，各色行户都要营造彩楼，扮演故事。县官不但督派、委任乡民的基层组织整备迎春仪式的用具，还要选择优人、戏子、小妓等扮演故事，扮演故事的演出就是社火。旱船就包含在内，演绎着

◎ 参加正月十五花会展演的旱船 ◎

《白蛇传》的故事。

各类故事形态各异、争奇斗艳。社火队伍走在最前面，“春牛”紧跟其后，男女老幼各色乡民杂处其间，填街塞巷。迎春队伍当中，最惹人瞩目的是社火，他们到官署当中听候调遣，随当地官员在东郊迎春、祭祀句芒。可以想见，在迎春仪式当中，社火节目随处可见，甚至是必不可少的。

三、灯节社火期间

上元节，百姓公开选举一个人做灯官，灯官冠带袍服，选择良辰吉日到任。乡镇间的各类铺户都要准备贺礼，作为灯节的开支。从正月十四到十六晚为止，县城及各堡大多修建灯场，或作“九曲黄河灯”，或作“混元一气灯”。当地民众无论男女老幼，都要在其中串游，称为“走百病”。

灯场开灯后，锣鼓之声四起，表演者沿街舞唱，百姓到处围观。对于老百姓来说，这一天绝对是自由的，是一年之中最快乐的时候。这一天晚上，乡村各家各户也是张灯结彩，乡民扮演杂剧燃放烟火，只是不像城里那么盛大罢了。

四、重大节日期间

旱船表演普遍流传于中国北方地区，活动的时间都集中在农历新年至元宵节这段时间。虽然在庙会等活动上，也会出现旱船的演出，但从声势、规模、重视程度、严谨态度等方面来看，都无法与国庆节等时段的展演相提并论。

1984年，延庆旱船参加了新中国成立35周年国庆大典活动。近80只旱船的庞大规模史无前例，为期数个月的高强度排练无可比拟。通过参加这一活动，延庆旱船的名气大增，成为我国北方地区旱船的突出代表。

五、民族文化交流期间

旱船是中国民间特有的文化品类，也是汉民族最重要的文化内容之

◎ 百只旱船彩排盛况 ◎

一，具有较强的民族性和地域性，是展示中国传统文化、展示汉民族文化风格的重要载体，也是对外进行文化交流和展示的重要方式。

通过各种对外交流平台，不仅展示了旱船的舞蹈魅力，更重要的是在传播一种文化。通过这一形式，达到感染人、教化人的目的，把中国的、民族的文化传播出去，使我们的民族文化不仅仅停留在民间，而是凭借原汁原味的中国特色实现对外交流。

延庆旱船曾代表中国文化，参加过中日邦交正常化十周年的中日民间文化交流活动；参加过第九届《财富》全球论坛的民族文化展演；在第三届沈阳国际秧歌节国际民间舞蹈邀请赛中荣获过银玫瑰奖。

第七节

“闹”的节日

“儿子们，你蹦跶吧，蹦跶饿了吃饸饹，蹦跶饿了吃饸饹。饸饹不够有馍馍，馍馍不够有饸饹。”这是延庆百姓在传统音乐曲牌中的填词。唱词通过长辈对晚辈的说教，展示了百姓在节庆期间的幽默，更重要的是展现了民间花会“闹”的特色。“闹”是民间花会的根基，失去“闹”的成分，民间花会也就失去了“韵味”。在历史上，民间花会属于民众文化，是社会最“底层文化”和“草根文化”，但不可否认的是，原始的民间花会是所有舞蹈艺术最坚实的基础，是所有舞蹈艺术最为重要的组成部分。

在以儒家文化为统治基础的旧中国，老百姓受正统道德观念压制由来已久，借节庆仪式对其本性进行释放和宣泄，成为一种十分独特的形式。这种对诙谐、无序的追求，看似与传统道德异常矛盾，却被统治阶级广泛认同，因为“闹”所释放出的氛围，是对传统道德压制的瞬间抗争，对于统治阶层来说却无关大局。“闹”虽然展现了老百姓的无法无天，表达了对社会主流官商儒的嘲弄，但是这种该被“诛杀”的颠覆性“闹腾”仅停留在潜意识层面，是假象的、虚拟的、不可实现的、随时可以被铲灭的，因为老百姓自己也不相信这一切会成为现实。民间花会是老百姓的表演，包含了很多粗俗、质朴、天然的特质，同时又掺杂着怪诞、色情、挑逗的成分，这就构成了“闹”的要素。

花会反映了中国传统的文化印记，突出了节庆表演中“民众喧阗，夜行不禁”的特点，这本身即是一种“闹”。但因其具有“盖有乡傩之微意焉”的意思，便与仪式中的各种神有了关系，这些庞杂的神居然令统治阶级包容并被其利用，渗入了许多歌功颂德、粉饰太平的内容。演的不仅有封建历史中的王侯将相、才子佳人，更多的是含有神话色彩的各类故事。再经人们的随意发挥，将市侩的人物、词调融入其中，演

◎ 延庆镇米家堡一只船 ◎

员的姿势也是耸肩闪腰非常暧昧，内容说是爱情，但更多的是调情。正如人们所说，演员们“相互调戏，男女狂欢，实在形恶”。“闹”出格了，当然会有人站出来说话，这对于只是“形恶”的民间花会来说，确实有些让人看不惯。

尽管是“闹”，但“闹”有“闹”的规矩。历史上不管谁家姑娘，只要上了场，家长就不能叫她回去，否则就败了大家的兴。新中国成立前按照老传统，姑娘是不能“胡闹”的，但没了姑娘又“闹”不起来，因此有了男扮女装，实在没有合适的男扮女装，就找个娼妓来代替，毕竟娼妓是个女的，她“闹”起来也没人去管。因为参加花会是与“天”同乐，一旦选择参与就不能中途退出，否则就会被认为是不齿的行径。

正月十五期间灯官的地位很高，他可带领花会队伍狂“闹”，俨然成了“闹”的带头人。“闹”的灯官一般都不是本地人扮演，是会首花钱雇用外地讨饭之人充数，“闹”完了就走人，毕竟得罪了县官不是一件小事。再者也不是年年都闹，政绩比较好的县官没有人闹；政绩差、为人又不好的县官，就往往会被老百姓利用扮灯官这种娱乐形式狠狠地闹一回出出气。因为是民间杂耍，灯官是在“演戏”，县官也奈何不得。

这种形式，有些像现代的讽刺小品，以事实为依据，以解恨为目的，被广大百姓津津乐道。这是老百姓利用“戏剧情境”以假充真，半“闹”半“真”的一种“玩法”，起不了太大作用。毕竟活动结束之后，扮灯官的还是官老爷脚底下踩着的老百姓，官老爷还是阳光大道随意走。

旱船表演具有浓郁的戏剧性，其戏剧性体现在角色行当、男扮女装等方面。这样的内容成为活跃气氛、凝聚人气的重要形式，也成为中国传统社会文化的印记，为平民百姓所喜闻乐见。因为民间对年节的看重是超出人们想象的，无论贫富，都会沉浸于“闹”的情趣里，便形成了中国式的狂欢。

第八节

花会的禁演

民间花会具有其自身的随意性，其活动形式具有广泛的民俗性，其表演内容纷杂，因此又具有融合性。所以，民间花会作为平民的活动，在百花齐放的同时，不可避免地杂糅了俗陋的民间百事。

由于历史原因、文化根基、俗信差异等各方面因素，宗教迷信色彩常常杂糅在民间花会活动当中。凡此种种使得民间花会被视为文化的“雕虫小技”，或艺术的“旁门左道”，既上不了所谓的正史，就连野史杂记也少有记载。这种状态的存在有其客观因素，但最主要的还是其随意性和民众性等特征，为统治阶层所排斥。因此在中国历史上，形成了民间花会活动被统治者多次禁止的情形。

例如光绪年间的《牧令经验方》里写道：“……无非淫词亵语，为私奔、私约者曲绘情欲。寡妇、处女入耳变心，童男亦凿伤元真，与风俗人心大有关系。”或曰：“寡廉鲜耻、游手好闲之人，装扮男女，沿村走街混唱，老少男女若狂，趋走观听，最为可恶。”

从以上叙述可以看出，有人把花会表演看成伤风败俗之事，把花会的参与者视为寡廉鲜耻之徒。

花会在民间的表演包括了很多粗朴、天然的特质，掺杂着怪诞、色情与挑逗的反伦理成分，这其中不乏狂欢与胡闹，但这一切都与风俗人心大有关系。

◎ 自由街三只船老艺人 ◎

早在民间艺术十分兴

盛的唐代，朝廷就颁布过禁止民间乐舞的命令。唐玄宗李隆基是历史上著名的能歌善舞喜欢作乐的风流皇帝，他甚至还亲自参与创作歌舞乐，并且豢养了大批歌舞伎。但就是这个李隆基，在其大力发展宫廷乐舞的同时，却屡屡下令禁止民间散乐的演出。开元二年（714年）颁发的禁令中，朝廷称民间乐舞百戏“伤风害政，莫斯为甚，既违令式，尤宜禁断”。同年十月又有“散乐巡村，特宜禁断”的命令，招请艺人表演的主人和村正要挨打，艺人被罚重役。

宋代政和二年（1112年）兵部侍郎刘焕奏请，易去倡优淫哇之声（即民间散乐百戏）。政和三年（1113年）朝廷下令，旧来淫哇之声，如打断、哨笛、呀鼓、十般舞、小鼓腔、小笛之类与其曲名，悉行禁止，违者与听者悉坐罪。这样一来，演员与观众都成了罪人。何谓淫哇之声？在古代士人看来，淫哇之声乃淫邪之声，并多指乐曲诗歌。《文选》中有：“目惑玄黄，耳务淫哇”之句。李轨曰：“哇，邪也。”东晋葛洪《抱朴子・擢才》中有：“不为不御而息唱，以竞显于淫哇。”宋代叶适《哀巩仲至》诗云：“离离三千首，雅正排淫哇。”清代李渔《蜃中楼・怒遣》有：“忽听淫哇，好教我裂眦攒眉砺齿牙。”可见“淫哇之声”并非好词，在统治阶层看来理应禁止。

到了元明清三代，官府禁止与摧毁民间艺术的命令，更是层出不穷。仅以严禁民间歌舞小戏和民间歌舞为例，据《榕村语录》载：“太祖于街中立高楼，令卒侦望其上，闻有弦管饮博者，即缚至倒悬楼上，饮水三日而死。”清代康熙十年（1671年）以后，曾经多次颁布禁止花会游唱的法令，如有收留花会艺人的就要挨打受罚。《新示杂抄》载，康熙五十七年（1718年），江苏颁布禁《秧歌》《龙灯》的法令：“时逢岁旦，节庆元宵，唱秧歌，舞把戏……跳傀儡，驾龙灯……亟须查究，以靖地方。”道光十五年（1835年）有禁演高跷的命令，道光三十年（1850年）又有逮捕、逼害花会艺人刘十的事。

《燕京岁时记》有地方官禁止“走会”的记载：“过会（走会）者，乃京师游手，扮作开路、中幡、扛箱官儿、五虎棍、跨鼓（一作胯鼓）、花钹、高跷、秧歌、什不闲、耍坛子、耍狮子之类，如遇城隍出巡，及各庙会等，随地演唱，观者如堵，最易生事，如遇金吾之贤者，则出示禁之。”

同时，各代朝廷对民间艺术的严酷禁止，也遭到人民群众的强烈反抗。据历史记载，清代因海疆不宁，官吏出告示，禁止民间走会，而老百姓不顾官府禁令，仍积极筹备游行表演各种民间技艺。正当准备出行时，官府又下了一道禁令，众人苦苦请求，要县官撤回禁令。县令不从，于是群情激愤，拆了官署大堂，并放火焚烧，气势汹汹不可阻挡。县令被迫采取变通办法，群众方才散去，但事后官府却把王、曹两个为首的人抓来杀了。

《大清文宗显皇帝圣训》卷十一记载：咸丰二年（1852年），内阁御史伦惠上奏说，北京西郊的妙峰山每年夏秋两季烧香的人非常多，有些无赖之徒装演杂剧，称为“走会”，请求严禁。按照传统礼仪，乡民春秋报赛、拜庙烧香，是不应该明令禁止的。但是恰如伦惠所说，有些无赖之徒以走会为名装演杂剧，导致男女混淆，确实有伤风化。因此在壬子正月辛巳，咸丰帝下令，命步军统领衙门、顺天府及西北城各御史，先期出示布告，如果此后再碰上这些无赖之徒，一定严惩决不姑息。但咸丰皇帝的这个命令似乎并没有奏效，因为在整个清末，社会上的庙会与走会表演一直都非常兴盛。不过伦惠所述也是实情，不仅在清代，历史上其他时期地痞流氓、无赖之徒参与花会活动，并借机勒索敛财的事情不在少数。

以上可以看出，封建统治阶级禁止民间花会的方式多样，手段层出不穷，为此可以打人可以杀人。但封建统治阶级为何如此仇恨民间艺术，横加摧残和禁止呢？因为民间花会的组织，尤其是大型走会或过会的表演是要聚众的，而老百姓聚众就有可能造反。统治者最害怕的就是造反，一看到老百姓自发地聚众，他们就慌了神，害怕人民对他们的揭露和反抗，所以禁起来就绝不手软。

在抗战的特殊历史时期，民间花会的政治教化作用被强化，尤其在根据地，表演形式和内容都有了较大改动。在“文革”的特定岁月，从“忠字舞”的步态扭动中可以发现，虽然这一时期花会活动停止，花会的精神成分被批判为封建迷信，但依然可以看到民间花会的素材被政治在利用。

民间花会被禁过很多次，但依然代代相传，而且还有较大的发展。虽然有些民间花会已经失传，或者奄奄一息即将失传，但随着国家对传统文化的重视与保护，它们会像雨后的春笋一样焕发出勃勃生机，以其特有的生命形式使艺术之花璀璨绽放。

第九节

现代旱船的变化

20世纪80年代，随着《中国民族民间舞蹈集成》编纂工作的开展，延庆文化部门全面启动了对民间花会的调查，通过细致走访和精心普查，留下了一批丰富而宝贵的文化资料。但是随着时代的发展，延庆民间花会发生了许多变化，有的是潜移默化的，有的是在内容与形式方面的巨变，因此我们有必要重新梳理脉络，找到这一民间文化形式在延庆发展变化的情况。

当21世纪再次对民间花会进行普查的时候，许多了解和熟悉新中国成立前民间花会的艺人们都已不在，了解“文化大革命”前民间花会的艺人们也已经80开外，了解和熟悉改革开放以后民间花会的艺人所能表述的历史，也只是只言片语。但可以想见，20世纪80年代普查时，刚刚从“文化大革命”的阴霾中解放出来的人们，慑于曾经的时代背景，在讲述民间花会的一些情况时肯定会有所保留，这也为现在的再次调研提供了机会，但更多的是难度和障碍。

◎ 根据延庆旱船改编的《妩媚的旱船》◎

以旱船为例，想要了解过去的情况，我们可以从历史留下来的文字、图片资料和相关影像资料中去追寻线索、整理头绪。结合大量的调查采访可以总结出，现代的旱船活动与新中国成立之前有很多不同，这主要表现在仪式内容、参与人员、服饰化妆等方面。

延庆地区的旱船活动在历史上极其注重礼仪和仪式，如起会、拜庙、请神、打柳子、下拜帖等。不同种类的花会会档，在规模方面因实力原因会有所不同，但对“礼性”都颇为在意。不论是对人、对神，都唯恐做得不到位，而遭到人的指责和神的“天谴”！尽心尽力来对待，不但说明了旱船组织者的良苦用心，更反映了民间花会在百姓心中的地位。旱船表演不仅是自娱自乐，而且是一种古老的祈神、娱神心理，这也成为旱船活动能够长盛不衰延续至今的支撑力。

随着时代的发展，延庆旱船摒弃了那些与娱神有关的内容，保存了民间花会的群众性与自发性。如今，起会、拜庙、请神的相关仪式已经完全消失，打柳子的礼仪形式也基本消失，或者简化为礼节性的口头问候。

在村与村互相团拜时，作为客的会档敲锣打鼓行进，并派专人提前到所要前往的村子报信，作为主的村落在村口用鞭炮迎送，这些足以证明以前对相关礼节的重视程度。一方面相互之间表示诚意，另一方面敲锣打鼓和鞭炮齐鸣用来娱神。历史上，团拜是相互的，没有较好的社会关系和提前联系，一个会档绝不能贸然进另一个村。如今，这些情况有了很大的变化，有些村子富裕了，相互之间的来来往往由各种大小车辆替代，锣鼓和鞭炮都省略掉了。一些会档的团拜只是提前一天甚至几十分钟打电话询问沿途村落或单位有无接待会档的意向，有意向则径直前往，无意向则一路狂飙而过。

对比近几十年的旱船情况，最显著的变化在于相关活动没有以前那么隆重和庄重了。其仪式性、礼仪性已经消失，很难再找到相关痕迹，这一现象揭示了百姓心态和观念的逐渐变化。其中非常重要的原因是，百姓生活方式发生变革，以及现代社会核心价值观的影响。

现代文明的进步与普及，对广大城乡群众的辐射作用是显著的，尤其是改革开放后出生的年轻一代，这些辐射使其心理已产生深刻变化。他们对历史上留存的民俗信仰已经产生质疑，对客观的、多彩的现代生活模式最为崇拜。因此，包括民间信仰和民俗在内的一些传统，其价值在他们眼中大大降低。尤其在宗教信仰上，与前辈相比，许多人已不把对人生的期望、对困厄的化解寄托于祈神和拜庙，对待宗教信仰比前辈更为理性。

通过上述社会以及群众思想意识的改变，延庆花会完成了由仪式性向活动性的转变。

延庆旱船是节日期间的仪式性活动，既然是仪式性活动，就应该在活动的进程中充满虔诚，只有参与者诚心诚意才能够感动神灵。因此旱船演员的情绪务必到位，只有如此，才能实现自我宣泄、自我陶醉，达到“神交”的目的，从而得到神灵护佑。随着其仪式性功能的改变，延庆旱船成为民众“集体狂欢”的方式，政府部门采取积极措施，组织群众进行相关节庆活动，完成了从元宵佳节“闹”社火向花会“展演”“展示”的转变。2011年，延庆民间花会展演被冠名为“果园老农杯”，就其形式来说与竞赛又产生了关联。民间花会由过去为“神”、为“人”、自娱自乐的目的，变成了为“名”、为“利”、为“形象”的宣传性演出，演员们自我发挥的余地被大大压缩。尤其是演员肩披绶带之后，民间花会成为“计划生育”“法律法规”“商业广告”等部门促进宣传的载体。

在民间，传统的延庆旱船与经济没多大关系，服装是有啥穿啥，道具是有啥用啥，吃的是有啥吃啥，人们并不为这些费心，大伙儿只要玩得轻松，跳得尽兴即可。现在不同了，旱船活动最终要衡量支出与收入的比例，最终经济成为旱船发展的阻力。这也是许多民间花会不能活动的原因，没有“工钱”，老百姓也没兴趣参加，这种情况也无可厚非。尽管如此，一些会档仍然能够独辟蹊径，赚取更多的利润，并带动自家餐饮、娱乐、住宿等发展，成为发展经济的新模式，这是值得提倡和学习的。毕竟那风格、情景和韵味，还是依托于浓浓的民俗文化。

就当下的延庆旱船而言，会“运作”的会头把它搞得生机勃勃，但更多的却已成为“夕阳”。随着中国非物质文化遗产保护工作的开展，以及政府的参与和扶持，延庆旱船作为“传统舞蹈”被重新提及，并被纳入保护范畴。但延庆旱船毕竟不同于专门的舞蹈，其复兴之路仍任重而道远。

新中国成立前，民间花会活动都是男人的事情，无论是媳妇、宫女、丫环、小姐，还是老丑婆，均由男人扮演。只是在解放区和新中国成立后的农村，随着形势的发展和社会意识形态的进步，渐渐有女性加入到花会的表演队伍之中。广大农村在改革开放前娱乐生活匮乏，每逢过年闹花会，街巷里、场院上、大路旁，聚集着许多看热闹的人，有时甚至屋顶上坐人、墙头上蹲人、树杈上骑人。那时，能成为会档的演员，对年轻男女来说，既是玩又是展示个人魅力的时机，是一件光荣的事儿。会档的会头对代表本村形象的队员有权力挑挑拣拣。无论是壮年青年、少年老年，还是媳妇姑娘，任何角色的扮演者都好找人。

如今，女性成为花会活动的主要力量，她们不仅扮演自己的角色，就连男人的角色也由她们来客串。生活方式改变了人们的价值观，价值观决定了人们对文化生活抉择的自主权。现在，参与旱船活动的骨干力量主要是40多岁的中年妇女，偶尔有青年男女或正在上学的孩子。成员构成是如今民间花会风格和特色产生巨变的重要原因。过去男人能演

◎ 永宁镇利民街旱船 ◎

的，现在的女人不能演，过去男人能做的动作，现在的女人不能做，过去男人能展示的，现在的女人无法展示。因此，现在的旱船与过去的旱船虽然角色雷同，但风格和意趣有了天壤之别。

在服装方面，过去演员的服装都是村民们因陋就简，除主要角色的服装由会档统一置办外，其他一般角色的服装都由自己对付，家里条件差的甚至把被褥面拆下来，披在身上当服装。那时的服装颜色较为单一，基本上都是土布的颜色。现在，花会表演的服装由村里统一购置，或是村里向乡镇文化部门提出申请由乡镇配备，有的则是县文化部门统一配备。在色彩上橙黄红绿青蓝紫，炫目而多彩；在形式上军装、古装、时尚装、民族装应有尽有；在氛围上喜庆、热烈，在自娱自乐的同时，力求让观众赏心悦目。

化妆是凸显角色精气神的重要手段，“文化大革命”之前的化妆是写实与象征手段相结合的。说其具有象征性，主要是通过一些道具体现。如女角头戴的花冠，过去的花冠是用纸或纱挽成一组花，然后再将这一组花攒成大的花冠，戴花冠的扮演的都是小姐角色，花冠象征着富贵雍容。目前这样的象征手段已经比较少，尤其是象征着雍容富贵的花冠，很少有人会挽了。花冠都被买的头花所替代，但这些替代品减弱了形象的精气神，是花会艺术的庸俗化。

◎ 旱船的新样式 ◎

第十节

信仰贯穿于旱船的始终

传统的延庆旱船舞蹈，无论是人物、道具，还是表演套路，都遗留着古老的民间信仰，并且成为民间花会精神内涵的重要体现方式，这种情况的出现，是历史发展的必然，是人性的必然。其中既有对自然界驳杂事物的信仰，也有对英雄人物、神鬼仙佛的信仰。各种因此而衍生出的纷繁民间信仰，使延庆民间花会在人物表演方面尽其所能刻意描摹，通过达到形似、神似的方式，满足各种各样的社会心理，而且还通过对具有象征性意义的吉祥物的信仰，来表达对美好事物的追求和渴望。

旱船彩绘当中的“海上日出”与“腾龙巨浪”图案，被寄予一定深度的象征意义，属于典型的对自然事物的信仰。

再如延庆旱船的套路多以葫芦命名，一方面是对套路形式的形象

◎ 二龙戏珠 ◎

概括，另一方面则是源于对葫芦这一事物的原始信仰。在古人看来，葫芦在生长过程中适应性强，对生长环境的要求并不严格，它长相可爱，可食可用。古人还认为它春无艳花，秋有硕果，大肚能容，平易近人，是很有君子风度的。这种民间信仰不仅在延庆，甚至在大部分亚洲地区都存在，如日本以葫芦祝福吉祥，韩国、新加坡等国也都如此。葫芦作为一种多用途植物，很早就服务于人类，并让人产生依赖和亲切感，由

此在民间形成多种多样的葫芦文化、葫芦艺术，并不断升华为对葫芦的民间信仰。其中，因为葫芦易生长、喜蔓延、多果实的特性，恰恰与人们希望子孙繁衍、万代兴旺的理想相融合，于是出现了以葫芦为内涵的“万代长春”“子孙万代”“福禄万年”等民间俗信。人们用葫芦祝福吉祥平安，同时用它承载各种文化内涵，传达人们的喜好和愿望。直至现在人们还要认为，葫芦就是“8”，“8”就是“发”，赋予了葫芦太多美好的期许。根据拉祜族的传说，其祖先是用葫芦培育出来的，因此他们把葫芦看成是祖先的化身和全民族的吉祥物，供葫芦、跳葫芦舞、唱葫芦史诗、玩葫芦游戏等，这些都是源于葫芦信仰。

在延庆旱船文化中，类似于对葫芦的信仰还有很多，其中尤其以对动物和植物的信仰为最多，动物如龙、狮、麒麟、鲤鱼等，植物如石榴、葫芦、梅、兰、菊、竹、松、荷花、牡丹等，另外还有金瓜、斧钺等象征权力和地位，琴、棋、书、画等象征学识。它们通过其象征性寓义，成为旱船文化的装饰物，象征着美好愿望。可以说，所有的民间花会都含有信仰的成分。

贯穿于延庆旱船活动的民间信仰还有很多，有起会时的拜庙，有串街时的鸣放鞭炮，有团拜时的大红喜帖，有正月十五的观灯等。总的来说，人们对旱船文化中存在的自然事物、人、神、鬼怪的信仰源远流长，人们普遍认为，它们作为象征物能给生活带来好运气，能护佑人

◎ 凤凰来仪 ◎

们吉祥、如意。这些信仰是长久以来百姓心中所期望的，并不能真正实现，但人们宁可信其有，从而在百姓中间形成一个普遍的共识，日子不如意肯定是待神不周或得罪鬼怪所致，生活如意肯定是娱神到位谄鬼到家的缘故。因此在延庆民间花会当中，这些被信仰物要么被老百姓夸张变形，与人形相结合，生龙活虎地展现；要么被奉为神明，车拉人扛接受人们的跪拜与供奉；要么被雕刻或绘制成尽善尽美的图形，在起到装饰作用的同时，使人产生心理上的愉悦。民间信仰形式的极力张扬，是百姓的心理需求，所以延庆民间花会的热烈、火爆、喜庆、红火氛围只是节日的表象，其更深层的意义，是老百姓对信仰的执着。

第十一节

伴随旱船的八大怪

“八大怪”是延庆一种特殊的民间花会形式，主要造型为八种水族动物。在演出时，因为表演者身穿乌龟、鲶鱼、大虾、螃蟹、蛤蟆、海螺、蛇、河蚌八种水族动物的道具而得名。

“八大怪”的花会形式曾流行于永宁镇小庄科村和沈家营镇北老君堂村，现已在两个村庄消失。近几年，延庆镇胜利街的旱船在花会活动中加入了乌龟、螃蟹、鲤鱼、大虾、荷花、金龟子、河蚌等动物、植物造型，以水生动物为主。胜利街的这些造型，包含了“八大怪”的一些品类，但玩法与传统的“八大怪”还是有区别的。

小庄科村的“八大怪”起源于何时，没有确切答案，只是在本村流传着一个村民“养乌龟”的故事。据说，该户村民“养乌龟”的历史由来已久。之所以“养乌龟”，是因为小庄科村坐落在妫河岸边，历史上

◎ 虾与荷花造型 ◎

◎ 虾造型 ◎

没少遭遇水患，村民为了求得四季平安、水患消除、保家安民，将具有灵性的“乌龟”供养起来。为了表明自己的虔诚，村民还把自己的两个女儿“嫁给”了被供养的对象，村民们都说，被供养的“乌龟”十分灵验。该村流行“八大怪”，与该户村民“养乌龟”的故事是相辅相成的，只不过其具体形式和玩法，人们已经不得而知。在该村，“养乌龟”等同于敬神灵，仪式性比较强。据说，村民为此专门盖房，作为敬神的场所。在门口，每天晚上都会点灯，彻夜不息，外人不得随意入内，尤其是年节期间，“乌龟”的供养所里更是灯火辉煌。

北老君堂村的“八大怪”距今已有百年的历史。据该村村民刘元起介绍，北老君堂的“八大怪”学自外地。过去，民间的“八大怪”道具用竹篾扎制，然后再用纸或布裱糊彩画而成，力求惟妙惟肖形象逼真。如在夜间演出，在道具内放置蜡烛，其演出效果更显得通灵。胜利街目前使用的道具均为购置，与延庆历史上“八大怪”道具有些区别，其材质为棉布缝制，造型比较生动，色彩更加艳丽。

表演者在表演时，身背道具，男角面部一般为丑角装扮，主要扮演王八、螃蟹、大虾、蛤蟆等。女角一般彩妆装扮，主要扮演鲤鱼、河蚌、鲶鱼等。各类角色在锣鼓声中都有充分的表演空间。在表演时，每个角色各尽其态，如王八的基本动作特点是两腿弯曲，身体前倾，右臂夹紧，左臂抬平，一拍一步曲线前行，以肩带腰前后摆动。还如王八缩脖子挠爪等形态模仿非常逼真；螃蟹则是横步移动，左右侧身行进，横行无忌；虾米是碎步曲线行进，身体不摆动；蚌要求表演者双手握住贝壳，有节奏地一张一合走圆场步。这些都是对水生动物形态的形象模仿，依照各种动物的不同动作形成了各自的律动特点。

在“八大怪”当中，以王八为首，后随大虾、螃蟹、蛤蟆、鲤鱼、蚌等。其表演形式和动作可分为行进和原地两部分，主要表演套路与秧歌相近。其中也有角色之间的互相逗趣，究竟怎么逗，一般是自行组合，即兴发挥。

另外，每类水族动物都有自己的寓意，全部来自老百姓的信仰。

虾，是日常生活中一种常见的海生物，如龙虾的称谓，体现出了它力争上游的形象。虾弯曲顺畅的身躯为其美好的寓意埋下伏笔，它玲珑穿梭于水中的自在，更是令人向往。其寓意可以分为：虾的身躯弯弯的，却顺畅自如，一节一节如竹节般，象征遇事圆满顺畅、节节高升、官运亨通。虾生于水中，穿梭自由，能屈能伸，寓意生活、事业游刃有余。虾自古就是钱财的代表，生活中能吃上龙虾更是富裕生活的标志，所以虾也寓意财源滚滚、财运将至、八方进财。虾历来是文人墨客争相咏叹之物，如蒲扇般的尾巴，是它在水中前进的动力，使它奋力向前，寓意力争上游、勇攀高峰。虾有力强劲的双螯，宛如将所有好事、好运都捉住一样，寓意好运连连、鸿运当头。

龟，是长寿的象征，传说龟能吸取山川灵气，故而长寿。中国人一直相信，龟背的纹理隐藏着天地的秘密，因此它成为一种神秘的蕴藏着丰富文化内涵的动物。同时，更因为龟的寿命极长，人们多用“龟龄”喻人之长寿，或与“鹤龄”结合称“龟龄鹤寿”。龟已成为先行先知的灵物，自古以来人们相信其能带来祥瑞之气，可以保佑人们平平安安、吉祥富贵。

海螺，佛经上说佛祖释迦牟尼说法时声音洪亮，如同大海螺声一样响彻四方，故以此来代表法音，或称“妙音吉祥”。海螺一般都表面光滑、洁白莹润，有左旋与右旋之分，其外壳上自然生成的螺纹自左向右旋的称右旋海螺，《造像度量经》上说右旋海螺极为罕见，故称仙螺。藏传佛教寺院所用的海螺分装饰的与不装饰的两种，前者一般供奉于正殿，置于青稞之上；后者指作为乐器用的法螺，举行各种法事活动时

◎ 螃蟹造型 ◎

由司号僧吹响。在民间，海螺具有收纳的作用，可以收纳邪气、辟邪进宝、扭转乾坤，还有促进夫妻感情的作用。

螃蟹，寓意富甲天下或八方招财、纵横天下。螃蟹煮熟后身体通红，象征鸿运当头！也寓意为敢吃螃蟹，即改革创新和勇士精神，暗含反腐倡廉精神。螃蟹是甲壳类动物，在科举时代象征科甲及第。螃蟹披坚执锐而横行，两只蟹螯钳住东西就不放，有“横财大将军”之称，故螃蟹兼有金榜题名和横财就手的双重瑞兆。荷花加上螃蟹，可谓是富贵双全。

蛤蟆（蟾蜍），硕大的嘴、暴突的大眼、喜气洋洋的神气，寓意财源兴盛、生活幸福美好。民间亦有“刘海戏金蟾”的传统寓意，认为得之可致富。蟾蜍与嫦娥、月宫的神话有关，多见于民间年画。根据古老传说，蟾蜍也称蟾诸，古神话中认为月亮中有蟾蜍，故称月为蟾，并以蟾宫指月宫。蟾蜍除寓意长寿以外，还被赋予了避兵器的功能。

鱼，可作为书信的代名词。古人为秘传信息，以绢帛写信装在鱼腹中。唐宋时，显贵达官皆佩以用金制作的信符，称“鱼符”，以明贵贱。“鱼”与“余”谐音，所以鱼象征着富贵。“如鱼得水”用来描述工作与生活和谐、美满、幸福、自在。以鱼为主题、寓意吉祥的文化活动，有鱼灯、鱼舞以及和鱼有关的诗词书画。鱼灯多见于年节灯会，它烛光闪闪，形象可爱。南朝梁元帝萧绎曾作《对灯赋》称赞它：“本知龙灯应无偶，复讶鱼灯有旧名。”冠有鱼字的佛教器物名称有“鱼鼓”，俗称“木鱼”，僧侣诵经时有节奏地敲打此物。

河蚌，中国汉族民间有蚌壳灯、蚌壳精等，是人们祈求丰收表演

◎ 河蚌造型 ◎

的舞蹈。蚌壳道具多用竹、布制成，表演者将蚌壳系在背上，双手握住壳内的扶手，控制壳的开合，以表达人物感情。蚌舞多由少女表演，动作以碎步、盘腿蹲、半转身以及优美的身段为主。蚌舞还可表演有情节的故事，如《鹬蚌相争》等。仙鹤和神蚌，预示着能给人们带来好运幸福。

蛇，在中国古代传说中被认为是延年之物，故象征吉祥，同时也被视为丰收或子孙繁衍的象征。中国古代的神话中，蛇与神人也有密切联系。在《山海经》中，《海内西经》《海外西经》《大荒西经》等篇都有关于神人戴蛇、珥蛇、践蛇的记述。伏羲和女娲被描绘成人体蛇躯的形貌，寓有对后世子孙繁衍的期望，古代也以蛇象征帝王。蛇在精神和文化寓意上具有阴险毒辣、吉祥尊贵的两面性和复杂性。作为一种古老的生物，蛇不仅仅是魔鬼的化身，还是一种远古图腾，是君王的保护神，是祥瑞与健康的吉兆，是智慧与力量的象征，具有丰富的文化内涵和神异色彩。

第十二节

旱船队的唢呐手

在旱船的表演中，主要伴奏乐器为大鼓、铙钹、镲、唢呐四大件，其中最重要的是唢呐。没有唢呐的伴奏，旱船的表演会显得平淡无味，演员会感觉没有激情，没有春节花会表演的气氛。

很多村落在春节期间，因为没有提前预约或没有聘请到吹唢呐的师傅，就不能组织起很好的旱船队伍。比较讲究的旱船队，会不惜重金提前一年预约唢呐高手，或者是在本年花会散会后，相应地扣押唢呐师傅少量工资，或多给一天工钱，以示预约来年的唢呐吹奏，并且相对有口头协议。

◎ 老银庄旱船的伴奏乐队 ◎

在过去讲究师出有名的情况下，很多唢呐艺人到不同的村落应活儿还要亮师门。在过去五音之中，打鼓师傅是五音的头儿，这个典故源自戏曲行当，因为打鼓行当的祖师爷是唐朝皇帝李隆基。据说李隆基曾经亲自打过战鼓，登基称帝后在宫廷唱戏的时候，也曾经打过戏曲的鼓板，所以鼓师们立他为祖师，为打鼓的行当找了一个靠山。

鼓师首先要问唢呐师傅："老师傅您什么出身啊？"有师门的唢呐师傅会答道："我是捏眼代链的！"意思是说，我现在出徒也当师傅了，被老师傅带过，已经锻炼出来啦。这就是唢呐师傅的唢呐上有两根小链的原因，一根代表上下层次的师徒关系，一根起调节音准的作用，其次就是身份的象征。如果谁拿着没有拴链的唢呐出去吹，行里人看见了就会夺走，因为吹没链的唢呐是外行人。如果自己是家传的手艺会说："我是过道子里打跟头——门里出身！"

鼓师如果没有意见，就会起家伙刹鼓。第一个曲目是《老八板》，意思是老师傅给板过毛病；第二个曲目是《打骨排》，意思是老师傅给排练过；第三个曲目是《句句双》，意思是我学的这门手艺不能忘，老师傅的恩情不能忘；第四个曲目更有一定讲究，如果师傅老了吹不动了，得靠徒弟养老善终，吹的是《落叶黄》，这也遵循了一日为师终身为父的原则。如果师傅不靠徒弟养活，就可以随花会场记变化而变换曲目。

能够拜德高望重的老师傅为师，是每位唢呐艺人梦寐以求的事，因为这样可以得到别人的尊重和丰厚的工资。延庆旱船的唢呐吹奏，历经数辈老艺人精心演绎，结合当地百姓的社会审美、特殊民俗风情、地理环境等，逐渐发展为发音圆润质朴、悠扬委婉、高亢嘹亮、强劲有力、极富节奏感的音乐特色。再加上唢呐手的深厚功底，让每位旱船表演者闻声而舞，曲虽终而意未尽。

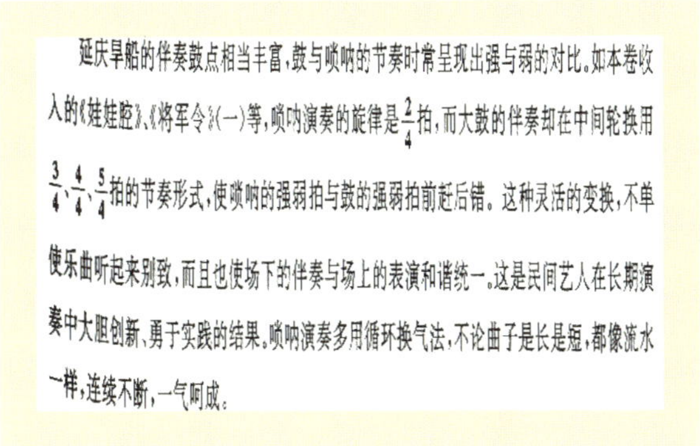

延庆旱船的伴奏鼓点相当丰富，鼓与唢呐的节奏时常呈现出强与弱的对比。如本卷收入的《娃娃腔》、《将军令》(一)等，唢呐演奏的旋律是$\frac{2}{4}$拍，而大鼓的伴奏却在中间轮换用$\frac{3}{4}$、$\frac{4}{4}$、$\frac{5}{4}$拍的节奏形式，使唢呐的强弱拍与鼓的强弱拍前赶后错。这种灵活的变换，不单使乐曲听起来别致，而且也使场下的伴奏与场上的表演和谐统一。这是民间艺人在长期演奏中大胆创新、勇于实践的结果。唢呐演奏多用循环换气法，不论曲子是长是短，都像流水一样，连续不断，一气呵成。

◎《中国民族民间器乐曲集成》对延庆旱船音乐的记述◎

◎《中国民族民间器乐曲集成·北京卷》◎

第十三节

旱船的吉祥图案

传统的延庆旱船道具，是一件纯粹的文化精品，尤其是精工细描的手绘彩图，不仅是对旱船道具的装饰，更充满了延庆人所认同的吉祥寓意。这些手绘彩图，蕴藏着延庆民间深刻的传统思想和深厚的文化底蕴。从这些吉祥图案中，可以深刻体会到延庆地区的文化内涵。人们绘出动物、植物、山水、人物、神话、传说等组合图案，通过谐音、嫁接、比喻、象征等艺术手法来表情达意。这些图案的吉祥寓意，体现了延庆人对美好生活的追求和向往。

◎ 景物 ◎

一、动物类

龙，是祥瑞的化身，与凤一起寓意成双成对或龙凤呈祥。旱船船围上所绘的神龙出水、腾龙升空，预示着生活或事业将进入高潮并大显神威。同时龙也是雨神，有了龙的护佑，民间将春风化雨、风调雨顺。二龙戏珠描绘的是两条云龙和一颗火珠，《通雅》中有“龙珠在颔”的说法，龙珠被认为是一种可避水火的宝珠，表示吉祥安泰和平安长寿。

蟾，古代神话中是吉祥之物，旧时传说金蟾有三足，为灵物，古人认为可以致富，所以民间流传有“刘海戏金蟾步步得金钱”之说。这拥有三只脚的蟾蜍会吐钱，传说它本是妖精，后被仙人刘海收服，改邪归正，四处帮穷人，吐钱给人们，所以后来被人们当作旺财瑞兽。

仙鹤，象征长寿，福运长久。传说中的鹤是一种仙禽，据《雀豹古今注》中载，“鹤千年则变成苍，又两千岁则变黑，所谓玄鹤也。”可见古人认为鹤是多么长寿了，因而鹤常被认为鸟中长寿的代表。古代传说，许多神人都是驾鹤升天，因此有“鹤寿千年”之说。另外，鹤有“一品鸟”之称，意味着一品当朝或高升一品，因此在帝王时代，鹤被应用于有相当品级文官的各种装饰中。

◎ 松鹤延年 ◎

蝙蝠，“蝠”字与“福”字谐音，取“福气临门”之意。将两只蝙蝠并在一起，代表双重福气。而五只蝙蝠并在一起，称为“五福临门”，这便是长寿、富裕、健康、好善、名誉。另外，蝙蝠除了代表以上各类的好的意义之外，还有化煞的作用。

喜鹊，是一种吉祥鸟。民间认为它的到来，必将带来喜事。在中国传统习俗上，喜鹊被认为是一种报喜的吉祥鸟，梅开百花之先，是报春的花，所以喜鹊立于梅梢，即将梅花与喜事连在一起，表示喜上眉梢。用喜鹊、桂元、元宝表示喜报三元，两只喜鹊寓意双喜，和獾子一起寓意欢喜，和豹子一起寓意报喜，和莲在一起寓意喜得连科。

麒麟，是仁慈和祥的象征，是祥瑞之兽、吉祥神兽，主太平长寿。

◎ 喜上眉梢 ◎

在民间生活中，常常会体现出它特有的珍贵和灵异，常比喻杰出之人，用麒麟的高洁祥瑞寓意人的高贵品质。传说，麒麟只在太平盛世才能出现，因此它集祥瑞寓意于一身。又有“麒麟送子”之说，寓意麒麟送来的童子必定是贤良之臣。

大象，寓意吉祥或喜象。“象”与“祥”字谐音，故被赋予了更多吉祥的寓意，如以象驮宝瓶为“太平有象”，以象驮插戟宝瓶为“太平吉祥”，以象驮如意或象鼻卷如意为“吉祥如意”。古人认为“太平有象”寓意“出将入相”。大象庞大雍容的体型，风水中被认为是靠山，能增强摆放位置的运势。大象长长的鼻子能吸水，风水中水又象征着财，因而大象的鼻子也往往被认为是吸财鼻，有着和貔貅一样的吸财招财的作用。

鲤鱼，古代传说黄河鲤鱼跳过龙门，就会变化成龙。《埤雅·释鱼》：“俗说鱼跃龙门，过而为龙，唯鲤或然。”后以“鲤鱼跳龙门”比喻中举、升官等飞黄腾达之事。后来又用来比喻逆流前进、奋发向上、跃进高升。鲤鱼的寿命很长，有的甚至能活100年以上，是鱼中的老寿星，因此它也是长寿的象征。另外鲤鱼也寓意着年年有余，是生活富足的体现。

金鱼，寓意金玉满堂。金鱼小巧玲珑，翩翩多姿，体态稳重，在水中锦鳞闪烁，沉浮自如，深受人们的喜爱。再加上“金鱼”又与“金玉”谐音，寓意金玉满堂和年年有余。

燕子，冬天回到燕子国之后，燕子向观音菩萨讲述所见所闻，尤其是哪一家积德行善等，到了春天再飞回陆地，就会带着观音菩萨的吩咐，筑巢于吉祥之家。民间认为，燕子在谁家房屋中或屋檐下筑巢，就预示着谁家贤惠友善、家道发达、家业兴旺、家庭和睦。明清时，进士科考在杏花盛开的季节举行，故“杏林春燕”吉祥图案成为进士及第、学业有成的象征。此外，与鸳鸯一样，燕子成双成对、双宿双栖、共同筑巢、共同育雏、双双私语、对对欢歌，因此人们以“燕侣”“燕侍”比喻夫妻和谐，以“双燕闹春”等吉祥图案表示婚姻美满。燕子在古代被视为一种长寿、吉祥的鸟，而燕与宴、晏同音，表示平安的意思，燕子归来报平安。

二、植物类

菊，秋天万物肃杀，只有菊花独立于秋风中，它代表了一种品质气节。在中国传统文化中，菊花一直被看作成熟而又寓意深广之花。在距今3000年前的春秋时期，《尔雅》中就记有“鞠，治蔷”。屈原在《离骚》中写有“春兰兮秋菊，长无绝兮终古”“朝饮木兰之堕露兮，夕餐秋菊之落英”。

灵芝，是吉祥如意的象征，作为中国历史上特有的祥瑞物，影响极为深远和广泛。儒家更是把灵芝菌盖上的一轮轮云状形纹看作祥瑞的代表，称为“瑞征”或“庆云”。在我国许多古刹寺庙、亭台楼阁、古典服饰、传统生活用具，以及出土文物上都能看到这种庆云图，都能发现有关灵芝“如意”的形象。天安门前华表上也刻有庆云图，祥云就是由灵芝演化而来的。“玉如意”的头部也是庆云图，寓意“吉祥如意”。所以古代帝王家保存灵芝（赤芝）代表君主万寿无疆，名流之士门前悬挂灵芝代表吉祥如意。

兰花，代表君子，自古以来人们就把兰花视为高洁、高尚、典雅、爱国和坚贞不渝的象征。兰花风姿素雅、花容端庄、幽香清远，被誉为

“花中君子”“王者之香”。对于中国人来说，兰花还有民族上的深层意义。在中国传统四君子梅、兰、竹、菊中，和梅的孤绝、菊的风霜、竹的气节不同，兰花象征了知识分子的气质，以及民族的内敛风华。

梅花，是中国传统名花，以清雅俊逸的风度为世人所赞美，更因冰肌玉骨、凌寒留香，被喻为民族的精华。中国历代文人志士爱梅、颂梅者极多。梅以它高洁、坚强、谦虚的品格，给人以立志奋发的激励。在严寒中梅开百花之先，独天下而春，又常被作为传春报喜的吉祥象征。

寿桃，传说是神仙吃的果实，正因如此，桃子被称为“仙桃”“寿桃”。《西游记》里的王母娘娘做寿时，就曾设蟠桃盛会招待群仙。虽然是神话，也说明桃绝非一般水果可比。民间年画上的老寿星，手里总是拿着寿桃。过生日做寿时要蒸桃形的馒头献给老人，以祝福老人健康长寿。不但桃有仙缘，连桃木都有神灵，而且它在民间的威望比桃还大。早在先秦时代的古籍中，就有桃木能辟邪的记载，一切妖魔鬼怪见了都逃之夭夭，通常在门外挂有桃木符或桃木做的对联。

莲荷，是出污泥而不染的高雅象征。荷花硕大艳丽、清香远溢，上有并头莲，下有并根藕，根深叶茂共一家，故常谓“莲荷同根”“并蒂连根”“花开叶茂结同心”，于是荷花就有了夫妻和睦、和气生财的寓意。莲藕谐音“联偶”，象征连续不绝、繁荣兴旺、合聚团圆。藕与“偶”同音，“佳偶天成”惹人羡，用莲蓬、荷花、荷叶、藕可组成“巧连和偶”的喜庆图案。

◎ 茄子象征子孙繁盛 ◎

竹子，四季青翠，潇洒自若，古人有玉可碎而不改其白，竹可焚而不毁其节之说，比喻人的气节，象征正直、虚心、向上的精神，被誉为“君子”和“岁寒三友”之一，是纯洁、友爱、正直、有气节的君子之风的代表。“竹报平安”则把对家人平安、生活安详，无病无灾的美好祝愿赋予了竹子。竹子节节高的说法，象征人生事业发展顺利，一步比一步高。

柿子，果实丰厚圆硕，形如如意，又因“柿”与“事”谐音，所以寓意“事事如意”。两个柿子配以如意，寓意“事事如意，百事大吉。据《尔雅》记载，柿子有七德：“一寿，二多阴，三无鸟窠，四无虫蛀，五霜叶可玩，六嘉实可啖，七落叶肥大可以临书。五个柿子和海棠花以谐音寓意，表示长命百岁、五世同堂、幸福美满的家庭。

白菜，第一个寓意取自白菜的谐音，意为“百财”，有聚财、招财、发财、百财聚来的含义。白菜的第二个寓意，取自白菜的颜色和外形，寓意清白。表示洁身自立、纯洁无瑕。我国不少地区的老百姓在过春节的时候，都要吃两道家常菜，即长叶白菜和青菜，寓意天长地久、坚贞纯洁、做人清清白白的意思。

延庆旱船上的彩绘吉祥图案很多，除上述动物类和植物类吉祥图案之外，还有人物类等多种图案，不胜枚举，这些都是民间传统民俗文化的反映。

◎ 葫芦是福禄的象征 ◎

第四章

延庆旱船的文化性

延庆旱船隶属于民间传统舞蹈范畴，其文化特征主要体现在传统性和底层性，是纯粹属于“下里巴人”的娱乐方式。因此在民众心理和社会文化的影响范围上，旱船的影响是全面的，涉及地域广阔、人物众多、文化内容广泛、文化形式多样。

第一节 旱船道具的作用

作为道具的延庆旱船，在清代就已经很精致了，不仅用料考究，而且做工十分精细。延庆旱船的造型和古代建筑密切相关，精工细作，没有一定技艺水平的手艺人，是无论如何也做不像样的，因此每件旱船的道具就是一件精湛的艺术品，是其他地区旱船所不能比拟的。旱船主要分为三个部分，船顶、船柱、船座。

旱船的骨架也叫船架子，是用白松木制成的，结构合理紧凑，非

延庆旱船的《红楼梦》人物造型

常结实。演出时，艄公不但可以坐在船舷上，还可以在船上翻跟头，做各种高难动作，而且观众多的时候不怕挤，和别的旱船撞上了也不会损坏。

延庆旱船不仅个头大，造型也很独特。一只船底座长约3.35米，宽约0.75米，高约1.8米，重约40千克；三只船的旱船底座长约2.30米，宽约0.70米，高约1.8米，重约20千克。延庆古称塞外，冬季风大，这种旱船因为底盘较重不易被风吹倒，跑起来也平稳，正好也应了延庆人“四平八稳”的讲究。平稳，体现了延庆人希望得到稳定的社会环境和家庭环境的理想。

旱船顶部，糊白布，绘瓦楞，后部有木雕的“二龙戏珠”或“二龙分水”的屋脊。顶下飞檐翘拱，四个斗拱分别有木雕龙头，口衔铁环，下垂红绸绣球。

檐下四周糊半透明的白纱，白纱用木胶和白矾水刷，晾干后进行彩绘。前后彩绘“二龙戏珠”“沧海日出”等图案，其余部分彩绘《白蛇传》各个情节中的故事，如“游湖”“借伞”“盗仙草”“断桥”等。整个旱船顶部一只船上有大小24幅画面，三只旱船有18幅，其中人物、山水、花鸟、动物等均为精细的工笔画，形象逼真、色彩艳丽、对比鲜明，整体色调庄重而典雅，具有浓郁的民间特点，深受老百姓喜爱。旱船的彩绘表现了延庆人的审美情趣和聪明才智。

船柱，也就是船座和船顶的连接支撑部分，由四根直立的立柱构成。船座呈船形，前后微微上翘，用白布做船围子，彩绘与水相关的图案如“金鱼戏水”“腾龙巨浪”等。底座下有四根腿，演员站在中间，挎起由两条背带交叉形成的船袢进行表演，休息时可以坐在船座上。延庆旱船的彩绘内容表现了延庆人的精神崇拜和内心向往。崇拜龙，希望龙带来风调雨顺；喜欢金鱼荷花，则向往日子富裕和平。

灯，不仅是夜间走会必须使用的，而且是旱船的重要装饰。船头船尾各摆两盏粉红荷花灯，船顶内部前后有两排蜡座，最多的可以插24支蜡烛。夜晚走会时，所有的蜡烛全部点燃，将旱船映照得玲珑剔透，随着旱船的游动，画面中人物、山水以及各种图案都处在清晰和朦胧、静止和跃动之间，生动鲜活，引人注目。

众所周知，道具是传统舞蹈必不可少的，是人体动作的延伸或补充。但在有些延庆旱船中，人体动作与道具之间的关系，恰恰是相反的，是演员用人体动作带动道具，通过道具的动态表现，反映舞蹈主题和内容。延庆旱船就是通过对道具的运用来表现感情的，而人体形体美的表现却是次要的，但这并不是说延庆旱船的舞蹈不重视形体美的展现，只是被硕大的旱船道具掩盖了，得不到展现，人们只能通过动态的旱船道具，去体会演员在表演过程中的形体美。因此延庆旱船更多显示的，是一种内在的精气神和技能，即道具占据主导地位。

延庆旱船的道具因为重要，在整个舞蹈表演中，也就显示出了如下特性：

1. 旱船的寓意性

在中国的舞蹈文化中，每一类舞蹈都具有特定的寓意，有的通过人物展现，有的通过道具展现，有的通过音乐展现。以道具为例，手执羽毛意味和平，而手执兵刃寓意战争等。同样，延庆旱船的道具也具有一定的寓意。船是离不开水的，离开了人的掌控，它就会搁浅失去作用，或者会在水中漂泊，面临各种险境，因此船寓意着永不停航或奋斗的人

◎ 1996年文化馆与农技校组成联合旱船队 ◎

生，很有积极进取的意味。中国古典诗歌中，用船来表现漂泊之感的很多，如浮萍、飞篷、孤雁等，只有奋争不息，才能乘风破浪。

2. 旱船的象征性

在延庆旱船中，有艄公手持船桨象征划船、拨船。延庆旱船以民间常见的运输工具为道具，象征着故事发生的具体环境。另外延庆旱船的道具造型与画舫相似，与民间渔家的渔舟或用来运输的船只在造型上区别较大。从延庆旱船道具的造型来看，其象征的绝不是普通的渔家生活，反映的也不是平常农家女的泛舟情趣。画舫，是指装饰华丽的游船。因此延庆旱船所象征的情趣，是以主人公乘画舫游乐为主题。

3. 旱船的表意性

延庆旱船是通过道具表达内容的，如表现船在风中涌动时，有通过晃动道具突出船在水中涌动的动作，有旱船队并排快速昂起船头表示鞠躬致谢的动作，有旱船队沿着曲线快速追逐的竞船动作。在延庆旱船的表演中，这样的具有表意性的内容很多，都是通过旱船道具的各种形式表现出来。

4. 旱船的戏剧性

延庆旱船以道具为手段，推动各种故事情节的发展。如表现《白蛇传》的故事时，船体则彩绘断桥相会、水漫金山、雨中送伞等故事情节。在表现《八仙过海》的故事时，则彩绘八仙的形象，以及与八仙相关的民间故事。在表现《梁红玉抗金兵》的故事时，则在船体上插彩旗，起到能够调兵遣将的令旗的作用。

5. 旱船的技术性

旱船的表演者通过对道具的舞动，施展出成套的技艺和技巧，把旱船的主题演绎得淋漓尽致。如转船的时候，要把船体四角悬挂的绣球转动得飞扬起来，从而显示出船在旋涡中旋转的力道。如旱船在快速行进时，船体要不摇不晃异常平稳，从而表现出船在水中的娴静和优雅。

6. 旱船的神傩性

众所周知，旱船的主要目的是娱神，也包括自娱、娱人，而老百姓在表演中想要达到这些目的，必然离不开旱船道具的使用。道具在民间花会当中的运用，既抒发了延庆老百姓的情感，也展现出延庆人的传统审美心理和审美情趣。老百姓把平安吉祥的向往，对五谷丰登的企盼，融入到旱船当中。

由上述可以看出，旱船在民间花会中作为大型道具，在凝聚民族精神、传承民族文化、强化文化认同上具有不可替代的作用。旱船道具的使用以尽情展现人物情绪为目的，从根本上说是为了增强会档的吸引力。可以说，有了道具，便使人物具有了可塑性和象征性。

在现实当中，道具已经成为民间花会的重要组成部分，不仅是演员肢体动作的延伸和补充，也是角色情感向外抒发的一种媒介。总之，各个不同的角色，只有把道具运用到极致，才能获得人们的喝彩，这才是旱船的妙处。古往今来，不管是过去还是现在，旱船看的其实就是“耍”，也就是玩弄道具的技巧，只有耍得精妙了，其传承才有了根基。

第二节

旱船的服饰

旱船的服饰即演员穿着的服装与饰物。演员穿着的服饰是表现内容和主题的重要手段。

一、旱船服饰的产生

演员在演出时所穿的服装和佩戴的饰物被称作服饰。服饰能帮助表演者装扮成一定的人物形象，并且去演绎所装扮对象的性格和情趣。因此在一定意义上，表演者所穿的服饰就是为了表演才产生的。也就是说，表演者穿戴什么样的服饰，就演绎什么样的人物形象。延庆旱船因为要演绎《白蛇传》，所以表演者就穿白娘子、小青、许仙的服饰。如果要演绎《红楼梦》，表演者就会穿贾宝玉和仕女的服饰。

二、旱船服饰的组成

旱船表演者的服饰自上而下可分为头装、上装、下装。具体的头装有帽、巾、纱、带、头花、发套、发饰、大包头等，上装有衣、背心、

◎ 中日邦交正常化十周年中日民间友好联欢会旱船演员合影 ◎

披肩、大氅、披风等，下装有裤、鞋等。对于旱船演出来说，表演者的头装和上装十分重要，下装由于大多被旱船道具的船围子所遮盖，就显得不那么重要了。但在实际的表演当中，观众往往会通过表演者的下装，去判断一个船队的优劣程度。

三、旱船服饰的作用

旱船的表演者通过服饰塑造了人物形象，能够十分明显地表现出旱船中所扮演人物的时代、民族、身份、性格等。从观众的角度来说，最容易从服饰判断人物的身份，以及所演绎的内容和主题。旱船的服饰在样式、选料、制作等方面，要便于演出，注重的是轻便、合体、简洁，突出人物的形象美和动态的形体美。服饰不得体会对旱船有制约，比如服饰过于宽大、过长都会影响形象美。

四、旱船服饰的变化

在过去，大多数会档因经济因素，在道具和服饰方面都会因陋就简，从而影响了人物的形象，使得表演效果大打折扣。如扮演小青和白素贞的时候，包头之外往往是用白色或青色纸攒成或大或小的纸花，然

◎《八仙过海》旱船表演队人物装扮 ◎

后再把纸花攒在一起，形成人物的头装，看起来乡土味十足。另外如大氅或披风等，干脆就用家里的被子面代替了。但也有例外，经济状况较好的会档，会全副武装配置齐全套的戏装，再加上演员的出色表演，因而能够声名鹊起，成为整个延庆旱船的模范或标杆。如今，大多数会档条件都好多了，演员的服饰都整齐划一，但各会档之间的差距依然很大，表演者的精气神还是因会档而异的。

另外，表演者的服装和饰物，多起源于实用功能，后来经过不断的发展，成为具有审美作用的装饰。俄国学者普列汉诺夫就认为，原始人最初用黏土、油脂或植物汁液来涂抹身体，因为这是有意义的，后来逐渐觉得经这样涂抹的身体是美丽的，于是就开始了审美。人类服装和饰物的产生，也是经历过这个过程的。如小青后背的一对宝剑，代表着英武之气，暗示出水漫金山时协助白素贞与法海争斗的情节。在这里，小青后背的一对宝剑不仅有祈祷装饰的作用，还具有了表意的作用。但延庆旱船发展到现在，这一饰物已经消失。

第三节

旱船的文化继承

旱船的历史十分漫长，但在过去，对于宫廷舞蹈而言，旱船是老百姓的玩意儿。我们也可以认为，起自民间的旱船是中国传统社会文化的补充，因为旱船是“底层文化”，是“草根文化”，是不入社会主流文化倡导者法眼的。但从整个民族民间的文化艺术构成角度来说，虽然各地旱船所演绎的故事情节大相径庭，但旱船在中国古代社会的受众面广、传播范围大，是很多地区老百姓喜闻乐见的文化艺术形式，而且已经成为民间必不可少的文化内容。

旱船的产生和发展以及形成的诸多样式，均源于老百姓的生产、生活，并紧密地融入民间各种风俗活动中。旱船是起源于民间的，由老百姓发展和传承，最终成为老百姓的文化符号。

◎ 延庆镇自由街旱船老照片 ◎

宋代的姜白石有诗曰：

元宵争看采莲船，宝马香车拾坠钿。

风雨夜深人散尽，孤灯犹唤卖汤元。

清代的向晓甫有《竹枝词》一首曰：

旱龙船到画堂中，既上花鞋又上红。

祝罢傩神无别事，一门清洁谢主东。

可见，旱船在老百姓当中具有最坚实的基础，是汉民族传统舞蹈文化中重要的构成。根据传统文化的主导观点，普遍认为民间的传统舞蹈从内容层面，可以划分为抒情性、叙事性、技巧性、艺术性、意境性等方面。延庆旱船在文化范围内，广泛继承了这些基本属性。

抒情性，也被称作情绪性。其主要文化特征是在特定的氛围中，以动态、鲜活、生动的舞蹈语言，直接抒发表演者的情绪，同时把所抒发的情绪传递给观众，使观者与舞者的情绪统一。

◎ 房存相所扮演的拨船者造型 ◎

叙事性，也就是故事性。余秋雨认为：舞蹈有三种情感方式，一是情节性的情感，二是情景性的情感，三是哲理性的情感。以上三种方式都是通过旱船的叙事性表现出来的。延庆旱船表演的《白蛇传》，是爱的情感。因为有“水漫金山”的细节，是激切的场景。因为《白蛇传》是人与妖的故事，又具有了爱无界限的哲理。完整的故事、完整的情节、深刻的哲理，通过延庆旱船的叙事性，被展现出来。

其他如技巧性、艺术性、意境性都是显而易见的，不再赘述。延庆旱船所具有的以上属性，并不是它独有的，而是多种传统民间文化所共有的。不是延庆旱船首创的，而是于多种文化的交融中继承的。

另外，旱船是在漫长的过程中逐渐形成的，因此具有传承性。旱船并非是个人的发明，也并非局限在某一地域流行，因此具有历史性和广泛性。旱船的传承主体是民众，在传承中不断被选择也被淘汰，因此具有变异性，并且其绝对的变异性和相对的稳定性是相辅相成的。旱船的表演者主要是为了娱神，其次是自娱，即通过跑旱船宣泄感情，因此具有自娱性。旱船所演绎的各种主题，潜含着老百姓的思想愿望和精神审美等，因此有了文化和艺术的成分，在表演过程中对老百姓精神审美的满足，也证明了旱船的思想性。

跨入21世纪，人们的娱乐方式已经不仅仅是民族间、地域间文化艺术的交融，而是更广泛的国际文化娱乐方式的交融，此时中国社会的传统文化是处于弱势的。庆幸的是，人们已经认识到了这一点，由此产生的非物质文化遗产保护工作，正在竭力抚平民间历史文化的伤痕，并且正在支撑起旱船等多种传统文化的生存空间，使得这些传统的民间文化能够得以存续。

包括旱船在内的很多传统民间文化，有的已经消亡，有的正在遗失。已经消亡的无法逆转，正在遗失的与历史相比缺失了很多。所以传承和复兴传统文化，已经成为全社会的责任。对于旱船而言，找到合适的传承人是根本，制订健全合理的措施是关键，搭建广阔的展示平台是途径，得到社会各界的广泛支持是目标。

第四节

旱船艺人

从文化艺术的本质上来说，旱船隶属于传统舞蹈的范畴。任何一种舞蹈形式，都是以人体的动作为主要表现手段，实现主题的呈现和情感的宣泄。延庆旱船所演绎的故事传说，就是通过艺人的肢体动作带动旱船道具，使凄美的《白蛇传》以及其他故事呈现在观众面前。

艺人是指像歌手、演员、舞者等，利用自身的技艺与才能来娱乐他人，并赚取报酬之人的总称。在中国古代，艺人是对优伶、俳优、倡优、倡伎、伶人等人的称谓。为了统一称号，艺人便成为统称。其实艺人是以施展技艺为主，并不限于从事各类演艺工作的人，在某种程度上与“匠人”有着异曲同工之意。到了现代则衍生出“艺术家”的称谓，以示对各种艺术类社会工作者的尊重。

旱船的表演者在演出过程中，既是审美信息的发送者，又是所扮演人物形象赖以生存的主体，即审美信息的传播者。同时，旱船的表演者是观众获得审美享受的对象，是艺术美向外传达的载体。可以说，旱船的艺人是人物形象的直接形塑者，是旱船技艺的直接实施者。

人们常说：好的演员可以托起作品。足以见证艺人在表演过程中的重要作用。一个优秀的旱船艺人，通过自身精湛的表演技艺和融情入理的情绪展现，塑造出一个个完美的人物形象，不但把所演绎的故事主题表现出来，还抒发出人物的内心情绪，刻画出人物的性格，使得人物形象鲜明生动。

◎ 旱船拨船者 ◎

◎ 延庆镇胜利街三只船 ◎

在旱船的长期发展和传承过程中，无数艺人通过继承和创新，不断完善旱船舞蹈，并形成各自的派别和风格。这些旱船艺人各具专长，使旱船的艺术表演形式更加多样。但无论怎样出色的艺人，都必须具有一定的素养，只有如此才能把旱船艺术推向更高的文化层面。

旱船艺人应该具有的素养，归纳起来有如下几个方面：

一是要有持之以恒的信心和耐力。只有经过严格的训练，才能够灵活运动和控制身体，从而掌握旱船复杂多变的技巧。这些基本功的掌握要求旱船艺人要极大地付出。如延庆旱船的舞蹈是以“快、稳、漂、转”为其主要特色。

在表现旱船“快”的时候，是以戏曲中的圆场步为基础的。扎实掌握圆场步，在跑旱船时就能够十分平稳。据老艺人描述，跑旱船的最高境界是，在船舷上放一碗水，跑起来后要滴水不洒。但能够真正实现滴水不洒是不容易的。据说在训练时，需要艺人在双腿间夹一物，双目平视。两腿膝盖不能僵直，上身不能乱晃，步子要均匀，不可端肩、晃腰、腆腹、撅臀等，先慢后快，循序渐进。在练习时，双腿所夹的东西不能掉，否则就会被师傅打上一棒。对于延庆旱船来说，圆场步是重要的根基。练好了不仅脚下快而平稳，艺人的精气神也从此打下了基础。旱船表演还要讲究呼吸匀称。延庆旱船的“快”，表现在能够一气呵成，中间不能够喘粗气，因为在喘粗气的瞬间，也就破坏了旱船“快”的节奏。延庆旱船在表演的时候被称作“跑旱船”，就有“快”的因素在里边，而且不仅是跑得快，也要快中求稳、快中旋转，在快中完成旱船的表演。

在表现旱船“稳”的时候，是以脚尖抓地为重点的。艺人们为了再现“稳”的效果，要用脚尖紧紧扣住地面，这样旱船才能够十分平稳、稳健、稳重地舞动起来，不飘摇。据老艺人说，为了扎实掌握这一技能，经过长时间的用功练习，艺人们的脚趾甲往往会因此脱落。可见，想要完美掌握旱船的技能，没有过人的毅力和耐力是不能成功的。“稳”是延庆旱船的直观感觉，也是民间百姓对“四平八稳”生活的精神追求。

在表现旱船“转”的时候，是以稳和快以及整体的协调为重点的。延庆旱船轻的也有20多千克，在中国传统舞蹈当中是比较重的了，能够乘驾的演员要有相当的体力才行。延庆旱船的道具雕梁画栋比较精致，但由于沉重，也在另一方面束缚了表演者水平的发挥。在“转”旱船的时候，要求表演者微蹲屈膝、挺直上身、脚掌全部着地，然后快速旋转。之所以要脚掌全部着地，最主要的是追求平稳。在“转”的过程中追求平稳是目的，突出快速是实力，并在快的过程中完成“团团圆圆”“圆圆满满”等美好生活的诉求。延庆旱船的“转”是吃功夫的，没有长时间的磨炼，难以突出“转”的效果。

二是旱船的艺人要有对生活情趣的理解、对旱船主题的了解，并且在表演过程中要有洞察力、理解力，从而为塑造各种人物形象打下基础。旱船是民间的玩意儿，是老百姓的文化，因此要反映出老百姓的生活情趣。在民间，老百姓看不惯、听不惯正统的说教，喜欢采用直抒胸臆的方式表达情绪。旱船艺人在表演中，只有表现出老百姓的生活情趣，才会在民间广泛流传。因此，艺人对旱船文化、情绪、故事的理解力和洞察力十分重要。

艺人的理解力和洞察力还表现在演出过程中。在很多情况下，延庆旱船的表演是团队成员之间的密切配合。每个角色之间因为有庞大的道具阻隔，不可能像其他舞蹈演员一样，在交流情绪时有身体的接触、有细腻动作的解读。艺人之间一般是通过眼神和表情来交流情绪，或向观众传达情绪，因此艺人之间相互的理解十分必要。艺人之间要想精确地相互理解，就必须有洞察力，从而捕捉对方所传达的信息。延庆旱船有音乐伴奏，所以气氛相当热烈，但艺人们绝对不能出声，否则就破坏了演出的气氛，甚至是所演绎的故事的气氛。

◎ 自由街三只船早期表演 ◎

可以想象，如果旱船在表演中，许仙喊一声："跟着点儿！"白娘子说："往那边！"小青说："到底听谁的！"那么这场演出肯定是一团糟，是失败的演出，会成为百姓的笑料。优秀旱船艺人的演出，最高境界是无声胜有声，以眼神传情达意。通过理解力和洞察力，还可以增强对人物形象的表现能力。特别是艺人对旱船的伴奏音乐要有分析、理解和感受能力，以便于在表演过程中把音乐、舞蹈、人物融为一体。

第五节

旱船套路的命名

延庆旱船的套路十分严谨，很强调队形、场面的变化。因此，延庆旱船有很多套路的名称，有的以所表演套路的形态命名，有的以旱船所模拟的行船状态命名。这些套路的命名，不但使旱船的套路更加直观，也使得延庆旱船更具文化性。

延庆旱船的套路有的以成语命名，这种将成语的寓意运用于旱船套路命名的形式，源于长期形成的民间民族心理，突出了它的传统性、文化性，体现了老百姓的审美观，寓意着民间百姓美好的期许。这与北方地区汉族的文化传统是一致的，即便是在这些琐碎的事物上，也要精益求精、慎之又慎。成语具有固定的结构形式和语法，在语句中是作为一个整体来应用的。因其是从古代相承而沿用至今，既有古书上的成句，也有从古人文章中压缩而成的词组，还有来自人们的习惯用语，所以它往往代表一个故事或者典故。在人们常用的成语中，它的形式简洁，意思精辟，并且具有美好的寓意，由于寓意广为人知，延庆旱船在长时间的发展中，便把这些寓意美好的成语进行了借用，成为套路或技术动作的名称。这样做，能够引起观者美好的联想，同时满足表演者的审美心理，并在无形中赋予延庆旱船更深层次的文化意味。

延庆旱船的套路有的还以古代战阵命名。战阵是古代治军的重要方法，通过操练，让士卒掌握进退的规矩、聚散的法度，在战斗时才能做到令行禁止、协调一致，才能发挥整体合力，所以战阵在战斗中具有重要的实战意义。延庆旱船由于参与人数众多，在训练的时候也讲究一定的法度，要求演员能够根据场地大小、地形宽窄等具体情况进行调节，从而顺利完成演出。人们把古代战阵的名称借用到民间花会当中，一是这样的名字比较形象，容易理解和记忆。二是表现出组织者对民间花会活动的重视，希望花会演出能够有序、严谨、圆满地完成。

一、起自古代战阵的套路

一字长蛇阵。长蛇阵是根据蛇的习性推演而来，古已有之，元代《千里独行》的楔子里有以下描述。张飞云："哥哥，是个什么阵？"关羽云："兄弟，唤作一字长蛇阵。"可见其历史久远。这个套路要求演员排列成一长条的阵势，全阵分阵头、阵尾、阵胆三部分。在旱船的套路中，其变化主要有，前队不动后队动，这叫作卷。后队不动前队动，这叫作咬。中队不动，前队后队动，这叫作绞。此阵型一般在狭窄的街道，或在行进当中，或在开场之前运用。

二龙出水阵。此阵表演时演员分成两队，犹如两条龙，故名二龙出水。在旱船表演当中，二龙出水一般与"扎篱笆"结合使用。

二、以表演形态命名的套路

跑圆场。起自戏曲表演动作程式，演员在舞台上所走的路线呈圆形，称为圆场。跑的速度多为由慢到快，因此又称跑圆场。只是旱船的跑圆场不在舞台上，而是在宽敞的街道、广场，也被称作打场子。

葫芦。延庆旱船跑葫芦的场记特别多，如正反葫芦、单葫芦，以至于三、四、五等多葫芦。因葫芦与"8"字形似，所以跑葫芦也被称为跑"8"字，即在演出时跑出完整的"8"字队形。

◎ 砖雕盘肠葫芦与旱船套路极为相似 ◎

螺丝转。一只船在演出时，沿着螺丝状线路跑船，先跑小圈儿，然后逐渐向外扩大，如螺丝状。

大旋涡。一只船在演出时，围着拨船者跑出旋涡状线路，与螺丝转相似。

旋涡状水波浪。一只船在演出时，在场地一角作旋涡状线路跑船，然后以波浪状跑到下一角，直至四个角都跑完。

小旋涡。一只船在演出时跑出的线路，与大旋涡相似。

水波浪。一只船在演出时，以波浪形的线路跑出圆。

竖过船。一只船在演出时，拨船者躺在地上，二人驾船竖着依次从拨船者身上骑过。

◎ 房老营一只船竖过船 ◎

横过船。一只船在演出时，拨船者躺在地上，二人驾船横着同时从拨船者身上跨过。

摆船。一只船在演出时，旱船横着左右移动。

沿边摆动。三只船在演出时，由头船带领三只船边逆时针跑大圈边相互转小圈。

三、以民俗信仰命名的套路

八宝。一只船的套路。在民俗传统中有吉祥八宝的说法，这八宝分别为：双鱼，象征永生再生和智慧无限；宝伞，象征至上权威；宝盖，象征事业发展；吉祥网，象征一切通明；法轮，象征时来运转；法螺，象征平安、祥和、安逸；宝瓶，象征聚宝无漏、福智圆满；妙莲，象征纯洁。民间认为，有了此八宝能驱邪降福辟邪消灾。

斗法海。三只船在演出时的套路，名称取自于《白蛇传》的情节。该情节表现的是白娘子和小青为救出许仙，水漫金山与法海斗法的故事。彰显出民间为了爱情不畏强权的精神。

◎ 多只船转舟 ◎

拜四方。为延庆多只旱船的表演套路，数只旱船排成一排，分别向东南西北四个方向共同抬起船头，表示向观众叩拜致谢。

◎ 拜四方 ◎

四、以行船状态命名的套路

激流研磨。三只船在演出时，并排为组，以最左或最右的一只为中心点，共同跑出圆。如在激流旋涡中打旋，又如古人研磨的动作，故名。

海上行船。三只船在演出时，显示顺水行舟的流畅之美。

顺风倒船。三只船在演出时，显示逆水行舟时不屈不挠的奋争精神。

并船晃动。多只旱船并成一排晃动，看起来如随波荡漾。

翻羊肠。多只旱船在拨船者的带领下，按顺序往复跑出的套路。其形状好像是叠在一起的杂乱羊肠，所以叫作翻羊肠，有向里翻和向外翻两种。

蛇蜕皮。多只旱船在演出时，由头船和二船分别带领一组，跑出半圆形，两个半圆合成一个整圆，好像蛇在蜕去身上的旧皮。

扎篱笆。两队旱船面对面行进，走到碰面时，演员之间相互穿插行进，其线路好像是农家扎出的篱笆墙，故此得名。

延庆旱船还有很多套路名称，但构成的方式主要是以上几种类型。有的突出了队形的变化，有的依据水上泛舟的状态，还有的贯穿了民间传统的习俗信仰，它们共同丰富和完善着延庆的旱船文化。

◎ 胜利街旱船表演荡舟 ◎

第五章 延庆旱船的发展

延庆旱船的传承历史悠久，促使其产生的因素有很多，其中最根本的原因是当地的民俗活动。从老人们讲述的历史可以看出，旱船随着庙会的产生而产生，同时也随着庙会的衰亡而逐渐衰败。旱船与当地的人生礼仪、岁时节令密切相关。延庆旱船本身就是祭祀活动和民俗风情的一部分，有着与民俗活动相互依存的特征，是随着节日民间社火自发形成的群体活动。

延庆旱船的传承与发展，第一满足了广大群众的精神追求和情感寄托。旧时，延庆“地僻物吝，所产不过利用之常”，寻常百姓的生活异常艰难，但延庆人“安于勤苦而通达乐观”，喜欢穷欢乐，然后乐而忘忧。吹起唢呐忘掉了一切，挎上旱船不知饥饿。大营村清代唢呐老艺人王某，因年久而失去姓名，但他“事不拦兴”的绰号和他的故事却流传至今。“事不拦兴”唢呐不离身，进县城骑上毛驴一口气吹到县城，回来又骑上毛驴一口气吹到家。送粪时上了驮子吹到地头，卸了驮子又吹到粪场。别人问，这是为啥。他说，吹上唢呐什么都忘了，事事不拦兴。于是他的绰号产生了，真名反倒被人们遗忘了。旱船老艺人们常说，只要听到大鼓响，撂下饭碗就走，卸了旱船才知道饿。

◎ 2005年文化馆开始对旱船进行新一轮普查 ◎

第二是在文化生活贫乏的旧时代，延庆旱船是广大群众自娱自乐的重要方式，而且兼有“乐非独以自乐也，又一乐人”的作用，也就是说旱船主要是表演给百姓看的。清代乾隆年间的《延庆州志》载，社火表演时“遍游街巷，且歌且舞，男女聚观”，场面非常热闹。社火表演时对妇女都放禁，使她们得到与男人平等的权利，可见其影响之大。老艺人们回忆说，他们年轻时不仅在村里和县城表演，而且还到外边串村演出。每到一处，观众都是里三层外三层的拥挤。

第三是节日庆典需要。延庆有传统节令20多个，每个节令都有庆祝活动，人们对节令寄托了美好的愿望，并在节令活动中得到情感的宣泄和欢乐气氛的感染。其中立春、端午、中秋、元旦和元宵等节日期间，民间歌舞活动已成为不可缺少的活动内容。据明代嘉靖年间的《隆庆志》载：中秋节“为棚置会，亦争胜焉”，而元旦和元宵节期间是民间社火最为活跃的时间。全县260多个会档，演职人员多达万人，全部走村串巷演出。其中20多档旱船分布在延庆、永宁、大榆树、沈家营、井庄等12个乡镇，占15个乡镇的80%。正月十五前后三天，集中到延庆和永宁等城镇演出，规模很大，“男女聚观”的场面很热闹。元宵节后，

◎ 人山人海的元宵节盛况 ◎

各村相互团拜，最迟二月初二才结束，而旱船是其中最受欢迎的会档。上述节日如果没有民间舞蹈，老百姓就感觉“淡寡无味”不像过节。

第四是庙会邀请。历史上，延庆地区宗教活动很活跃，大小寺庙的数量多达1075座，庙会数量非常多，有影响的庙会40多个，其中黄龙潭、朝阳寺、白龙潭等庙会一直保留至今。庙会中文化活动占有重要地位，千家店镇的朝阳寺庙会和张山营镇的老龙庙庙会，都要邀请旱船表演。

第五是受到当地红白喜事的影响。延庆的丧礼“多不依制，然崇尚佛事”，有的佛事乐曲被旱船演奏曲牌吸收，大部分伴奏乐器，如鼓、大镲、大铙、笛子等，也被吸收成为旱船等舞蹈的主要伴奏乐器，只是笛子逐渐被唢呐替代。延庆的婚丧和寿诞多有民间吹打乐队，他们演奏的一些曲子，如《寿星花》《小看戏》《小磨房》等，都直接成为旱船的伴奏曲牌。

第一节

延庆旱船入选北京市级非遗项目名录

延庆，地处首都西北内长城关塞以外的广袤地区，是多种文化交汇之地。特殊的地理位置和历史文化积淀，使得延庆的地方风情呈现出与众不同的独特风貌。而数千年的滋养，又使得这种风情具有深厚的历史基础。在社会生产和生活实践中所产生的与之相关联的知识、技能技巧、民风民俗、世态人情、民间文化艺术等，都呈现出延庆地区特有的精神特质，是延庆人智慧思维与文化意识的结晶。

随着全球化趋势的加强和现代化进程的加快，延庆县的文化生态发生巨大变化，非物质文化遗产受到越来越大的冲击，许多依靠口传身授的非物质文化遗产逐渐消失，延庆旱船即是其中之一。随着北京市非物质文化遗产申报工作的开展，延庆旱船申报北京市级非物质文化遗产项目的工作被提上日程。

2005年，根据北京市文化局、北京市民间文化遗产保护办公室有关各区县申报名录的指示精神，根据县文化委员会的具体要求，文化馆制订了关于召开延庆旱船专家论证会筹备工作草案，草案对延庆旱船申报北京市级非物质文化遗产项目名录的工作日程进行了规划。

为了确保延庆旱船项目能够顺利通过专家论证，文化馆组织人员分步骤对需要论证的内容进行完善，内容主要包括：

一是拍摄20至30分钟的申报片。申报片要反映出延庆旱船的独特性、艺术性，以及它的历史贡献和保护价值。申报片由文委牵头，广电中心派出高耀宗担任申报片的摄制人员和后期制作人员。文化馆的王平、姚二林、张义、辛荣英等工作人员负责延庆旱船的基础普查，以及申报片的串词撰写、拍摄场景的规划、后勤保障等日程联系工作，同时邀请县内民俗专家张夙起参与相关工作。虽然在制作申报片上大家都不在行，但在制作之前，民保办公室的成员想尽一切办法寻找最清晰的图片和最具代表性的录像资料。广电中心的工作人员平时的工作量也很大，只能利用周末时间进行短片的制作。由于时间紧，在制作申报片时，都是从早晨开始直到晚上甚至凌晨才结束。经过近三个月的时间，申报片的拍摄、制作工作终于圆满完成。

二是撰写延庆旱船的论证报告。论证报告所要反映的内容要与论证短片相辅相成，相互对应。要全面反映出延庆旱船的特性、价值、现状、传承、保护规划等多项内容。论证报告由文化馆牵头，民保办公室姚二林、张义、辛荣英具体落实，民俗专家张夙起参与相关工作，提出了切实的撰稿意见并参与了撰稿工作。

三是相关辅助材料的准备。主要包括搜集延庆旱船的老照片、老视频等影像资料，延庆旱船传承谱系的普查和确定，延庆旱船的分布地域和状况等。

以上三项工作是复杂和琐碎的，为保证各项工作能够做到尽善尽美，2005年8月8日，文化馆邀请北京市民间文化遗产保护办公室相关专家，对举办延庆旱船专家论证会所准备的材料进行督导。8月8日至14日，文化馆根据专家提出的意见，对申报片和论证报告进行修改和完善。

9月5日，延庆旱船的专家论证会在县文委正式召开。论证会上，延庆县、市文化局相关领导致辞后，与会专家观看了延庆旱船申报片，认真听取了延庆旱船论证报告，并对延庆旱船论证报告阐述了意见。与会专家对延庆旱船给予了肯定，同时也留下了宝贵的建议，专家一致同意延庆旱船申报国家级和北京市级非物质文化遗产，并在专家论证意见书上签字。

2006年8月27日，依据《国务院关于加强文化遗产保护的通知》（国发［2005］42号）、《国务院办公厅关于加强我国非物质文化遗产保护工作的意见》（国办发［2005］18号）、《北京市人民政府办公厅关于加强本市非物质文化遗产保护工作的意见》（京政办发［2006］1号）的精神，北京市文化局在全市各有关单位申报及专家推荐的基础上，初步确定50个项目进入第一批北京市级非物质文化遗产推荐名录，并进行网上公示，公示期为15天（8月27日—9月10日）。延庆旱船至此

◎ 延庆县级非物质文化遗产名录专家论证会 ◎

成为北京市级非物质文化遗产代表作。

2007年3月24日，在县文委召开了“延庆县级非物质文化遗产名录申报项目专家评审会”。会上专家对文化馆所推荐的16个非物质文化遗产候选项目进行了严格的甄别、筛选，最后从这16个项目当中评选出了15项进入《延庆县级非物质文化遗产名录》，其中包括延庆旱船。2007年4月10日，首批15项延庆县级非物质文化遗产名录正式向社会公示。延庆旱船至此成为延庆县级非物质文化遗产代表作。

2007年6月9日，是我国第二个文化遗产日，北京市人民政府公布、北京市文化局颁发了市级非物质文化遗产（延庆旱船）的牌匾。

第二节

延庆旱船的市级传承人

延庆旱船成功入选北京市级非物质文化遗产项目名录以后，市文化局部署了关于代表性传承人的申报工作。延庆县文化馆在接到相关任务后，积极组织延庆旱船传承人的申报工作。2008年，延庆镇胜利街村民丁石锁，成为第一批北京市级非物质文化遗产项目代表性传承人。2009年，井庄镇房老营村的房存相、沈家营镇北老君堂村的王元清成为第二批北京市级非物质文化遗产项目代表性传承人。

一、一只船传承人房存相

井庄镇房老营村的一只船，又被称作大船，船长约3.35米，宽约0.75米，重约40千克，由两个男青年驾船。表演内容取材于戏曲《白蛇传》中游西湖的故事，驾船头者扮演白娘子，驾船尾者扮演许仙，另有一个似戏曲中武丑装束的人扮演拨船者。船的行进路线全由拨船者指挥，驾船头者眼盯拨船者，驾船尾者紧跟驾船头者。老艺人说：“船头的人费眼，船尾的人累腿。”三人的默契配合非常重要。拨船者还需要有一定的翻、滚、蹦、跳、蹿的功夫，指挥灵活多变，表演滑稽幽默。大船以走“水波浪”“转旋涡”“串葫芦”为主要套路。

◎ 井庄镇房老营村一只船老艺人房存相 ◎

房存相，男，1924年11月出生于延庆县井庄镇房老营村。童年时受其父房进元影响，系统学习了流传于本村的一只船拨船技法。后来由于生活所迫，到北京荣春社京戏班做饭十余年，这期间他跟着戏班师傅学习了毯子功。回村后，房存相受小庄户村一只船武丑拨船人动作影响，并在此基础上加入了戏班所学的毯子功技巧，逐渐形成自己的拨船风格，对继承和发展一只船的表演艺术做出了极大的贡献。他曾经是延庆县最著名的一只船武丑拨船的老艺人，于2012年因病去世。

在过去，延庆一只船的拨船者不一定是丑角的打扮。房存相回到村里开始扮演拨船者后，将年轻时在荣春社京戏班学到的毯子功运用到拨船动作当中，不仅创新出了一系列新颖独特的动作，而且在装扮上有所创新，以丑角的方式出现在观众眼前。另外，为了便于在演出中发挥出技艺水平，房存相将拨船者手中普遍使用的船桨，换作了一根哨棒。房存相所掌握的基本动作包括：

握棒：左手满把握棒。

碎步：站“正步”，踮脚双膝微屈，碎步擦地行走。后退时，上身稍向后仰。

单飞脚（又名“单赞步”）：右腿绷脚“踢前腿”，右手从后经上向前抡拍右脚面一下，或右手拿船杆的叶桨点脚面一下。

前俯后仰：脚下走“碎步”，第一拍撅臀、塌腰，双手在两侧。第二拍挺胸、腆肚，双臂向后背，反复进行。

立星星（又名“三角顶”）：两手与头着地，全身倒立。

三点地：做“立星星”，然后头顶不离地，双脚向前落成躺身，双臂上举，双手将棒逆时针划平圆旋转，同时双脚掌击鼓般地交替敲打地面。

侧错步：左腿勾脚前伸，脚跟着地，右腿屈膝，脚跟踮起，碎步前行。

蝎子爬：做“拿顶”，双手交替向前爬。

挺尸翻身：全身向前直扑倒地，双手掌按地，然后双手用力一撑，全身绷直，双脚离地，左肩和腰向身左后猛一拧，整个身体直挺挺地翻过来仰卧躺地，双手紧贴身体两侧。

鬼推磨：腹部贴地为轴，双手撑地，双脚翘起。双手交替快速扒地，使身体逆时针旋转。

双飞脚：上左脚做“单飞脚”，然后左腿绷脚前踢，左手迎击左脚面，右脚落地，一拍完成。

门摆：右腿跪地，右臂大幅度地向左、右摆动。

纵船：左手速按船板中段，双腿屈膝贴胸跳起，在空中向左转半圈，紧接右手也按在船板上用力推一下，同时双腿顺势向船另一侧蹬出落地。全部动作为从船的一侧跃起，蹿过船身至船的另一侧落地。

随船蹦：右脚搁在船沿上，左脚踮起，左手抓住船柱，右手拖船杆。左脚碎步蹦着，随船转行。

房存相所掌握的这些基本动作，对于专业的演员来说算不上什么，

◎ 延庆旱船市级代表性传承人房存相 ◎

但对于农村的老百姓来说已经是很有技巧性了。由于房存相的创新，使得延庆一只船的拨船者角色脱颖而出，不仅使民间的艺术融入了技术性，而且由于房存相个人的发挥，使拨船者这一角色更加幽默滑稽，人物更具吸引力。

20世纪80年代，房存相带领房老营村一只船表演队多次参加延庆县举办的正月十五花会调演和比赛，曾获得县级一等奖。房存相所编创的一只船武丑拨船者动作，被编辑记录在《中国民族民间舞蹈集成（北京

卷）》一书中。北京市文化局的相关专家在20世纪80年代，曾多次到房老营村对房存相进行采访，留下了一些珍贵的影像资料。也就是在那个时候，房存相接受了北京市文化局的邀请，到北京市接受为期数个月的封闭采访，为完成《中国民族民间舞蹈集成（北京卷）》当中延庆旱船一只船的撰稿工作，奠定了坚实的基础，他所演绎的拨船者角色也成为了经典。

延庆旱船的一只船和多只船的表演是有区别的。一只船注重的是拨

◎ 房存相与他的一只船 ◎

船者的个人表现力，其他角色作为配合者融入到舞蹈当中。而多只船的表演，注重多船之间的默契穿插，是多个表演者为主体共同完成表演。

二、三只船传承人丁石锁

延庆镇胜利街的三只船由三只小船组成，舞蹈内容表现了白娘子、小青、许仙游西湖的故事。胜利街三只船在延庆旱船的表演当中，由于延续时间长、基本功扎实，曾多次参加国家级、市级等大型文化交流和展演活动。

◎ 延庆旱船市级代表性传承人丁石锁 ◎

丁石锁（又名丁自强），1948年5月出生，延庆镇胜利街村人。他自小受到家庭熏陶，酷爱旱船表演技艺，儿时起就得到父亲的口传心授。20世纪60年代初开始，受艺于其他民间艺人，其技艺掌握比较全面、扎实、表现力强。20世纪80年代，丁石锁开始系统地学习延庆旱船的音乐伴奏，具有较强的代表性。2008年，丁石锁成为第一批北京市级非物质文化遗产项目代表性传承人。随后，北京非物质文化遗产保护中心征得有关部门同意，决定监理发行一套《文化遗产之都》个性邮票，个性邮票主图统一使用《富贵牡丹》图，附图使用北京市首批非遗传承人的肖像。作为北京市非物质文化遗产——延庆旱船传承人之一的丁石锁，跟梅葆玖、谭元寿等艺术大师一样，凭借北京市首批非遗传承人的身份，登上了北京市《文化遗产之都》个性邮册。

丁石锁掌握的旱船表演技艺主要有以下几个特点：

一快、二稳、三漂、四转。其中，以稳最为重要，即稳中求快求漂，在稳中旋转，在旋转中较量稳的功夫。

快，要求演员上身直立，双腿夹紧，双膝微屈，用舞台跑圆场的步履，步幅小，但频率很高，行船急如梭、快如风。

稳，要求行进中船体不摆不晃，给人以水平如镜、船行如划的感觉。据老艺人介绍，他们跑船，船头放一碗水，也不会洒出来。

漂，是说旱船虽然比较重，但跑起来要如一叶轻舟似的轻盈。

转，要求玩旱船要讲究技艺，船虽大却要旋转自如。主要有顺时针和逆时针两种转法。多只船的旋转变化就更多，有单转、双转、三人转乃至自转加周转等。

另外，丁石锁掌握的旱船套路非常丰富。除开场和结束要有圆场和拜四方之外，中间还有扎篱笆、卷蜡等30多种。

音乐伴奏是旱船表演的半台戏，旱船的吹打乐伴奏非常热闹。主要的吹奏乐器有唢呐、笙两种。打击乐器主要有大鼓、大钹、大镲、小铙等，演奏时以唢呐和大鼓为主。大鼓作为乐队的指挥，唢呐作为乐曲的领奏。

以丁石锁为代表的延庆县胜利街的三只船，曾多次在各级各类演出中获得过最佳表演奖和一等奖。曾经参加过在龙潭湖举办的北京市第一届农民运动会、在民族文化宫举办的庆祝中日邦交正常化十周年活动、大观园开馆典礼和北京市花会调演。直到现在，每年都会参与延庆县举办的一些重要文化、节庆活动。另外，丁石锁作为延庆旱船的市级传承人，积极发挥着传承人的作用，多年来一直致力于旱船技艺和音乐的传承工作。

但从延庆旱船的整体发展趋势来看，丁石锁感觉忧心忡忡。延庆旱船的某些表演技艺面临失传，表演套路和技巧正在被简化或已经失传。延庆旱船的道具制作粗糙或丢失传统工艺方法，失去了旱船原有的特色。尤其是彩绘部分，许多画图显得很粗糙，有的干脆取消了彩绘，采用了电脑彩喷技术，缺少了民间文化的味道。由于旱船的分量重，表演技艺不易掌握，年轻人不愿为此下功夫。受文化多样性的冲击，人们的文化娱乐活动选择面逐渐加宽，旱船的吸引力、社会影响力逐渐减小，尤其是青年人对它的热情减退。

为解决这一现状，丁石锁积极奔走，热心指导县内年轻人学习旱船，尽力参与井庄镇旱船之乡的建设工作，不顾自己的满身病痛奉献着传承人的热心和热情。

三、九只船传承人王元清

北老君堂村的九只船由九只小船组成。由于船多人多，跑出的场面大且红火热闹。

王元清，男，1946年出生于延庆县沈家营镇北老君堂村。自幼受其父熏陶，对延庆旱船情有独钟，对本村的九只船的表演套路、技巧等都有比较深的理解。18岁时跟随大柏老村的祁师傅“大模样”学习唢呐演奏技法。

王元清自幼喜爱旱船表演，在父辈民间艺人的带动下一直参与组织本村的旱船表演。他成年以后积极参与县乡组织的民间花会调演，并在节庆期间到各乡村进行团拜活动，长年累月从未间断。其儿媳、女儿、

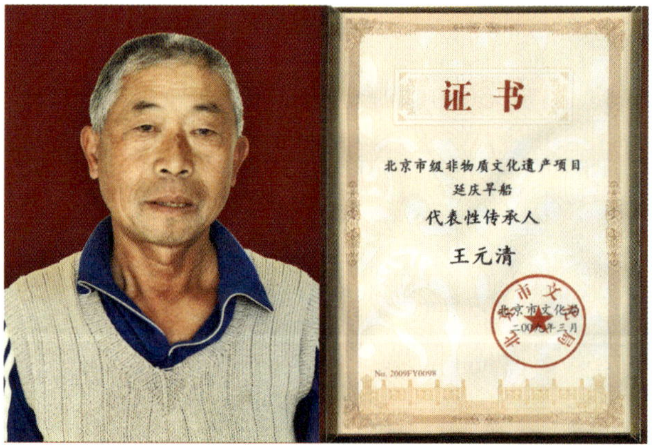

◎ 延庆旱船市级代表性传承人王元清 ◎

女婿、侄女等，在他的教授下都能够进行九只船的表演。

九只船的表演在延庆地区流传广泛，群众基础曾十分深厚。但20世纪80年代以后，由于年轻人缺乏认识，以及受文化多样性的冲击等各种因素制约，九只船的套路、技巧、曲牌方面都有遗失的状况。另外，队员年龄偏大，青黄不接的现状不容乐观。

北老君堂的九只船表演道具造型独特，传统曲牌粗犷激烈，表演“快、稳、漂、转”，注重人物性格的刻画，乡土气息浓郁，地域特色突出。2009年，王元清成为第二批北京市级非物质文化遗产项目代表性

◎ 北老君堂九只船 ◎

传承人。

王元清继承发展了九只船的表演艺术，培养了一批新生力量。他从事旱船活动40多年，熟练掌握旱船表演套路、技法、曲牌。他参加了延庆县九只船的调研、抢救、挖掘工程，配合参与了演出和录音录像工作，为延庆旱船的传承和发展做出了积极的贡献。

20世纪80年代至今，王元清带领九只船多次参与延庆县花会调演，并获得一、二等奖。参加了延庆县百只旱船队，在八达岭进行奥运会倒计时展演活动。连续多年在延庆端午文化节上进行展演，在新中国成立35周年庆典活动中，参加天安门广场的国庆演出活动。

◎ 王元清与他的船队 ◎

第三节

百只旱船队

延庆旱船有着悠久的历史和深厚的文化内涵，在我国北方地区具有重要的代表性。为了进一步弘扬和发展这一传统舞蹈项目，优化延庆旱船的特色优势，丰富基层群众文化生活，为构建和谐社会发挥文化的引领作用，延庆县人民政府决定于2005年筹备组建百只旱船表演队。

一、组建背景

北京市开展非物质文化遗产保护工作伊始，北京市文化局就对延庆旱船给予了高度重视，并投入专项扶持资金9万元。2004年，县文化馆着手对延庆的传统旱船进行了改造，改造的部分包括船顶设计、船体美工、船体规格。改造后的旱船重量大大减轻，只有12.5千克，并具有美观、适用、可折叠等多项功能。另外，专家组还对延庆旱船的音乐曲牌、舞蹈动作、套路编排等方面也进行了整合。

改造后的旱船继承了传统旱船的文化特色，更加实用，便于运输，得到了各界的一致好评。由于旱船重量减轻，使得更多人能够乘驾道具，为百只旱船队的顺利组建奠定了基础。随着社会的发展，延庆旱船要不断参与许多大型文化活动，也要求旱船队伍扩大规模，以适应大型文化活动的演出。因此延庆县人民政府决定，于2005年筹备组建百只旱船表演队。

二、组建效果

自2005年组建百只旱船队以后，经过长时间的培训和演练，使得延庆旱船更具规模、更具特色、更具影响力。2008年，第29届奥运会举办前夕，为充分利用“人文奥运”的契机，延庆的百只旱船在许多大型庆祝活动中亮相，走进了奥林匹克文化艺术节。通过百只旱船

◎ 百只旱船迎奥运 ◎

队的展示，不仅使地区民间文化项目得到了保护与发展，也促进了延庆地区文化影响力的提升，使传统的乡村特色文化完成了向地区主流文化的转变。实现了“群众文化有活力、旅游文化有内涵”的发展目标。

三、组建过程与形式

延庆百只旱船队的组建工作，由延庆县文化委员会主管，延庆县文化馆具体实施。2005年6月底，文化馆完成了百只旱船的设计与制作工作。重新设计制作的旱船质地轻盈，船体图案美观、色彩鲜艳，给观众耳目一新的感觉。

延庆县文化委员会根据实际情况，从10个乡镇中选拔出10个达标文化大院，作为延庆百只旱船队组建活动的协办单位。每个文化大院按照文委的要求，均组建一支九只船表演队，由文化馆统一组织培训、排练、演出，初步形成了百只旱船队的规模。文委同时要求，每支九只船表演队都要有12名队员参加培训，并能按照文委要求随时组织培训、排练、演出，参加培训的学员总数超过百人。各乡镇旱船队伍组建完成之后，文委向各队配备了旱船道具、演出服装、音乐伴奏带等，同时为每支旱船队配置活动经费1.1万元。

四、演出和排练

2005年5月组织筹备工作完成，5月20日召开了“百只旱船表演队动员大会”，会上布置了旱船培训、排练、演出等相关工作。自5月23日开始，由文化馆统一组织百只旱船队，进行培训、排练。文委负责前期组织筹备工作，并对培训、排练工作进行督导检查。到6月中旬，旱船队达到了演出水平，并参加了第十届延庆消夏避暑节开幕式的演出活动。

之后，文化馆按照工作规划，定期对百只旱船队进行培训，演出水平不断提高。2005年6月，百只旱船参加了“北京2008奥运会倒计时1000天”庆典活动，它以庞大的规模、独特的造型和演出技法，使观众深深感受到民族文化的永恒魅力。

延庆旱船在民间艺术发展中占有重要的位置，鉴于它独特的造型、

◎ 百人旱船参加北京市中学生运动会开幕式 ◎

飘逸的舞姿、热烈喜庆的音乐伴奏，享有北京第一漂的美誉。百只旱船队的组建，使延庆成为名副其实的旱船之乡。经过长期培训的百只旱船队，由96只船组成庞大的阵容，它们像是从遥远的记忆中走来，带着古老美丽的传说，漂过流金的岁月，走出古朴的延庆，跑向更广阔的天地。

百只旱船通过跑船、转船、拜四方、扎篱笆等场记，表现出百舸争流、奋发向上的情趣，并展示了人们对美好生活的憧憬。整场演出由"遥远的记忆""流动的年华""清凉的夏都""漂动的舞姿""深情的呼唤"五个篇章组成，每个篇章编排三个场记。通过造型各异的场记变化，展现出延庆旱船的细腻之美。伴奏曲牌以将军令、娃娃、八板等传统旱船的曲牌音乐为基础，将表演烘托得喜庆、热烈。

五、组建"快乐的船队"

2005年6月，延庆县政府命名延庆县文化馆为"北京市民族民间文化保护项目（旱船）承传单位"。延庆县文化馆在上级各部门的指导下，进一步加强了对旱船的改造工作。为此成立了研究小组、船体改造制作组、舞蹈音乐场记创编组，并组建了一支具有地域文化特色的旱船队，该旱船队被定名为"快乐的船队"。

组建"快乐的船队"，一是对道具船的改进。通过分解传统旱船的

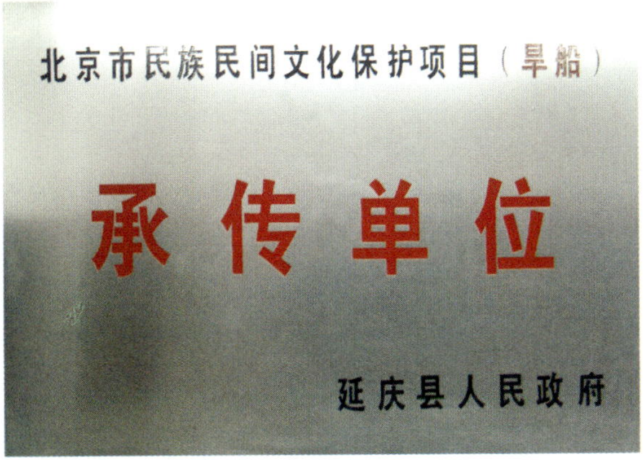

◎ 2005年延庆县文化馆被命名为旱船承传单位 ◎

船体结构，结合拆装和折叠的新技术，重新设计并制作。旨在既保留旱船的传统文化风格，又便于道具的运输。

二是对旱船表演的人物造型进行重新确立。根据舞蹈的风格，结合舞蹈所表现的内容和主题，对人物的服饰、化妆等进行设计。

三是对伴奏音乐进行整合。在众多原始曲牌中，根据新的内容和主题，确定其节奏和风格特点，使延庆旱船传统的古老风貌焕发出新的魅力。

四是对场记动作进行合理架构。通过研究传统旱船的场记构成规律，强化延庆旱船“快、稳、漂、转”的特色。通过系统的正规培训，让演员掌握延庆旱船的舞蹈风格，熟悉音乐曲牌、场记套路，并规范舞蹈动作。

“快乐的船队”针对传统旱船在道具、人物造型、场记变化、音乐

◎ 新编“快乐的船队” ◎

伴奏等方面存在的不足，结合了延庆旱船的文化风貌和地域特色，克服了传统舞蹈本身存在的松散状态，规范了音乐伴奏、舞蹈律动、场记变化等舞蹈因素，塑造出鲜明的主体形象，把延庆旱船定位于“诗、画、舞、乐”相结合的美好情境。

“快乐的船队”道具更加美观轻便，人物造型更加亮丽，音乐伴奏更加优美，场记更加灵活多变，并由此演绎出美好动人的故事，使其优

雅大方而又热烈时尚，充分体现出延庆旱船在中国民族民间舞蹈中的鲜明风格，增强了广场舞蹈艺术的群众亲和力。

“快乐的船队”使延庆旱船实现了为社会服务、为经济服务、为文化服务的目标。“快乐的船队”作为一个综合性的艺术形式，需要各行艺术工作者之间的默契配合，只有形成合力才能群策群力，才能在“快乐的船队”道具的制作、人物形象的塑造、音乐的创编、服装的设计、舞美的创作等方面，提高延庆旱船的艺术品位，达到预期的效果。

第四节

延庆旱船的改造

延庆历史悠久，传统文化积淀丰厚，历史上民间舞蹈很引人瞩目，旱船是其中最有代表性的品种，在我国北方地区具有较强的代表性，得到了北京市文化局的高度重视。但由于传统的延庆旱船道具是纯木制作，比较沉重，小船单只重20千克以上，大船单只重40千克以上。在过去很长一段时间内，延庆旱船是身强力壮的小伙子玩的项目，因此严重制约了延庆旱船的发展。

鉴于此，2002年市文化局与延庆县文化委员会签订了“科技项目专项合同”，将延庆旱船作为挖掘、创新、发展的研究项目，由文化馆具体实施。合同对延庆旱船的研究目的和意义、国内外发展情况、课题研究的可行性分析、项目研究的主要内容、技术关键、试验的方法和技术路线、起止年限、计划进度及阶段目标、现有实验及研究条件（组织、人员、设备等）、推广应用前景、预期成果的经济及社会效益分析、经费预算等，都作了具体规划。

◎ 胜利街旱船参加北京传统音乐节闭幕式 ◎

按照合同制订的改造计划，文化馆在保证延庆旱船传统造型不变的基础上，首先对船体进行改造，重点对道具船的重量进行了科学的改进。传统的道具船重约40千克，一般人由于力不从心而不敢问津，使得延庆旱船的演员局限于男性，在人物造型、表演技巧等方面存在着一定的不足。经过有关专家及文化馆业务干部研讨决定，将以往较为沉重的纯木替换为不锈钢、铝合金等材料，将道具船的重量压缩到12.5千克。又将船顶、立柱、船舱改造为可拆卸的分体结构，更有利于运输。

为打造出群众文化的艺术精品，使延庆旱船尽早融入到更加广阔的文化空间，并积极为旱船参加奥运会演出创造条件，使旱船这一古老的民族民间传统的广场舞蹈得以更好的传承，文化馆在改革创新的基础上，请各方面的专家学者对旱船在结构、彩绘、人物造型、服装搭配等各部分进行适当的改进。

改造要求：①在船体设计时，舷窗（梯形窗）要平展，注意布料的选择。②梯形舷窗的固定及连接方式合理，便于运输。③单只的船体重量控制在10千克至12.5千克以内。④船体的外观精致，注意完整性，并组装方便。⑤船体上的彩绘图案以《白蛇传》《八仙过海》中的情节为主，在船围上彩绘“荷花”“海波浪”“游龙戏凤”等图案。⑥彩绘要具有立体感，人物生动逼真，色彩鲜艳亮丽，底色澄清透明。⑦船灯照明时，顶灯能够随时控制，荷花灯能够转动。⑧人物造型和服装，以《白蛇传》中主要人物的传统戏剧服装为参照。⑨伴奏音乐采用《将军令》《寿星花》等传统曲牌。⑩舞蹈的技法和场记套路方面，文化馆负责搜集原始资料，在传统曲牌与传统舞蹈场记的基础上，由专家进行新的构思和编排。

通过对延庆旱船的全新改造，使其更加适应现代人的审美要求，更便于操作演出，对于年轻人更好地了解、保护、传承这一延庆独特的古老民间舞蹈有着积极的作用。

在改造过程中，如何展示延庆旱船的艺术魅力，是整个旱船改造的精髓部分。传统旱船多以一、三、五、七、九只船进行表演，后经历年改进，又有六、八只船面世。其中以一只船、三只船、九只船最具代表性，三者之间共性与个性相结合，演绎出不同的特点。2004年4月，文化馆从乡镇、社区中挑选队员，组建了十二只船队（队员年龄在25岁至40岁之间）。文化馆副馆长王平针对十二只船的表演特点，编排、整理了场记方案，如走“8”字、拜四方、斗法海、荡船走花边、激流研磨等15个场记。经过近一个月的紧张训练，旱船队的演出初见成效，并且于“五一”期间在龙庆峡风景旅游区首次展示，得到社会各界人士的好评。延庆旱船的改造工作，得到了市县各级主管部门的高度重视。到2005年，延庆旱船的道具、彩绘、音乐、演员、场记等各方面，都已有了突破性的进展，改造工程基本完成。

2005年1月，北京市群众艺术馆副馆长、民间文化专项负责人石振怀等一行五人，到文化馆对延庆旱船的改造项目进行了全面审核。审核组对延庆旱船的改造成果给予了充分肯定，特别是对十二只船行云流水的表演给予了高度的评价，并有意将延庆旱船列为北京市民族民间文化保护项目。审核组对延庆旱船的发展前景提出了参考建议：

一是要注重对延庆旱船的宣传，不断拓宽其发展空间；二是要注意对文字、影像、图片等各方面资料的整理留存；三是要确立延庆旱船的传承人及传承单位，做好这一民间文化的传承和保护工作。审核组还提出按照“两条腿走路”的办法，在做好延庆旱船创新改造的同时，要特别注重对原生态旱船项目的保护与传承。

2005年春节期间，在北京群众艺术馆的指导和支持下，延庆县文化馆与宣武区文化馆签订了“厂甸庙会展演协议书”，参加了“首届北京民族民间文化保护项目展演”活动。延庆的十二只船以崭新的形象代表延庆，与外界的民俗文化进行了交流，对延庆县民俗文化的对外宣传起到了积极的推动作用。继2005年之后，延庆旱船多次参加厂甸庙会的演出活动。

2005年5月17日，十二只船在北京劳动人民文化宫参加了“世界500强部分嘉宾配偶文化观光”活动。独具民间特色的延庆旱船轻盈亮丽、漂转自如，丰富的套路、娴熟的技巧，演绎着中国民间文化的永恒魅力。延庆旱船参与《财富》论坛的文化活动，是向世界人民展示延庆民族民间文化项目的有益尝试。通过这种实践，坚定了延庆民间传统文化传承与发展的信心。同时，也使民族民间文化在保护和创新的探索中，进一步丰富了旱船承传艺术的文化内涵，使它在我国民族民间文化的宝库中熠熠闪光！

挖掘和创新这一项目，可以更好地继承民族文化的个性，不断丰富民族文化的内涵。提升延庆旱船的艺术魅力，适应现代人的审美要求，使其成为延庆地区、北京地区乃至全国的优秀传统舞蹈品牌，可以带动本地区文化活动的开展，使其成为本地区旅游文化、旅游经济发展的推动力量。

第五节

延庆旱船之乡

延庆地区的花会活动已有400多年历史，到了清朝见诸史书的记载则更加详细，旱船即延庆地区最有特色的民间花会形式。它不仅历史悠久，而且因为道具造型独特，表演套路丰富，音乐伴奏喜庆热烈，长期以来深受人民群众喜爱。因此，旱船成为延庆历史上最引人注目、最有代表性、影响最大的民间舞蹈品种。

随着延庆县非物质文化遗产保护工作的进行，延庆旱船已经成功入选北京市级非物质文化遗产项目名录，并得到各级文化部门的高度重视。但是作为延庆旱船的重要组成部分，井庄镇房老营村的一只船已经十余年不能够有效组织，面临着失传的尴尬境地。因此，扶植和恢复井庄镇房老营村一只船项目迫在眉睫。鉴于此，由县文委牵头，与井庄镇携手，着力打造“旱船之乡”品牌。

一、打造内容

对井庄镇进行客观的旱船文化资源普查，寻求相应的人力资源和人

◎ 旱船之乡建设启动仪式 ◎

才资源，全面掌握延庆县源远流长的一只船的基本情况。结合延庆县特色文化建设的步伐，挖掘延庆旱船的文化底蕴和内涵，按照市县对非物质文化遗产工作“原生态”的保护模式，全力打造延庆县“旱船之乡”这一文化品牌。

二、背景及必要性

延庆是北京地区民族民间文化资源大县，境内的民间文化资源极具特色，尤其是境内的旱船舞，不仅在北京市广为熟知，甚至在国内也极负盛名。据此，延庆县文化委员会作出了构建“特色文化乡镇”和打造“旱船之乡”的文化建设构想。随着延庆县政治、经济、文化的不断发展，各项基础文化设施的改善和提高，延庆县的民间文化资源优势更加明显。

虽然延庆旱船在外界的影响力日益广泛，但是作为延庆旱船的始祖，井庄镇房老营村的一只船发展却较为滞后。大量的资源普查和文化调查发现，县域内目前流行的三只船、九只船乃至各种多只船，都是以一只船为基础发展起来的，尤其是以井庄镇房老营村的一只船为代表。通过历史资料的记载可以看出，一只船积淀了延庆县旱船文化极为丰富

◎ 旱船之乡一只船培训 ◎

的文化元素和符号，孕育了源远流长的旱船文化。从长远来看，这项古老而又魅力无穷的旱船品类，隐藏着巨大的文化潜力。

非遗传承，文化盛事。2011年12月30日，北京市级非物质文化遗产项目——“延庆旱船”传承基地建设启动仪式在井庄镇举行，井庄镇正式成为“延庆旱船”的传承基地。启动仪式上，相关部门负责人为井庄镇传承基地颁牌，县文化馆与井庄镇文化站签订了传承基地建设合作协议书，为传承基地发放了旱船道具、服装和乐器。县文化馆组织专家对传承基地的学员们进行化妆、音乐伴奏、技术动作、套路等方面的培训，并组织学员参与各类文化活动，推动延庆旱船传承基地的发展和建设。

在井庄镇，旱船文化具有扎实的基础。不论是旱船的故事内容和伴奏技巧，还是拨船者所需要具备的翻、滚、蹦、跳、蹿等功夫，井庄人都能说上几句。井庄镇的旱船文化流传至今已有200年之久，最早要追溯到乾隆年间。近代的旱船表演主要以一只船、九只船为主。其中房老营村的一只船，老银庄村、艾官营村的九只船，一直传承至今。旱船之乡成立之后，县文化馆立足于旱船的文化发展，把房老营村、老银庄村、艾官营村的旱船表演，作为传承历史文化的重要纽带，通过培训不断提高旱船的艺术水平和表演技艺，使旱船表演在井庄不断发展壮大。

◎ 旱船之乡化妆培训 ◎

老银庄村旱船队已壮大到60人，先后多次参加延庆县举办的大型活动。如2011年妫河森林公园开园仪式旱船展演、“环京赛”永宁分会场旱船展演，2012年“中国体育彩票”全国新年群众登高健身活动旱船展演，2013年延庆县“端午文化节”非遗展演，2014年迎新年非遗展演等大型文化活动，受到了社会各界的广泛好评。在延庆县元宵节花会展演中，老银庄旱船队连续多年荣获延庆元宵节花会展演一、二、三等奖。延庆电视台、中央电视台财经频道等媒体，先后对该村旱船进行过专题采访和报道。

井庄镇旱船之乡的建成，不仅推动了该镇非物质文化遗产的发展，更对该镇文化事业大发展大繁荣起到积极的促进作用。镇党委政府以打造文化品牌“旱船之乡”为目标，不断加大旱船文化的宣传、培训、建设力度，以房老营、艾官营、老银庄三个村为重点，辐射带动果树园、东沟、孟家窑、三司等村的非物质文化遗产传承工作，让旱船得以传承并发扬光大。

◎ 老银庄旱船 ◎

◎ 旱船之乡一只船道具 ◎

在旱船之乡的建设中，聘请了延庆县旱船专家王平、市级非遗项目代表性传承人丁石锁，对学员进行专业指导和品牌策划，对一只船和九只船的动作、套路、音乐、化妆等进行系统培训，使其专业技能、艺术魅力等方面都有了很大程度的提高。

第六节

90后旱船队

杨征宇，男，出生于1993年9月；郤曼，女，出生于1994年3月；杨晨，男，出生于1992年4月；赵子豪，男，出生于1995年3月。正是这些出生于20世纪90年代的少男少女们，在纷繁复杂的物象中选中了延庆旱船作为爱好，并且在无意当中成为了延庆旱船文化的继承者和发扬者。因为他们都是所谓的90后，因此由他们组建的旱船队被叫作“90后旱船队”。

“90后旱船队”组建于2009年底，到目前为止已参加活动20余场，组织参与公益募捐义演1场。

2009年冬，有着共同爱好的几个年轻人在延庆妫川广场相识了，他们在一起吹吹打打，逐渐成为志同道合的朋友。一转眼马上就要过年了，正值寒假期间，几个都自带手艺的90后便商量看能不能组建一档花会。但他们只有五六个人，想组织起一支花会队伍是有难度的。

杨征宇曾在胜利街村玩过两年旱船，他知道玩旱船需要的人少，有六七个人就可以玩，而且很受百姓欢迎。他把想法告诉了大家，大家一拍即合。他们四处打听，知道做旱船得要不少钱，一支旱船队最少三只船，买新船怎么也得几千块，这对于学生来说是一笔不小的开支。他们又四处打听，听说大榆树镇簸箕营村做了三只旱船，该村原来的三只旧船要卖，便七拼八凑了1500元，总算把旱船买了回来。

杨征宇有玩旱船的基础，做起了几个年轻人的老师。为了能够赶在春节前排出完整的节目，大家有时候连晌午饭都顾不得吃，通过几天的排练，整个节目基本成型了。于是大家约定好，2010年的大年初一上街串村拜年，整个春节期间的不间断演出，使“90后旱船队”成为老百姓街头巷议的话题。

为了让更多人知道“90后旱船队”，队员们试着拨打了延庆电视台

《生活全方位》栏目组的电话。电视台工作人员知道这一情况后，立即带着县文化馆的老师对“90后旱船队”进行了采访。文化馆的老师对旱船队进行肯定的同时，也提出了一些改进的意见和建议。

经过不断的实践，“90后旱船队”队员们的基本功更扎实了，演出得到了广泛的赞誉。再经过电视台的报道，名气越来越大，而且也得到了县文化馆的重视。队员们都知道，文化馆重视这支队伍不是因为大家的技艺多么精湛，而是因为这支队伍的队员年轻，在一定程度上可以说是延庆传统文化的继承者。

2011年端午文化节前夕，文化馆通知“90后旱船队”参加延庆县端午文化节的非物质文化遗产演出。队员们组建旱船队，是出于对民间花会的喜爱，平时玩玩还可以，但真要参加政府举办的活动，队员们还真有些紧张，生怕搞不好。但文化馆对旱船队充满了信心，要旱船队一定珍惜展示自己的机会。有了文化馆的支持，旱船队年轻的队员们也决定利用这次机会，好好地向人们进行展示和推介。从接到通知到正式演出，队员们每天都在会展广场练上半天，就是为了能把旱船的精华展示给观众，把年轻人的表演激情和蓬勃朝气展示给观众。

◎“90后旱船队”队员合影◎

到了真正演出的那天，队员们早上六点就开始化妆，七点所有演员全部就位，雇了两辆板车拉着旱船道具到夏都公园的主会场备场。演出得到了观众和领导的一致好评，非常成功。县文化馆当即决定，拨给“90后旱船队”三只新旱船。队员们有了新旱船，玩得更起劲了。之后，文化馆又安排“90后旱船队”参加了多场文化活动的演出，这支队伍更加成熟了，表演水平也大幅提升。

2011年，经文化馆搭桥，“90后旱船队”的杨征宇、郭成、邱振飞三名队员，拜在北京市非物质遗产代表性传承人丁石锁（丁自强）老师门下，更系统地学习和研究延庆旱船。拜师仪式上，三个90后向延庆首个市级延庆旱船传承人丁石锁师傅鞠躬敬茶，呈拜师帖，签字后正式成为师徒关系。丁石锁给了三个徒弟延庆旱船传统舞蹈技艺的资料完整本。

2012年2月1日一大早，丁石锁师傅格外高兴，他早早地赶地到县文化馆，指导他的小徒弟们化妆、穿行头，准备一天的演出。《延庆报》的记者知道消息后，也赶到了化妆现场，一边采访一边拍照。8点钟刚过，第一场表演在文化馆正门开始了。杨征宇向文化馆值班人员递上拜年帖，随之鼓乐声起，赵子豪、郤曼、郭成各自驾着旱船跑了起来。丁

◎ 拜师 ◎

石锁亲自打镲为徒弟们助阵。

日上三竿，旱船队到县总工会拜年，引来很多群众观看。孩子们表演得起劲，丁石锁师傅却看出了破绽。鼓声停下来后，他亲自“上船”，客串了一回白娘子。“挎船要掌握好平衡，不能颠。摆着上，别走着，曲腿、塌腰、走碎步……”丁石锁师傅边示范边讲解，几个徒弟跟在后面，认真领会。杨征宇感慨地说：“经过师父这一番指点，长进不少，效果出来了！”就在2012年的农历正月十五，“90后旱船队”参加了平谷区举办的元宵节走街活动，走出了延庆。

◎ 丁师傅指导化妆 ◎

◎ 义演捐助 ◎

2012年3月11日，初春的妫川广场充满了寒意，风刮到身上凉飕飕的，可“90后旱船队”的年轻人内心却充满爱的热流。杨征宇、郤曼、赵子豪，以及他们的队友们早已准备停当。锣鼓铿锵震撼，唢呐清脆悦耳，旱船时起时伏惟妙惟肖。在两个多小时的表演中，他们肩上扛起的不是旱船，而是一份社会的责任。他们脚下行走的不是舞步，而是年轻人对社会无限的关怀。他们的行动感染着过往的群众，人们纷纷慷慨解囊，爱心如涓涓细流涌进捐款箱，当他们把1487.1元募捐款交到患儿张博飞的班主任手中时，赢得了人们的赞许。

接下来的日子，“90后旱船队”参加了“外国留学生汉语节”，还应邀参加了中央电视台综艺节目“谢天谢地你来啦”。

“90后旱船队”成立至今已有四个年头，现在正是蓬勃发展的时期，但是由于队伍年轻，很多路还得摸索着前进，因此离不开各界人士的支持和帮助。再加上有了丁石锁师傅的指点，队员们的技艺也会越来越精湛，同时对延庆旱船的热爱也越来越强烈。

第七节

延庆旱船的现状与保护措施

延庆旱船在历史上特别盛行，多的时候有20多档，现在仅存的为数已经不多，各种表演技巧正在逐步被简化和遗失。尤其是近些年，延庆旱船的存在状况极不乐观。如北老君堂村的九只船，在演出《白蛇传》中“水漫金山”的故事时，就有鱼、鳖、虾、蟹、蚌、蛙、蛇、蜗牛等八大水怪，老百姓都爱看，并且曾经在天旱的时候用来求雨，企盼风调雨顺，但这种形式的表演到现在已经消失了。其他许多村镇也曾经有九只船，但现在大多数已经玩不起来了。

井庄镇房老营村的老艺人房存相，是北京市级非物质文化遗产项目代表性传承人。他扮演的艄公不仅指挥引船方法灵活多变，表演滑稽幽默，而且把戏剧武生的动作融入到旱船表演中。目前房存相老人已经去世，村里虽然有他的一个徒弟，但表演技艺尚待成熟。从以上情况看，延庆旱船已经从兴盛走向衰退，特别是表演技艺面临失传，现状令人担忧。

◎ 永宁镇利民街旱船 ◎

一、延庆旱船的现状

一是现存的档数急剧减少。历史上延庆旱船比较盛行，据不完全统计就有20余档，现在除政府扶持的旱船队之外，民间自发组织的仅存不足三档。有的旱船队在节日期间由于修理旱船、购买服装等没有经费，不能正常组织演出。

二是表演套路和技巧正在被简化或失传。

三是道具制作粗糙或丢失传统工艺方法，失去了旱船的原有特色。尤其是彩绘部分，许多画图显得很粗糙，有的干脆取消了彩绘，采用了电脑彩喷技术，缺少了民间文化的味道。

四是音乐伴奏中的传统曲牌大部分散失。

上述情况表明，旱船的传承面临窘境，如果不及时采取措施抢救，用不了多长时间，它就会自然衰亡，一些专家和老艺人对旱船的未来非常担忧。

二、造成以上局面的主要原因

一是旱船的分量很重，表演技巧不易于灵活掌握，需要长时间的磨练才能够取得成效。随着现代人生活节奏的加快，人们不愿意为此付出很多。随着老艺人的相继辞世，大部分原生态的表演内容正在遗失，靠口传心授的表演技巧无人传承。

二是在市场经济大潮中，人们生活方式的选择范围大大拓宽，那种面朝黄土背朝天的生活形式，已经被城镇化和现代化所取代。许多青壮年外出务工，旱船表演失去了一定的传承基础，旱船表演爱好者和人才大量流失。

三是当前文化的多样性，使人们对娱乐活动的选择面广泛了许多，不再局限于特定的时间和有限的娱乐活动。一些相对轻松的娱乐形式的出现，使得延庆旱船的社会影响力逐渐减小。

四是改革开放后，西方文化越来越多地被广大青少年所接受，民族文化受到了不小的冲击，这也是原生态旱船濒临失传的一个因素。

五是相当长一个时期，政府部门重视不够，没有充分认识到延庆旱船的舞蹈价值，这也是制约其发展的重要因素。对民族文化的重视不够，这方面的工作做得不多，尤其是对民族文化的宣传引导不够，因而使一些人对之产生了偏见，加速了延庆旱船的退化。

旱船在海外几成绝响，最主要的原因是庙会游行已改为车队，跑旱船也被电子花车等现代化欢庆方式所取代。这项传统舞蹈作为一种原生态的经典艺术形式，被列入首批北京市级非物质文化遗产项目名录。延庆县文化馆作为这一艺术的传承单位，为保护和发扬旱船艺术做了很多工作。

三、保护措施

一是邀请有关专家及学者，研究延庆旱船历代不衰的社会规律，总结其不断发展的内在原因，改进其不足，挖掘其深厚的艺术潜力，重塑具有时代美感的民族民间传统文化的新品牌。对传承较好的村落进行延庆旱船项目的支持引导，重点扶持现存的房老营村一只船。对仅存的一只船在道具、技艺、资金、人才队伍等方面进行支持、引导，让一只船能够以原生态的风貌出现在延庆民间文化这个大舞台上。通过对延庆旱船传承团队（村）的资助、扶持和鼓励，完善传承机制。

二是为便于延庆旱船在基层的普及，成立专门机构对道具船进行技术处理，要由传统的40多千克降到10千克，让新式旱船成为延庆地区厚重历史文化与现代工艺的结合体。在保持传统旱船样式的基础上保证造型不变、画面不变、尺寸不变，把改造重点放在材料选用上。在船体构造上悉心研究，使其能够伸缩、折叠，便于组装、拆卸、运输。船的花灯要运用电子技术，使其能旋转，且能开合自如，船围子既要美观、飘逸，又要轻爽、不缠腿。

三是对延庆旱船的音乐、舞蹈、场记进行有效的整理创编工作，并组织一支伴奏乐队和有地域特色的民舞演员队伍。在民间艺术家和爱好者们的共同努力下，旱船将以崭新的面貌在国际交流中展示其民间传统文化的魅力。

四是在延庆县已经组建的百只旱船队基础上，在广大农村中发展

◎ 早期的自由街三只船 ◎

壮大人员队伍，促进延庆旱船的全面普及，通过丰富人们的文化生活这一手段，保证延庆旱船的发展空间。要通过地区民间文化项目的保护与传承，使乡村文化有特色，群众文化有活力，基础文化有内涵，非遗项目有前景。

五是积极开展延庆旱船的大型展演活动，引导基层村落群众广泛参与到与旱船相关的活动中来，为广大群众提供一个平台。结合本地乡村实际，不断提高表演质量和水平，把延庆旱船打造成基层文化活动的品牌。不断吸收先进服务手段，探索行之有效的活动形式，增强延庆旱船的凝聚力。

六是鼓励民间开展关于延庆旱船的交流活动，充分利用报刊、广播、电视等媒体，加强对延庆旱船项目的宣传工作。按照“保护为主、抢救第一、继承发展”的方针，坚持“政府主导、社会参与、长远规划、分步实施、明确职责、形成合力”的原则，全面实施对延庆旱船的保护，落实各项保障措施。

四、保护工作的预期效果

一是保证延庆旱船的活态传承能够有序、良性进行。延庆旱船成功入选北京市级非物质文化遗产项目名录以后，县委县政府和相关文化部门逐步重视对它的挖掘和传承。目前，县内旱船档数逐渐增加，队员人数在增加的基础上趋向年轻化和专业化。同时，县内非遗部门在各乡镇积极推进普及工作，并大力敦促传承人进行相关的保护和传承工作。

二是延庆旱船的生存空间更广。社会各界集思广益，积极为延庆旱船提供表演的空间。一方面，除传统春节社火期间，在各类大型节庆活动期间克服各种困难，为延庆旱船提供平台，进行宣传和推介。另一方面，延庆旱船积极走出延庆，参与各类大型文化活动，通过展示和展演变得更加成熟，焕发出昔日的光彩。

◎ 喜庆的灯笼挂起来 ◎

三是延庆旱船的群体性、民众性不断加强。延庆旱船的传承离不开其自身存在的群体性、民众性，这是它能够在延庆存续400年的最根本条件。基层群众已经深刻认识到这一点，通过自发的活动来发扬这一传统的优势，形成一种合力。为共同推动延庆旱船的繁荣，县内十个乡镇都成立了相应的团队，建立起固定的队伍，从根本上保证着延庆旱船的繁荣和壮大。这种群体性和民众性从形式上来说是自发的，只是由于广大民众受时间、空间、经济、精力等多方面因素的影响，制约了群体性和民众性的发挥。

附录　延庆旱船大事记

附录

APPENDIXES

1937年，延庆旱船由一只船发展成多只船。

1979年，参加中日青年友好联欢会。自由街、胜利街、西关村组成了九只船表演队，代表我国民间舞蹈赴北京表演，赢得了日本友人的赞赏。他们说："棒，这才是中国的民间艺术！"

1980年元宵节，延庆县有253个村和12个单位的高跷、秧歌、老秧歌、云车、独船（一只船）、三只船、五只船、九只船、霸王鞭、狮子舞、龙灯、跑驴、竹马、腰鼓、大头娃娃舞、蒙古式摔跤、顶灯、背妻等共313档花会演出，参加表演者逾万人。

1981年，延庆县有21档花会参加调演。永宁南关竹马、曹官营十二相、延庆胜利街的三只船、姜家台老秧歌、延庆东关龙灯、延庆北关和西二道河窑湾的狮子舞、杨户庄竹马、司家营高跷等九档花会由国家文化部录像。

1982年，由北京市群众艺术馆推荐，延庆旱船参加在北京劳动人民文化宫举办的"中日邦交正常化十周年纪念联欢会"。

1984年，在新中国成立35周年的庆典上，延庆旱船以78只的庞大阵容，接受邓小平等党和国家领导人检阅。为了突出举国欢庆的氛围，伴奏音乐选取了《在希望的田野上》。文化馆为此抽调8名干部参与此项工作，另外培训了60人的唢呐队，参加了此次群众游行活动。

1985年，河北省歌舞团邀请延庆旱船一起到美国进行访问。

1987年，参加北京市"龙潭杯"民间花会大奖赛，摘取了大赛的桂冠。

1988年，延庆旱船辅导的27只旱船，参加了全国首届农民运动会开幕式演出活动，获得景泰蓝杯。

◎ 延庆旱船参加首届农运会 ◎

1989年和1994年，延庆旱船在新中国成立40周年和45周年的国庆大典中，参加了群众游行活动。

1992年，文化馆组织旱船、竹马共48人的表演队，参加了在八达岭举办的“巴黎—北京”汽车拉力赛开幕表演，和中外友人进行了艺术交流。

◎ 延庆旱船在沈阳国际民间舞蹈邀请赛中获银玫瑰奖 ◎

1993年，以“八仙过海”为主题的延庆旱船，在沈阳国际民间舞蹈邀请赛中获得银玫瑰奖。

1995年，延庆旱船参加“延庆县第一届消夏避暑节”，精编的18只船表演了取材于戏曲《白蛇传》中游西湖的故事。

2005年6月3日，由县政府正式命名的“北京市民族民间文化保护项目（旱船）承传单位”的揭牌仪式在县文化馆举行。

2005年9月5日，在县文委召开了关于延庆旱船申报“北京市级非物质文化遗产项目”的专家论证会。

2005—2007年，延庆旱船多次参加厂甸庙会的民间舞蹈展演活动。

2005年5月17日，延庆旱船在北京劳动人民文化宫参加了世界《财富》论坛文化交流演出活动。

2006年4月23日，在北京市中学生运动会开幕式上，延庆百只旱船进行表演，最后船队组成“2008”图案，预祝2008年奥运会取得成功。

2006年6月23日，“北京第四届奥林匹克文化节开幕式暨2008北京奥运景观标志落成庆典”在八达岭长城举行。延庆百只旱船摆出“CHINA”造型，表达了群众的喜悦心情。

2006年，延庆旱船入选首批北京市级非物质文化遗产项目，由北京市人民政府公布。2007年6月，由北京市文化局颁牌。

2008年4月，延庆旱船项目传承人丁石锁，被列入首批北京市级非物质文化遗产项目代表性传承人。6月，作为北京市非物质文化遗产项目（延庆旱船）代表性传承人，丁石锁的个性化邮票登上了北京市《文化遗产之都》邮册。

2009年3月，延庆旱船项目传承人王元清、房存相被列入第二批北京市级非物质文化遗产项目代表性传承人。

2009年，北京人民广播电台城市管理广播《茶余饭后话北京》栏目，对北京非物质文化遗产知识作了系列介绍，邀请北京文史研究馆馆员赵书专门讲解了延庆旱船。

2009年，延庆旱船作为北京市级非物质文化遗产保护项目，被写入北京市小学课外教材，这是北京市唯一一项以地域为代表进入学生教材的非遗项目。延庆旱船被收录到北京市四年级课外教材“人类文明记忆”中。该教材这样描述旱船：是延庆县最古老、最具特色的民间舞蹈节目，深受老百姓的喜爱，产生于400年前的明代。延庆旱船进课堂、进教材是北京市非物质文化遗产保持可持续发展的重要体现，也是国外非物质文化遗产保护经验在中国得以推广使用的成功示范。

2009年10月17日，延庆镇胜利街三只船参加北京传统音乐节闭幕式演出活动。

◎ 2009年北京传统音乐节闭幕式 ◎

2011年，北京电视台《这里是北京》栏目，播出了“漂来的延庆旱船”，对延庆旱船的历史文化作了报道。

2011年9月10日，延庆旱船入选延庆县“十大特色文化遗产”。这是延庆近年来群众参与度最高的一次评选活动，据统计，活动共收到选票16593张，其中有效选票15248张。

2012年春节前夕，延庆旱船参加了北京电视台春节联欢晚会的演出。从2011年11月起，延庆镇胜利街村的旱船队员就开始了训练，并聘请了专业老师进行辅导，几位跑出租的演员甚至请假在家排练，其他人也将一切业余时间都用到了排练上。通过近两个月的辛苦排练，最终选出了6人参加北京电视台春晚演出。

后记

AFTERWORD

旱船在我国有着十分漫长的历史，在民间有着坚实的群众基础。延庆旱船是其中重要的组成部分，在北京以及我国的北方地区极具代表性，历史上曾多次参加国家级大型文化活动。

延庆旱船的品类丰富，久传不衰，深受群众喜爱。从明代嘉靖年间的《隆庆志》，到后来的《延庆州志》《延庆县志》，都对延庆的旱船活动及相关民俗事项作过简单描述。改革开放后，《中国民族民间舞蹈集成》以及延庆县有关单位和个人编纂的书籍，也涉及了延庆旱船的部分内容和相关活动。但由于条件所限，系统地、综合地记录与研究延庆旱船文化的，本书还是第一本。

延庆旱船作为传统舞蹈，不仅仅是群众自娱自乐的生活方式，更是群众内心的一种文化与情感的表达。因此出版这样一本书，记录下它的形式，挖掘出它的内涵，体现出它的审美价值、艺术价值与学术价值，是非常必要的，是历史赋予文化工作者的责任。《延庆旱船》力求真实地还原延庆旱船的原貌，翔实地展现其发展历程，填补旱船文化在研究领域上的空白。

《延庆旱船》一书的编写和出版工作，得益于北京市非物质文化遗产保护工作的全面开展。在编写过程中，得到了各旱船传承村镇的大力支持和协助，也得到了延庆旱船传承人的鼎力协作。由于编写过程中普查的资料还不够全面，加之编者水平有限，本书仍有不完善之处，希望得到社会各界的指正。我们将在今后的工作中进一步补充完善，使延庆的旱船文化更全面、翔实地展现在读者面前。

在此，我们对在编写过程中给予过帮助和支持的单位与个人表示衷心的感谢！至于书中不妥，甚至舛误之处，敬请专家和读者指正。

张　义